A ESCOLA E A PRODUÇÃO TEXTUAL

CIP-BRASIL. CATALOGAÇÃO-NA-FONTE
SINDICATO NACIONAL DOS EDITORES DE LIVROS, RJ

C656e

    Colello, Silvia M. Gasparian
    A escola e a produção textual : práticas interativas e tecnológicas / Silvia M. Gasparian Colello. – São Paulo : Summus, 2017.
    288 p. : il. (Novas arquiteturas pedagógicas ; 5)

    Inclui bibliografia
    ISBN 978-85-323-1066-8

    1. Ensino. 2. Prática de ensino. 3. Professores e alunos – Brasil. I. Título. II. Série.

17-39836   CDD: 370.1
                                                                                          CDU: 371.3

www.summus.com.br

EDITORA AFILIADA

Compre em lugar de fotocopiar.
Cada real que você dá por um livro recompensa seus autores
e os convida a produzir mais sobre o tema;
incentiva seus editores a encomendar, traduzir e publicar
outras obras sobre o assunto;
e paga aos livreiros por estocar e levar até você livros
para a sua informação e o seu entretenimento.
Cada real que você dá pela fotocópia não autorizada de um livro
financia o crime
e ajuda a matar a produção intelectual de seu país.

A ESCOLA E A PRODUÇÃO TEXTUAL
PRÁTICAS INTERATIVAS E TECNOLÓGICAS

SILVIA M. GASPARIAN COLELLO

A ESCOLA E A PRODUÇÃO TEXTUAL
Práticas interativas e tecnológicas
Copyright © 2017 by Silvia M. Gasparian Colello
Direitos desta edição reservados por Summus Editorial

Editora executiva: **Soraia Bini Cury**
Assistente editorial: **Michelle Neris**
Coordenação da Coleção Novas
Arquiteturas Pedagógicas: **Ulisses F. Araújo**
Capa: **Alberto Mateus**
Projeto gráfico e diagramação: **Crayon Editorial**
Impressão: **Sumago Gráfica Editorial**

Summus Editorial

Departamento editorial
Rua Itapicuru, 613 – 7º andar
05006-000 – São Paulo – SP
Fone: (11) 3872-3322
Fax: (11) 3872-7476
http://www.summus.com.br
e-mail: summus@summus.com.br

Atendimento ao consumidor
Summus Editorial
Fone: (11) 3865-9890

Vendas por atacado
Fone: (11) 3873-8638
Fax: (11) 3872-7476
e-mail: vendas@summus.com.br

Impresso no Brasil

PARA CASSIO, EXEMPLO de como a competência e a dedicação podem tornar possíveis todos os desafios.

PARA VIVIAN, AQUELA QUE, todos os dias, me ensina a viver.

PARA CLODOALDO, COMPANHEIRO e cúmplice, que faz que os desafios e a própria vida tenham sentido.

SUMÁRIO

PREFÁCIO 11

INTRODUÇÃO 15

A coleta de dados 23

1 A EDUCAÇÃO NO MUNDO GLOBALIZADO E AS
IMPLICAÇÕES PARA O ENSINO DA LÍNGUA ESCRITA . . . 31

Os desafios de reinventar a escola 37

Os desafios de ensinar a ler e a escrever 41

A concepção dialógica da língua e suas implicações
pedagógicas 45

**2 AS DIMENSÕES DA PRODUÇÃO TEXTUAL
E AS IMPLICAÇÕES PARA O ENSINO** 53

A língua como construção de sentidos e a produção
textual no universo discursivo 56

A língua como atitude responsiva e a produção
textual voltada para o outro 73

A língua escrita como proposta de compreensão
e a construção de gêneros e tipos textuais 90

Considerações: a constituição do sujeito interlocutivo
na formação do sujeito da escrita 110

**3 A ESCRITA NO CONTEXTO DA SOCIEDADE
TECNOLÓGICA E AS IMPLICAÇÕES PARA O ENSINO** . . . 113

Nativos e imigrantes digitais: a revisão de papéis
e das relações na escola 116

As configurações da web e a apropriação da tecnologia
pela escola 127

Alfabetização ou alfabetização digital? 132

Papel ou computador? 143

Considerações: aprender a escrever na
diversidade de recursos 163

**4 TRABALHOS COLABORATIVOS E MODOS
DE INTERAÇÃO NAS ATIVIDADES DE ESCRITA** 169

Sentidos do trabalho colaborativo e implicações
pedagógicas 170

Interações entre adulto e crianças 183

Interações entre crianças 201

Considerações: práticas interativas como processos
de aprendizagem, socialização e letramento 211

5 A RESOLUÇÃO DE PROBLEMAS NA PROMOÇÃO DO CONHECIMENTO 213

A resolução de problemas como prática educativa . . . 214

Lidando com problemas 219

Resolvendo problemas 230

Considerações: a resolução de problemas como
caminho para a formação e para a aprendizagem 261

CONSIDERAÇÕES FINAIS 265

REFERÊNCIAS 275

PREFÁCIO

A PROFESSORA DOUTORA SILVIA Colello é uma autora muito conhecida, mas eu gostaria de iniciar este prefácio recordando alguns pontos de sua trajetória acadêmica – sempre na Faculdade de Educação da USP –, pois tive o privilégio de acompanhar de perto toda sua sólida carreira ao longo de 35 anos: de seus tempos de aluna à livre-docência.

Ministrei para sua turma, formandos de 1981, dois semestres de Filosofia da Educação. Pela sua notável maturidade, humana e intelectual, já no ano seguinte ingressou no mestrado e foi contratada como professora da Feusp. Nosso departamento, o EDF (Departamento de Filosofia da Educação e Ciências da Educação), desde o começo confiou a ela – confiabilidade é uma marca registrada de Silvia – árduas tarefas para uma iniciante; tarefas que cumpriu exemplarmente, com trabalho, dedicação e talento.

Durante muitos anos, compartilhamos o Gabinete 218 do bloco A da Feusp, para mim um enriquecimento acadêmico e humano inestimável. Tenho podido comprovar, continuamente, que a presença de Silvia Colello melhora o ambiente de trabalho, ajuda e estimula colegas e alunos, ancorados pela seriedade acadêmica unida ao bom humor e à disponibilidade para ajudar e fazer crescer: naquele sentido de *educere*, fazer que cada um extraia de si o melhor.

Na arguição de sua livre-docência, de cuja tese agora o leitor dispõe em forma de livro, refletindo sobre a personalidade acadêmica da autora, não encontrei melhor caracterização do que falar da *têmpera* de Silvia, naquele sentido original do latim *temperare*.

Temperar é formar um todo harmônico com elementos diversos. A alface, o tomate, a cenoura estão ali meio insossos; ao ajuntar o azeite, o sal etc. obtém-se um todo harmônico. O ferro unido ao carbono, na proporção certa, dá o aço temperado; a confluência de fatores de personalidade dá o temperamento (é etimologicamente incorreto dizer que uma pessoa agressiva ou destrambelhada é temperamental; ela pratica, isto sim, um *destempero* verbal ou fático).

Esse equilíbrio, essa têmpera são muito nítidos em Silvia: seriedade, mas com a devida flexibilidade e transbordante bom senso; rigor acadêmico em comunicação amigável; profundidade teórica e pés no chão; formação clássica e atualização (ela é até inovadora) nas modernas tecnologias; a difícil combinação abstrato-concreto, que é o segredo do ensinar etc. Junte-se a isso as qualidades humanas do convívio e teremos uma profissional brilhante, cuja modéstia só faz, ao longo dos anos e décadas, acentuar! As diversas qualidades dessa têmpera vão se manifestando em todas as instâncias acadêmicas, sempre em nível de excelência: pesquisas, aulas, orientação de mestrados e doutorados, os mais diversos serviços à Feusp, a constante requisição de seus critérios pela imprensa, o compromisso e a dedicação às escolas públicas, a presença nas diversas mídias etc.

Voltemos à presente obra: a publicação deste trabalho merece ser comemorada pela oportunidade que representa de, mais

A ESCOLA E A PRODUÇÃO TEXTUAL

uma vez, aproximar a universidade da educação básica. Felizmente ela chega hoje às mãos dos educadores e de todos aqueles preocupados em construir uma escola inclusiva ajustada ao perfil de nossos alunos e às demandas da nossa sociedade.

Em um cenário de altos índices de analfabetismo e baixo letramento, como é o caso do Brasil, o tema do ensino da língua escrita é mais do que oportuno. No entanto, a despeito de sua relevância intrínseca, as reflexões aqui trazidas superam a dimensão estritamente técnica para propor uma revisão conceitual e prática que afeta os próprios princípios da educação, as formas de trabalho e as relações na escola.

Partindo de uma concepção dialógica de língua, a autora discute amplamente as implicações dessa postura para o trabalho em sala de aula, advogando a pluralidade de experiências, propósitos, suportes e interações. Assim, ao estudar as condições de produção textual em diferentes tipos de atividade e avaliar o impacto delas sobre alunos de ensino fundamental, procura elucidar as perspectivas de envolvimento das crianças – as mesmas crianças que, tantas vezes, são consideradas apáticas e desinteressadas. A análise dos processos de escrita e das produções feitas no papel e no computador e em situações mais ou menos interativas coloca em evidência facetas interessantes de seus processos cognitivos e do comprometimento delas com a situação de autoria. Nesse processo, chama a atenção o trabalho com o blogue e o game, no qual as crianças foram convidadas a lidar com a tecnologia em situações de resolução de problemas. Como se disse, mais do que uma técnica para alfabetizar, o que está em pauta é a descoberta da magia da linguagem e o posicionamento do sujeito na sociedade letrada.

No desenvolvimento da pesquisa com os alunos, o trabalho tem, nessa perspectiva, o mérito de aproximar os debates teóricos que hoje se colocam na esfera educacional – a apropriação da tecnologia pelas escolas, as práticas interativas como recursos de aprendizagem, a resolução de problemas como estratégia de ensino, as relações entre a alfabetização e a alfabetização digital, a revisão das práticas de ensino em função do protagonismo do estudante – das dimensões da prática pedagógica.

Silvia Colello, já consagrada pelos trabalhos na área da educação e do ensino da língua escrita, dá mais essa contribuição ampliando a compreensão sobre o tema e avançando em pontos ainda pouco explorados. Assim, o convite para a leitura desta obra parece bastante sedutor. Afinal, "é possível transformar a aprendizagem da leitura e da escrita em uma aventura intelectual?"

Jean Lauand
Professor titular sênior da Faculdade
de Educação da USP
Professor titular dos programas de pós-graduação
em Educação e Ciências da Religião da
Universidade Metodista de São Paulo

INTRODUÇÃO

O PRESENTE TRABALHO, ADAPTAÇÃO da minha tese de livre-docência (Colello, 2015), nasceu de uma dupla convicção. Em primeiro lugar, a certeza de que é preciso reinventar a escola, buscando alternativas educacionais mais compatíveis com o perfil de nossos alunos e com as demandas da nossa sociedade. Em face dos desafios que hoje se colocam ao projeto de formação humana, a construção de uma postura educativa inclusiva e democrática e de um ensino de qualidade passa necessariamente pela revisão de conteúdos, formas e relações na escola (Araújo, 2011). Estreitamente vinculada a esse propósito, é possível situar, em segundo lugar, a alfabetização como dimensão privilegiada na reconstrução dessa nova escola, já que a aprendizagem da língua escrita constitui-se, simultaneamente, como uma meta pedagógica indiscutível e como um meio indispensável para a progressão da vida estudantil, e para a conquista da cidadania. Se, por um lado, o desafio de alfabetizar a todos representa um compromisso político na recuperação das históricas injustiças sociais, por outro ele está situado no cerne dos paradoxos do presente. Isso porque, tal como explica Ferreiro (2013, p. 15-16),

> estamos imersos em uma das maiores revoluções que já foram produzidas na história das práticas de leitura e escrita, na produção e circulação dos textos, na própria ideia de texto e autor. A alfabetização escolar deverá levar isto em conta porque a distância entre as práticas tradicionais, por um lado, e as solicitações sociais, bem como as expectativas juvenis e infantis, por outro, estão tomando proporções abismais.

No mundo globalizado e informatizado, louvamos a tecnologia e, em especial, os computadores como símbolos de nossa cultura, enquanto grande parte da população mundial não tem acesso nem mesmo aos livros impressos; falamos nos desafios da alfabetização digital sem levar em conta a realidade de mais de 700 milhões de analfabetos em 2015 (Unesco, 2015); comemoramos a diminuição de 1% do número de analfabetos na última década sem considerar a grande porcentagem de mulheres ainda impedidas de ir à escola ou os 250 milhões de crianças entre 6 e 14 anos que não estão aprendendo as habilidades básicas de leitura e cálculo.

Ao lado dos entraves históricos, políticos e socioculturais que explicam os altos índices de analfabetismo e baixo letramento, não podemos desconsiderar os problemas da própria escola. Por isso, na esteira das convicções, aparecem muitos questionamentos: por que tantos alunos, principalmente os das classes menos favorecidas, não gostam da escola? Por que eles têm dificuldade de alçar a magia da leitura? Por que demoram tanto para se alfabetizar? Por que a escrita lhes parece uma atividade tão enfadonha? Por que o ensino nem sempre garante a formação do sujeito

A ESCOLA E A PRODUÇÃO TEXTUAL

leitor e escritor? Por que, em um momento de tantas inovações tecnológicas, os educadores sentem dificuldade de renovar as práticas pedagógicas? Como as condições de trabalho em sala de aula afetam a produção textual?

Na tentativa de explicar os mecanismos que, dentro da escola e na relação com o aluno, perpetuam os quadros de fracasso escolar, analfabetismo e baixo letramento (a alfabetização muitas vezes paralela aos processos de silenciamento e de submissão), diversos estudos permitem situar a precária configuração escolar, marcada pelos seguintes fatores:

» autoritarismo do fazer pedagógico, que pouco considera a realidade cultural do sujeito aprendiz, favorecendo a imposição linguística e as práticas de discriminação;
» incapacidade de considerar o ponto de vista dos alunos, seja para lidar com as diferenças sociais, seja para levar em conta as características das faixas etárias, gerando práticas que, simultaneamente, subestimam e superestimam os alunos; práticas que pressupõem motivações ao mesmo tempo que impõem atividades pouco significativas;
» artificialidade das atividades em sala de aula, em geral na forma de propostas didáticas incapazes de envolver o aluno;
» dificuldade de considerar os conhecimentos prévios das crianças (letramento emergente), transformando a alfabetização em um objeto estritamente escolar;
» desvalorização do papel do aluno na construção do conhecimento;
» incapacidade dos educadores de articular os processos de ensino e de aprendizagem, assim como de vincular o conteúdo escolar à dimensão lúdica, tão preciosa no universo infantil;

- » ineficiência dos projetos pedagógicos para integrar a aprendizagem ao uso da língua, isto é, às práticas sociais letradas;
- » segmentação entre as práticas de ensino e as práticas sociais em diferentes momentos, propósitos, suportes e linguagens;
- » fragilidade das relações entre alunos e professores;
- » distanciamento entre alunos e a língua escrita como objeto de conhecimento e de reflexão;
- » dificuldade na revisão e na construção do ensino, tendo em vista as condições de formação e de trabalho do professor.

Nessa conjuntura, evidenciam-se dois polos indissociáveis na problemática do ensino da língua escrita. De um lado, a escola que, pela incapacidade de reverter configurações e injustiças sociais, opõe-se ao processo de democratização. Com base em pesquisa empírica sobre o processo de alfabetização, Guimarães e Bosse (2008, p. 52) mostram que, sem a possibilidade de conviver num meio familiar que valorize a aprendizagem, só resta às crianças mais pobres recorrer à escola pública. Nesta, porém,

> [...] as crianças aprendem que devem abaixar a cabeça em suas carteiras e ficar quietinhas para ser consideradas boas alunas. Desse modo, as escolas continuam reproduzindo a desigualdade social entre aqueles que leem e aqueles que decifram, aqueles que escrevem e aqueles que desenham letras, aqueles que pensam e aqueles que se submetem.

De outro lado, há o aluno que não fica imune à ineficiência do processo de ensino, o que justifica os frágeis vínculos com a escola e a relação negativa com a língua escrita como objeto do conhecimento: "A maneira como a escola trata o escrever leva facilmente muitos alunos a detestar a escrita e, em consequência,

A ESCOLA E A PRODUÇÃO TEXTUAL

a leitura, o que é realmente um irreparável desastre educacional" (Cagliari, 1989, p. 102).

Vem daí o interesse de abordar o problema também na perspectiva do aluno, isto é, captar como a criança compreende o papel da escola e como adere ao processo de conhecimento e, mais especificamente, à alfabetização. Nas palavras de Demartini (2001, p. 2), buscar o ponto de vista da criança "é a única maneira que se tem para desvelar algumas questões. Não há outra forma ou método: ou se recorre às crianças ou se fica sempre trabalhando na visão do adulto". Mais que captar a complexidade da situação educativa no ensino da língua escrita, a iniciativa justifica-se pela convicção de que "realizar pesquisas sobre a relação com o saber é buscar compreender como o sujeito apreende o mundo e, com isso, como constrói e transforma a si próprio: um sujeito indissociavelmente humano, social e singular" (Charlot, 2005, p. 41).

Nessa perspectiva, considerar diferentes planos de observação e caminhos interpretativos – situar concepções e desafios educacionais, captar pontos de vista, identificar processos, confrontar posturas, apreender significados, discutir contribuições teóricas, compreender relações, perceber potenciais, apontar tendências e distinguir singularidades –, longe de esgotar as possibilidades de análise para chegar a uma verdade (uma proposição pedagógica definitiva), traduz o esforço para compreender o mistério da alfabetização, uma tentativa peculiar de ressignificar a educação e, certamente, a minha ousadia para enfrentar a complexidade do quadro que perpetua a ineficiência do ensino.

Em síntese, este livro pretende estudar as relações dos alunos na e com a escola e as condições de produção textual no ensino da língua escrita. Partindo da hipótese de que a concepção dos alunos sobre o papel da escola (assim como a compreensão sobre o seu funcionamento) e as condições de trabalho na produção da escrita afetam a possibilidade de aprender e, sobretudo, de escrever, é possível situar os seguintes objetivos:

1 Conhecer as concepções das crianças sobre o papel da escola e a visão delas sobre as vicissitudes da vida escolar.

2 Compreender a natureza dialógica da língua e as dimensões da produção textual em diferentes tipos de atividade e em condições de trabalho diversas.

3 Situar os desafios do ensino da língua escrita no contexto da sociedade tecnológica e as possibilidades de aprendizagem com diferentes recursos.

4 Estudar o efeito das práticas interativas no processo de construção da língua escrita e de produção textual.

5 Estudar o efeito da resolução de problemas na compreensão da realidade e na organização do pensamento e, consequentemente, na ampliação do repertório para a produção textual.

Subsidiando as bases de tal empreitada, vale a pena mencionar os três pressupostos que fundamentam o recorte temático e a proposta metodológica desta obra: as concepções de língua, de alfabetização e de produção textual.

Pautada no referencial sociocultural, sobretudo nos postulados de Bakhtin, a *língua* é por mim entendida como uma produção dinâmica no contexto das práticas sociais. Trata-se de uma prática dialógica que possibilita a construção de significados em uma constante ressignificação do mundo, das pessoas e da própria linguagem – daí sua importância no projeto educacional:

> Entre todas as conquistas do homem, a língua é a que mais contribui para fazer dele um ser humano de fato. [...] A língua garante ao homem o lugar de locutor, a constituição da consciência e a posição

A ESCOLA E A PRODUÇÃO TEXTUAL

de sujeito que rege a própria vida e reage diante dela. Ela lhe permite considerar o "outro" como alvo de interlocução, assegurando todas as práticas discursivas e sociais. [...] (Colello, 2012, p. 16)

Em decorrência dessa concepção, entende-se a *alfabetização* como o conjunto de experiências e reflexões em longo prazo (e não só nos anos iniciais da escolaridade), com base em diferentes textos, propósitos comunicativos e suportes; um conjunto de práticas significativas, contextualizadas e transformadoras dos modos de se comunicar com o outro e de se relacionar com o mundo. Nas palavras de Ferreiro (2002, p. 82-83, grifos meus):

Sabe-se que se alfabetiza melhor:

a quando se permite a interpretação e produção de uma *diversidade de textos* (inclusive dos objetos sobre os quais o texto se realiza);

b quando se estimulam *diversos tipos de situação de interação* com a língua escrita;

c quando se enfrenta a *diversidade de propósitos comunicativos* e de situações funcionais vinculadas à escrita;

d quando se reconhece a *diversidade de problemas a ser enfrentados* para produzir uma mensagem escrita (problemas de graficação, de organização espacial, de ortografia de palavras, de pontuação, de seleção e organização lexical, de organização textual...);

e quando se criam espaços para que sejam assumidas *diversas posições enunciativas ante o texto* (autor, revisor, comentarista, avaliador, ator...), e

f [...] quando se assume que a *diversidade de experiências* dos alunos permite enriquecer a interpretação de um texto [...]; quando a *diversidade de níveis de conceituação da escrita* permite gerar situações de intercâmbio, justificação e tomada de consciência que não entorpecem, mas, pelo contrário, facilitam o processo; quando assumimos que a crianças pensam sobre a escrita (e nem todas pensam ao mesmo tempo).

Essas diretrizes, certamente um consenso entre os referenciais construtivistas e sócio-históricos*, explicam a compreensão de *produção textual*, que, por sua vez, reconfigura a condição do próprio sujeito aprendiz e a condição de trabalho na escola. Opondo-se à redação como ativismo da escola em práticas mecânicas, independentes dos contextos, propósitos ou interlocutores, isto é, como exercícios técnicos que instituem o texto como um fim em si mesmo, Geraldi (2014, p. 216, grifos meus) explica:

> Falar em "produção de textos" é remeter a uma concepção outra: *produção implica condições de produção, instrumentos de produção, relações de produção, agentes de produção* [...] [trata-se de] *alterar as relações dentro da escola.* Ver o aluno como produtor e não como recipiente de um saber pronto e dado como certo.

Dessa forma, a produção textual só pode ser compreendida pelo envolvimento ativo do sujeito que se compromete com a atividade mediante as seguinte condições: que se tenha o que dizer, o por que dizer, o para quem dizer, o como dizer, e, ainda, que se tenha a postura interlocutiva de quem assume o seu dizer perante o outro (Geraldi, 1993).

A fim de compreender como essas condições de escrita (e acrescentando a dimensão instrumental da escrita, que diz respeito a como escrever) afetam o processo e a produção textuais,

---

* Neste livro, ao assumir os referenciais teóricos construtivistas e sócio-históricos (ou socioculturais), longe de pressupor ou de propor a conciliação de diferentes posturas, o que se tem em vista é ampliar o campo interpretativo a fim de captar, por diversas perspectivas, a complexidade do tema.

A ESCOLA E A PRODUÇÃO TEXTUAL

o estudo do tripé "tecnologia na escrita, interações nas práticas de escrita e resolução de problemas" não é aleatório; na convergência dos referenciais construtivistas e sócio-históricos, eles se integram na sustentação das metodologias ativas de trabalho pedagógico. Por isso, lancei mão de variáveis combinadas para criar diferentes propostas de trabalho com diversos apelos ao aluno-escritor; propostas que colocam em xeque o que foi postulado por Ferreiro: atividades mais ou menos contextualizadas e com propósitos mais ou menos definidos, temas mais ou menos provocativos, formas de autoria individuais ou em grupo e suportes diversificados mais ou menos valorizados pelos alunos. Assim, pela variação de agrupamentos (individual, em duplas, trios ou quartetos), interlocutores (individuais ou coletivos), propósitos (definidos com maior ou menor objetividade) e suportes (papel ou computador), foram definidas cinco fases de coleta de dados para o estudo das produções textuais, representadas no quadro da página 24.

As cinco atividades (correspondentes às cinco fases de coleta de dados) foram propostas, entre maio e outubro de 2013, a 30 crianças do ensino fundamental da periferia de São Paulo (10 do 1º ano, 10 do 3º ano e 10 do 5º ano) que frequentavam, no contraturno, o Instituto André Franco Vive*. Fundada em 2004, a ONG acolhe cerca de 220 crianças e jovens de baixa renda (classe D e E, segundo os critérios do IBGE 2012), apoiando sua formação educacional, cultural e profissional.

A coleta de dados

Na Fase 1, entreguei individualmente aos alunos uma folha pautada com a seguinte pergunta: "Por que as pessoas vão para a escola?" Nessa proposta de trabalho, o uso do termo genérico

---

* Saiba mais em: <http://www.andrefrancovive.org.br>. Acesso em: 7 fev. 2017.

QUADRO 1 • A coleta de dados para a pesquisa

FASE	ATIVIDADES DE PRODUÇÃO TEXTUAL	TEMA	AUTORIA	SUPORTE	PRODUÇÕES TEXTUAIS (CORPUS)*
1	Resposta à questão sobre o papel da escola	Papel da escola	Individual	Papel	30
2	Texto para outra criança com base em uma situação hipotética	Papel da escola	Duplas	Papel	15
3	Texto em um blogue sobre aspectos da vida escolar	Vicissitudes da vida escolar	Duplas, trios e quartetos	Computador	9
4	Resolução de problemas de um game	Vicissitudes da vida escolar	Individual	Computador	22 do 1º ano 27 do 3º ano 21 do 5º ano
5	Resposta à questão sobre o papel da escola (repetição da atividade da Fase 1)	Papel da escola	Individual	Papel	30

Total de produções: 154 textos

* O número de produções escritas nas Fases 1, 2, 3 e 5 foi determinado pela pesquisadora em função dos modos de agrupamento previstos nas atividades de escrita (individuais, em dupla, trios e quartetos). Na Fase 4, o número de produções foi determinado pelo resultado aleatório do game.

A ESCOLA E A PRODUÇÃO TEXTUAL

"pessoas", a omissão dos propósitos da tarefa e a indefinição dos destinatários justificam o baixo apelo interlocutivo da atividade.

Na Fase 2, entreguei uma folha de papel pautada a duplas de alunos da mesma turma e apresentei uma situação hipotética da seguinte forma: "Tenho um vizinho, chamado Marcelo, que tem a sua idade. Ele resolveu que não quer ir para a escola. Todas as pessoas da família já conversaram sobre isso com ele, mas o Marcelo não muda de opinião. Será que você poderia ajudar a resolver esse problema escrevendo alguma coisa para ele?" Nesse caso, a proposta, com clara definição de interlocutor e de propósito, convoca o aluno a pensar em uma estratégia para se comunicar com o suposto personagem. No entanto, a expressão "escrever alguma coisa" deixa em aberto "o que dizer" ou "como" executar a proposta.

Na Fase 3, dividi os alunos do mesmo ano escolar em duplas, trios e quartetos e lhes contei o caso de Isadora Faber, aluna de 13 anos que, em 2012, criou uma página no Facebook, denominada "Diário de Classe", para denunciar, com vídeos, textos e fotos, as precárias condições de sua escola, em Florianópolis*. Disse que, com a escrita em um blogue, seria possível contar a muitas pessoas os aspectos positivos e negativos da escola e falar sobre as coisas vividas nesse ambiente. Propus que eles discutissem a realidade das escolas onde estudam e fizessem, na página do "nosso blogue", um texto para compartilhar com as pessoas (por razões de segurança, o compartilhamento foi limitado aos colegas e aos professores do Instituto André Franco Vive). Nessa proposta de trabalho, embora a temática fosse bastante familiar e o suporte (computador) suscitasse interesse, o canal de comunica-

---

* Inspirada pela escocesa Martha Payne, que criou um blogue intitulado "Never Seconds" (http://neverseconds.blogspot.com.br/, acesso em 2 fev. 2014) para criticar a alimentação de sua escola, a brasileira Isadora Faber denunciou os problemas da Escola Municipal Maria Tomásia, em Santa Catarina, e conseguiu a adesão de mais de 10 mil fãs. Sua iniciativa, que gerou reações entre os professores e melhorias na escola, ganhou amplo espaço na mídia (https://pt-br.facebook.com/DiariodeClasseSC/, acesso em 2 fev. 2014).

ção (blogue) parecia estranho às práticas sociais dos alunos, o que deixou em aberto a adesão à tarefa.

Na Fase 4, propus um game (batizado pelos alunos do Instituto de "Escola, dá para encarar?"*) cuja temática versava sobre a cultura escolar. Superando o âmbito dos argumentos e problemas livremente evocados pelos alunos nas fases anteriores, o objetivo foi fazer que eles entrassem em contato com a complexidade do universo escolar, ampliando seu horizonte de referência. Supostamente, o interesse pelo jogo e o encontro com situações familiares e, ao mesmo tempo, desafiadoras deveriam favorecer a adesão à atividade, os debates e as oportunidades de reflexão, subsidiando "o que dizer". Configurado como um jogo de trilha movido por um dado, o percurso de 53 casas traz, intercaladas às situações de sorte e revés, 32 desafios típicos do cotidiano escolar – ocorrências positivas e negativas na forma de situações-problema com ênfase nos seguintes aspectos: administrativos (organização do espaço, divisão de classes, distribuição de trabalho entre os professores, organização de festas, promoção de cursos, aplicação de verbas, aquisição de materiais etc.); pedagógicos (organização das atividades em classe, proposição de trabalhos, modos de favorecer a aprendizagem, carga de lições, dificuldades de alunos, dinâmicas em sala de aula etc.); e relacionais (conflitos pessoais ou grupais, ocorrências de discriminação, impasses na tomada de decisões, casos de indisciplina etc.), que demandam atitudes ou decisões.

Ao longo do jogo, os problemas eram resolvidos oralmente e arquivados no "varal" de cada participante (uma janela disponível

---

* Depois da coleta de dados no Instituto André Franco Vive, o jogo, com o apoio do Studio Zyx (SP), teve um aprimoramento estético e funcional, além de uma ampliação de conteúdo: das 32 situações-problema originais referentes à cultura escolar (veja, no Capítulo 5, a relação completa com as respectivas respostas), o game contempla atualmente 150 problemas, incluindo também programas de educação em valores e de cultura escrita. O programa inicial, analisado neste trabalho, foi classificado em 2º lugar no concurso ARedeEduca – 2016.

na tela do game). De acordo com as situações de sorte ou revés, esse estoque de problemas sofria alterações, podendo ser reduzido, ampliado ou até eliminado. Quando todos os participantes cumpriam o percurso e o aluno com menor número de problemas era declarado o vencedor, todos os participantes eram convidados a dar um encaminhamento por escrito aos problemas restantes em seu varal. As figuras 1 e 2 mostram as telas do game, respectivamente, nas situações de percurso e de consulta ao varal de problemas de um suposto jogador.

Na Fase 5 da coleta de dados, repeti a atividade da Fase 1 (a mesma pergunta respondida individualmente por alunos da mesma turma). Com o objetivo de acompanhar e avaliar mudanças em função das experiências vividas, considerei a oportunidade e o interesse de retomar a questão para confirmar posições e analisar as eventuais variações na abordagem sobre a concepção do papel da escola e da evocação das vicissitudes da vida estudantil.

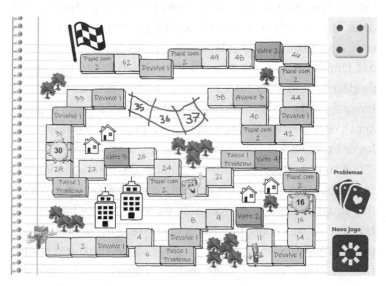

FIGURA 1 • Percurso do game

FIGURA 2 • Varal com o estoque de situações-problema de um jogador

O grupo selecionado para o estudo, crianças entre 6 e 10 anos de idade, alunas de sete escolas públicas da região, é proveniente de famílias de baixa ou média qualificação profissional, podendo representar 66% das famílias brasileiras (Datafolha Salários, 2013). No que diz respeito ao seu perfil sociocultural, a pouca escolaridade dos pais, a escassa existência de livros e material escrito no âmbito doméstico, o acesso restrito às práticas sociais de leitura e escrita e a pequena circulação dos referidos alunos em eventos culturais apontam para o perfil de baixo letramento das famílias, ainda que seja difícil estabelecer critérios seguros de classificação. Em contrapartida, podemos supor que, frequentando a escola e o Instituto (pelo período de três meses a quatro anos), os alunos estudados vêm recebendo consideráveis estímulos de experiências de leitura e escrita.

A consideração dos temas e a análise dos dados obtidos com os alunos estão estruturadas em cinco capítulos. O primeiro objetiva situar os desafios da educação na sociedade de hoje, a concepção de língua e suas implicações para o ensino. No segundo capítulo, o que está em pauta são as dimensões da produção textual (a escrita como construção de sentidos, como atitude responsiva e como proposta de compreensão em diversos gêneros textuais),

A ESCOLA E A PRODUÇÃO TEXTUAL

tomadas em diferentes tipos de atividade. O Capítulo 3 discute os desafios da incorporação tecnológica pela escola, as relações entre a alfabetização e a alfabetização digital, e, ainda, analisa os processos cognitivos dos alunos em produções textuais feitas no papel ou no computador. Os Capítulos 4 e 5 estudam, respectivamente, os processos de interação na construção da escrita e de resolução de problemas como prática educativa. Finalmente, a título de "Considerações Finais", o último bloco retoma a problemática tratada ao longo do trabalho para discutir a possibilidade de um projeto educativo compatível com os nossos tempos, os caminhos para a construção de uma escola renovada e as perspectivas para o ensino da língua escrita. Afinal, é possível transformar a aprendizagem da leitura e da escrita em uma aventura intelectual?

.....

1

A EDUCAÇÃO NO MUNDO GLOBALIZADO E AS IMPLICAÇÕES PARA O ENSINO DA LÍNGUA ESCRITA

"Talvez ensinar a língua também signifique ensinar que a vida não está pronta, não está acabada, e sempre há um horizonte para aquilo que virá."

(Geraldi, 2009, p. 227)

O **PROCESSO DE GLOBALIZAÇÃO** neoliberal fortaleceu e cristalizou um dilema que se anunciava, há muito tempo, no âmbito educacional: de um lado, a postura representada pelo Fundo Monetário Internacional (FMI), pela Organização Mundial do Comércio (OMC) e pelo Banco Mundial, a qual defende o ensino técnico voltado para a formação de trabalhadores competitivos e em condições de se inserir no mercado; de outro, a posição liderada pelo Fórum Mundial de Educação, que, entendendo a educação como um direito social, postula o ensino público financiado pelo Estado, situando o próprio sujeito como alvo da intervenção escolar.

Para Britto (2007), a tendência de associar a educação à formação para o mercado de trabalho reflete as demandas próprias do sistema e tem implicações diretas no ensino da língua escrita. No plano econômico, a restruturação do modelo de produção marcou a transição para o século 21, ampliando a participação do trabalhador no processo produtivo – o que, na prática, requer do sujeito competências de leitura e escrita para tomar decisões e lidar com protocolos. No plano social, o intenso processo de urbanização ampliou a convivência das pessoas em contextos fortemente marcados pela cultura escrita, o que deu origem a novas formas de relacionamento. No plano tecnológico, o crescimento dos meios de comunicação intensificou o trânsito no universo linguístico, inte-

A ESCOLA E A PRODUÇÃO TEXTUAL

grando recursos digitais à vida cotidiana e aos modos de ocupação. Finalmente, no plano político, o próprio funcionamento do sistema capitalista instigou o aumento da produtividade, a formação de mercados consumidores e a assimilação de valores hegemônicos – aspectos que, da mesma forma, pressupõem as práticas letradas.

Em consequência dessas demandas, a concepção de alfabetização se modificou: o critério de saber escrever o próprio nome, predominante até meados do século passado, já não é mais suficiente para caracterizar um indivíduo alfabetizado. Mudaram também as exigências para a inserção no mercado de trabalho. Se até os anos 1970 a alfabetização era suficiente para garantir um emprego, hoje o certificado de ensino médio tem sido requisitado para as profissões mais básicas.

Ao contrário do que se poderia esperar de uma nação assumida como democrática, os crescentes apelos da sociedade letrada e tecnológica não necessariamente garantem a emancipação dos sujeitos. Sem desmerecer a conquista da escrita como instrumental básico para as atividades de rotina, como o trabalho, é de lamentar que essa seja a única (ou principal) meta para a maior parte da população. É justamente porque a escola garante o foco nos padrões mínimos (a socialização pragmática, as condições básicas para o funcionamento do sistema) que o ensino da língua escrita, mesmo quando as pessoas aprendem a ler e escrever, fica aquém das possibilidades de formação do leitor crítico. As desigualdades no acesso às práticas de escrita e na formação escolar dos alunos perpetuam, também no campo da educação, o quadro de injustiças: aos pobres, as habilidades letradas básicas para o trabalho; aos ricos, a escrita e a leitura voltadas também para o pensamento crítico e o mundo da literatura. Assim, "o letramento, como ação social, está amarrado a esta lógica: alfabetizam-se as pessoas para elas ficarem mais produtivas e conformes à ideologia dominante" (Britto, 2007, p. 24).

Na conformação dessa mentalidade, não é de estranhar posturas tão amplamente assumidas na esfera social: a escola voltada para metas utilitárias, o ensino como mero mecanismo de transmissão de conteúdos, o professor movido por propósitos imediatistas, a aprendizagem como instrumentalização dos sujeitos, o aluno submetido a propósitos pedagógicos predeterminados, a língua como um conjunto fechado de regras e normas.

Na outra perspectiva – a educação como direito social –, a ênfase recai sobre a formação humana, vinculada ao compromisso de construção de um mundo mais solidário e justo. Essa postura, assumida pelo Fórum Mundial de Educação, é defendida por Charlot (2005, p. 145-46) com base nos seguintes argumentos:

> Em primeiro lugar, a educação é um direito, e não uma mercadoria. É um direito universal, vinculado à própria condição humana, e é como direito que deve ser defendida. Ela não é propriamente instrumento de desenvolvimento econômico e social, mesmo que possa também ser considerada como tal secundariamente; também não é preparação para o trabalho tal como ele é, mesmo que possa constituir também processo de qualificação profissional [...]
>
> Em segundo lugar, a globalização em sua forma atual, neoliberal, não é a única possível. [...] Às redes de dinheiro e de poder que estão globalizando o mundo é preciso opor lutas para a construção de um mundo aberto, mas solidário.

Em defesa desse projeto educativo, o autor afirma que não se trata só de defender o ensino público ou o direito de todas as crianças de frequentar a escola, mas, principalmente, de transformar o ensino para que o acesso às informações (incluindo a aprendiza-

A ESCOLA E A PRODUÇÃO TEXTUAL

gem da língua escrita) possa representar efetivos conhecimentos sobre o mundo, e não simples habilidades rentáveis em curto prazo.

A consideração dos postulados de alguns autores é suficiente para ilustrar essa concepção de educação (e, consequentemente de escola) hoje assumida por muitos educadores. Ao apresentar o dilema "A educação deve se submeter ao ensino ou o ensino deve se submeter à educação?", Gusdorf (1970), já no século passado, defendia a prioridade do projeto educativo (que se faz, não só mas também, pelo ensino) sobre a "escola conteudista" (educação concebida como o mero somatório de aprendizagens). Quintás (1999, p. 65) argumenta que "um jovem pode aprender muitas coisas e não saber pensar", razão pela qual o objetivo da educação seria o de "pensar com justeza".

Nesse sentido, Colello (1999, 2001, 2010d, 2014a) chama a atenção para a importância de se livrar do paradigma tradicional de ensino em nome de uma concepção de projeto educativo capaz de integrar as esferas cognitivas, sociais e éticas. Na mesma linha de argumentação, Coll (1999a, b) e Coll e Monereo (2010) propõem que, ao lado da aprendizagem de fatos e conceitos, os conteúdos escolares incorporem princípios, atitudes, valores e procedimentos. Charlot (2005, 2010), por sua vez, insiste em objetivos amplos, como a formação para a cidadania, o respeito aos direitos humanos, o desenvolvimento sustentável e a formação do pensamento crítico. Pensando nas metas da educação, Perrenoud (2001) defende uma educação capaz de investir nas competências, isto é, na mobilização dos recursos cognitivos e afetivos para o enfrentamento de situações complexas. Soares (1998, 2003a, b), incorporando essas ideias, recomenda a aprendizagem vinculada às práticas sociais. De modo semelhante, Ferreiro (2001b, 2002, 2013) proclama a necessidade de um ensino que, simultaneamente, respeite o ponto de vista dos alunos e atenda aos apelos do nosso mundo, diminuindo as diferenças sociais.

Além dos autores e estudiosos da educação, vale destacar a progressiva assimilação, desde o final do século 20, desses mesmos princípios em diretrizes nacionais, estaduais e municipais de ensino, marcando uma tendência que concorre com as proposições mais estritas de educação para o trabalho. Assim, por diversas vias, fica evidente a tensão entre diferentes concepções e, com ela, a necessidade de romper com um ensino pragmático, conteudista e instrumental, distanciado da vida em uma perspectiva mais ampla. Mais do que ensinar ou aprender, o desafio que hoje se coloca às escolas é a formação do homem consciente, crítico e produtivo, capaz de se pautar pelos princípios éticos e pela responsabilidade social.

Em síntese, trata-se de pensar o processo educacional e a escolarização como mecanismos de conciliação de três direitos fundamentais: o de humanização, pela entrada em universos simbólicos que franqueiam ao jovem sua vinculação ao patrimônio humano; o de socialização, que lhe permite constituir-se como membro de dada cultura, reconhecendo suas raízes; e, finalmente, o de subjetivação, como meio de construir a própria história de modo original e singular (Charlot, 2005; Colello, 2001).

Tomada como referencial para repensar os rumos da educação, a postura educacional centrada na formação humana traz importantes diretrizes para o ensino da língua escrita e, também, princípios que direcionam a apropriação tecnológica vinculada às práticas de comunicação. As mudanças de práticas, metodologias, recursos e até mesmo dos conteúdos de ensino de Português passam, necessariamente, pela revisão das concepções sobre a língua e pelas relações na sala de aula (Geraldi, 1984, 2003, 2009). Na mesma linha de raciocínio, Colello (2012, p. 275) advoga a correlação entre os processos de formação humana e de alfabetização, afirmando que a construção de uma escola de qualidade "será uma possibilidade de fato quando os professores se dispuserem a rever suas práticas de intervenção, dialogando com o aluno e assumindo, no ensino da escrita, a dialogia própria da língua". Vem daí o interesse de se considerar os desafios de reinventar a escola e de ensinar a ler e escrever, além de explicitar uma concepção de língua capaz de subsidiar esses projetos educativos.

Os desafios de reinventar a escola

Referindo-se à urgência de reinventar a escola, Gómez (2015, p. 29) afirma:

> Se as escolas insistem nas práticas convencionais obsoletas, que definem a maioria das instituições de ensino atuais, distantes e ignorantes do fluxo de vida que transborda à sua volta, correm o risco de se tornar irrelevantes. É o momento de redefinir o fluxo de informações na escola. Nós, docentes, devemos nos dar conta de que não é aconselhável apenas fornecer informação aos alunos, temos de ensiná-los como utilizar de forma eficaz essa informação que rodeia e enche sua vida, como acessá-la e avaliá-la criticamente, analisá-la, organizá-la, recriá-la e compartilhá-la.

O autor defende que as reformas parciais, descoladas de um sentido global da educação, são insuficientes para atender às demandas do nosso mundo. Corroborando essa postura, Monereo e Pozo (2010) referem-se à construção de um novo modelo educativo que, mesmo integrando o que já existe, não seja pautado pelo espírito saudosista com o propósito de recuperar uma escola que não faz mais sentido nos dias de hoje.

De modo semelhante, Colello (1999) postula uma nova forma de enxergar a escola, o que nos obriga a rever paradigmas, meios e metas. No que diz respeito aos *paradigmas*, é preciso substituir o "princípio de saber muito" pela possibilidade de lidar criticamente com o conhecimento, valendo-se de diferentes canais e estratégias. Mais do que nunca, o que está em pauta é uma educação que possa superar os muros da escola, preparando o sujeito para a vida social. Os *meios* de ensinar devem, por esse motivo, estar ancorados em metodologias ativas, práticas significativas e contextualizadas, incidindo sobre perspectivas transversais e interdisciplinares para que o aluno possa pensar com clareza sobre a realidade complexa que o cerca. Na prática, isso significa rever programas e conteúdos, privilegiar estratégias reflexivas, buscar alternativas de avaliação, lançar mão de novos recursos didáticos, prever inovações na organização do tempo e do espaço de aprendizagem e, sobretudo, tirar proveito de novas formas de relação na escola (a relação entre colegas, entre professores e alunos e entre estudantes e objetos de conhecimento).

Compreendida nessa extensão de dimensões e significados, a proposta de uma reforma educacional calcada nas metodologias ativas merece ser assumida com base em desafios relativamente consensuais entre inúmeros autores da área:

» Garantir uma abordagem ampla do processo educativo, procurando articular saberes, atitudes, valores e competências, a fim de promover uma formação integral do ser humano.
» Tornar o aluno protagonista de seu processo de aprendizagem, privilegiando o princípio da autonomia: "aprender fazendo".
» Priorizar a aprendizagem como processo mental reflexivo, isto é, como elaboração cognitiva mediada pela situação pedagógica.
» Estimular aprendizagens de segunda ordem, ou seja, não só assimilar conteúdos, mas também aprender a aprender, bus-

A ESCOLA E A PRODUÇÃO TEXTUAL

car o conhecimento, selecionar dados, articular informações e avaliar situações.

» Valorizar as formas de interação e de intercâmbio de saberes, posturas e experiências, incentivando meios colaborativos de aprendizagem.

» Promover a inserção social atrelada ao espírito crítico para que o sujeito possa se integrar e se ajustar à realidade dos planos real ou virtual.

» Fazer que os alunos possam usufruir de intercâmbios globais sem destituir as especificidades locais, regionais e individuais (evitar tanto a colonização de identidades como a alienação ou o isolamento dos indivíduos).

» Estimular o respeito à diversidade, atrelado ao desenvolvimento de posturas de tolerância, empatia, cooperação e solidariedade.

» Preparar o aluno para lidar com um saber necessariamente provisório, mantendo-se aberto para o novo, para o crescimento exponencial do conhecimento e para a compreensão de realidades complexas.

» Privilegiar propostas flexíveis de trabalho, por meio de "planejamentos pedagógicos em aberto", que possam não só estimular as diversas possibilidades de exploração dos alunos como atender à imprevisibilidade das situações didáticas.

» Transformar a escola em uma comunidade de aprendizes, capazes de produzir, questionar, pesquisar, reconstituir ideias, confrontar pensamentos e percepções – buscando, por essa via, a sintonia entre os objetivos escolares e a valorização do conhecimento pelos alunos.

» Reorganizar dinâmicas de convivência e modos de viabilizar a construção dos conhecimentos, o que obriga os educadores a rever os conteúdos e a própria concepção de currículo.

SILVIA M. GASPARIAN COLELLO

» Aproximar os conteúdos escolares da realidade social, incorporando a compreensão de problemas, dilemas, impasses, pontos de vista, implicações teóricas e práticas – ou seja, permitindo que os alunos possam captar, compreender e manejar tanto a complexidade dos fenômenos quanto o conhecimento de modo significativo.

» Promover mecanismos de motivação intrínseca na relação do sujeito aprendiz com o conhecimento e, dessa forma, investir na formação do estudante, do pesquisador, do profissional e do cientista.

» Transformar a pluralidade de informações em campos organizados de conhecimento, evitando contradições típicas de nosso tempo: a superinformação (infotoxicação) que convive com a desinformação; a possibilidade de saber sem compreender; a assimilação de dados paralela à desorientação.

» Priorizar procedimentos e metodologias nos quais o professor, facilitador e mediador do conhecimento, possa fortalecer, no aluno, a autonomia, a autorregulação, o compromisso, a responsabilidade, a metacognição, o controle das situações e os critérios de conduta.

» Garantir o trânsito do sujeito em múltiplas linguagens e diferentes modos de comunicação em diversos contextos letrados.

» Reorganizar as dimensões de tempo, respeitando diferentes ritmos de aprendizagem e equilibrando a valoração entre o imediatismo e os processos conquistados em longo prazo.

» Reorganizar os espaços de aprendizagem, nem só circunscritos às salas de aula nem dispersos em situações informais e aleatórias. Com base nesse postulado, a própria concepção de escola e de funcionamento institucional merece ser revista.

A ESCOLA E A PRODUÇÃO TEXTUAL

» Integrar as tecnologias da informação e comunicação (TIC*) às situações da vida e da escola, utilizando-as como instrumentos auxiliares do pensamento.

» Aproveitar as TIC como recurso para a ampliar o intercâmbio, a comunicação e a distribuição do conhecimento.

» Aproveitar novos materiais, tecnologias e recursos visando à maior efetividade das práticas de ensino. A esse respeito, importa estimular práticas pedagógicas operacionalizadas também como modalidades de pesquisa e de experimentação de alternativas de ensino.

» Repensar as práticas de formação docente (percursos iniciais, iniciativas de capacitação continuada e mecanismos de apoio e de reflexão profissional em serviço).

» Melhorar as condições objetivas de trabalho na escola.

» Valorizar a educação e reconhecer a função docente em suas dimensões pedagógica, política e social.

Tendo situado os principais desafios da educação e as perspectivas de transformação da escola, vejamos como eles se refletem no caso específico do ensino da leitura e da escrita.

Os desafios de ensinar a ler e a escrever

Como subproduto do consenso em prol da reinvenção da escola (mas, certamente, entendida como uma dimensão privilegiada desse desafio), a alfabetização – quase sempre tratada como apropriação estrita do sistema de escrita – também merece ser vista com novos

---

* O uso de "TIC" para designar "tecnologias da comunicação e informação" tem, curiosamente, sido grafado por diversos autores ora no singular (TIC), ora no plural (TICs). Entendendo que a sigla, em si, já comporta referência às diversas tecnologias, optei, no contexto deste trabalho, pelo uso no singular. Dessa forma, justifico-me pela aparente inadequação de concordância, em frases como "As TIC promoveram mudanças no cenário mundial".

olhos, tanto no que diz respeito à natureza e ao sentido desse objeto de conhecimento (a escrita como prática de comunicação e inserção social) quanto no que tange ao seu papel no processo de formação humana (a condição do sujeito leitor e escritor). Sem dúvida nenhuma, esses dois aspectos sustentam os desafios que a alfabetização deveria representar aos educadores. É nesse sentido que podem ser compreendidas as palavras de Ferreiro (2001c, p. 37): "Em alguns momentos da história faz falta uma revolução conceitual. Acreditamos ter chegado o momento de fazê-la a respeito da alfabetização".

A revolução conceitual acerca do processo de alfabetização, longe de constituir um movimento pontual, amparado por uma única corrente teórica ou um campo de conhecimento, é tributária de diferentes estudos e frentes de contribuição que hoje, no Brasil, justificam seus princípios fundamentais. Em trabalho anterior (Colello, 2014b, p. 175-77), tive a oportunidade de apresentar sinteticamente esses importantes aportes teóricos e suas implicações:

> O ensino da língua escrita, que, tão frequentemente, se configurava como objeto estritamente escolar, [...] sofreu o impacto de inúmeros aportes da psicologia, das ciências linguísticas e de investigações na área da educação. Nas décadas de 1960 e 1970, Paulo Freire foi o primeiro a denunciar as práticas alienantes de ensino, defendendo a alfabetização como leitura de mundo e a dimensão política do ensino. Nos anos 1980, as ciências linguísticas defendem o sujeito falante e a legitimidade dos diferentes modos de falar, combatendo os preconceitos linguísticos que circulavam até mesmo entre os educadores: a ideia de que a "correção linguística" [...] deveria ser um pré-requisito para a alfabetização. Ao mesmo tempo, a emergência de investigações psicogenéticas lideradas por Emilia Ferreiro e Ana Teberosky (1986) chamou a atenção para a aprendizagem como construção cognitiva, a partir de concepções e hipóteses dos sujeitos sobre a lín-

A ESCOLA E A PRODUÇÃO TEXTUAL

gua. As traduções dos estudos de Vygotsky e colaboradores [...], por sua vez, evidenciaram a aprendizagem no contexto sócio-histórico, situando a língua como um objeto cultural. [...] os trabalhos de seus compatriotas vinculados ao círculo de Bakhtin (1988a,1992) que chegaram ao Brasil revelaram [...] a natureza dialógica do ensino. Com base nesse referencial, muitas são as investigações didáticas que procuram compreender as implicações do sociointeracionismo na prática pedagógica. Desde os anos 1990, os estudos sobre letramento [...] promoveram um caloroso debate acerca do próprio conceito de alfabetização (Colello, 2010a), defendido pelos construtivistas como a própria cultura escrita (Ferreiro, 2001c; Weisz e Sanchez, 2002) e pelos pesquisadores liderados por Magda Soares (1998) como a articulação entre a aquisição do sistema (alfabetizar) e a conquista do estado ou da condição de quem se torna o usuário da língua (letramento).

Se, no campo da pesquisa, a fragmentação de posturas, nem sempre conciliáveis, e o acirramento dos debates acerca da alfabetização parecem inevitáveis, do ponto de vista pedagógico a busca de um encaminhamento parece uma necessidade, não só pela urgência de enfrentar o problema do analfabetismo (Soares, 2014) como pelo compromisso de situar a alfabetização em uma perspectiva educativa. Como eixo que perpassa diferentes esferas da vida cotidiana (o envolvimento na escola, a inserção no mercado de trabalho, a resposta funcional aos apelos mais triviais) ao mesmo tempo que as supera, garantindo certa condição ao sujeito (a participação social responsável, o posicionamento crítico perante o mundo, a imersão no universo literário), e, ainda, como prática transversal em diferentes campos do conhecimento, a língua escrita – em toda sua complexidade – merece ser prioridade do processo educativo porque, além de se constituir como objeto de conhecimento relacionado às possibilidades de comunicação, compreensão e interpretação, é também um recurso que, tal como a oralidade, promove a passagem do plano interpessoal para o intrapessoal (Vygotsky, 1987, 1988), gerando a consciência humana (Bakhtin, 1988a, 1992).

Do conjunto desse posicionamento, decorrem os principais desafios relativos ao ensino da língua escrita:

» Promover o acesso quantitativo e qualitativo da população à cultura escrita, antes, durante e depois do período de escolarização.

» Desenvolver políticas públicas voltadas para a intensificação das práticas letradas, sobretudo nos meios menos privilegiados.

» Respeitar a experiência linguística dos alunos e, com base nela, ampliar as oportunidades de aprendizagem e de uso da escrita.

» Situar o ensino da língua escrita com atividades contextualizadas e de efetivo propósito social.

» Explorar as situações comunicativas e dialógicas em sala de aula, buscando confrontar diferentes posições sobre o tema e diferentes modos de dizer.

» Garantir, na escola, a variedade de propostas e de suportes de escrita e leitura.

» Favorecer o contato do aluno com diferentes gêneros textuais, visando à formação da consciência genérica.

» Integrar o ensino da língua escrita ao desenvolvimento de múltiplas linguagens.

» Articular as práticas de ensino ao exercício reflexivo sobre o funcionamento da linguagem.

» Ampliar o ensino da língua escrita, superando o período dos anos iniciais da escolaridade (aprendizagem projetada ao longo de toda a escolaridade) e a esfera reducionista das aulas de Português – isto é, o ensino da língua escrita como um compromisso de todas as áreas e de todos os professores, tal como postulado por Neves (2003).

» Promover o acesso ao mundo literário, estimulando o contato dos alunos com diferentes autores, obras e estilos de produção.

» Situar o conhecimento da língua escrita como um recurso para a aprendizagem em uma perspectiva mais ampla.

» Fazer do ensino da língua escrita um exercício de reflexão e aprofundamento dos processos de consciência integrado à constituição da identidade.

Em síntese, se o horizonte das metas educativas aponta para perspectivas de humanização e de uma sociedade mais justa, o processo de alfabetização não se justifica senão pelo direito de voz e de autoria, a garantia de inserção social e de participação do sujeito nas múltiplas esferas de comunicação. Nesse contexto, vale perguntar: que concepção de língua pode subsidiar a alfabetização como projeto educativo? Como a concepção de língua pode ressignificar os objetivos de ensino e as práticas pedagógicas?

A concepção dialógica da língua e suas implicações pedagógicas

Com o objetivo de situar a concepção dialógica de língua postulada por Bakhtin, Faraco (2009, p. 66, grifos do autor) explica:

> Para haver relações dialógicas, é preciso que qualquer material linguístico [...] tenha entrado na esfera do discurso, tenha sido transformado num enunciado, *tenha fixado a posição de um sujeito social*. Só assim é possível responder (em sentido amplo e não apenas empírico do termo), isto é, fazer réplicas ao dito, confrontar posições, dar acolhida fervorosa à palavra do outro, confirmá-la ou rejeitá-la, buscar-lhe um sentido profundo, ampliá-la.

SILVIA M. GASPARIAN COLELLO

Pautado nesse referencial, o quadro que se segue é uma tentativa de sintetizar e sistematizar, de modo mais objetivo (provisório e não necessariamente completo), as principais relações entre as concepções bakhtinianas e as implicações para o ensino da língua:

QUADRO 2 · Concepções de língua e suas implicações para o ensino

CONCEPÇÕES DE LÍNGUA (ORAL OU ESCRITA)	IMPLICAÇÕES PARA O ENSINO: PRINCÍPIOS PEDAGÓGICOS
A língua é vida porque as práticas de comunicação e de interação dão sentido à existência tipicamente humana.	Ensino integrado à vida: a ação docente pautada por práticas interativas e pelos propósitos de efetivas situações comunicativas.
A língua medeia a passagem do plano sensível (apreensão intuitiva do mundo) para o plano inteligível (a elaboração que atribui sentido ao mundo). Ela é, assim, constitutiva do homem. Por meio dela, o indivíduo se integra na corrente comunicativa de seu mundo, apreende sentidos, assumindo papéis sociais e gerando a sua própria consciência.	Ensino da língua como um direito de todos, voltado para a formação humana e para a inserção social do sujeito. Ensino da língua como processo de construção de mundo e da realidade plural da existência humana. Aprendizagem da língua como processo reflexivo e como mecanismo de geração da consciência em um contexto de valores.
A língua tem vida, o que caracteriza seu progressivo processo de mudança. Os eventos linguísticos existem no bojo de um contexto específico, sendo marcados pelo jogo de valores e tensões entre o dito, o não dito e o respondido. São, portanto, únicos e irrepetíveis.	Inviabilidade de conteúdos fixos, neutros e independes dos contextos de produção: práticas de ensino necessariamente contextualizadas. Ensino voltado não para o domínio do sistema, mas para o trabalho linguístico que constrói e reconstrói a língua, a partir de processos reflexivos e de posturas críticas. Ensino da língua como prática para a conscientização de valores e de significados assumidos no mundo: alfabetização como prática política.

CONTINUA ▶

A ESCOLA E A PRODUÇÃO TEXTUAL

CONTINUAÇÃO ▶

A língua só existe em função de situações comunicativas. Ler e escrever, entendidos como propostas de negociação de sentidos, nunca são atividades solitárias, já que pressupõem a interação com o outro.	Ensino calcado nas dinâmicas de escuta do professor, na interação entre os alunos e na possibilidade de construção conjunta de estratégias de produção e de interpretação. Importância de se respeitar a intenção discursiva dos alunos e fortalecer suas posturas responsivas.
A língua como processo dialógico; a produção linguística não parte de si e não se esgota em si, já que toda palavra tem uma contrapalavra.	Aprendizagem da língua entendida como meta em longo prazo, pautada pelo efetivo exercício linguístico: resgate das ideias prévias ou campos de referência no universo letrado; confronto de posições; escuta de múltiplas vozes; construção de estratégias de produção e de interpretação; inserção do sujeito no contexto da cultura escrita e acesso aos diferentes campos das atividades humanas (ensino da língua articulado ao conhecimento de mundo).
O enunciado é a unidade significativa da língua.	Ensino direcionado das reflexões epilinguísticas, geradas a partir da leitura do texto, para as reflexões metalinguísticas, evitando o uso de palavras soltas e de frases descontextualizadas (exercícios mecânicos de fixação das normas gramaticais).
A língua como conjunto de modalidades integradas: a fala, a escuta, a escrita e a leitura, associada aos elementos extraverbais.	Articulação das propostas de trabalho aos diferentes canais e tecnologias da comunicação, às diferentes línguas e práticas letradas. Necessidade de promover o trânsito e a relação entre modalidades e práticas linguísticas.
As práticas linguísticas pressupõem um posicionamento interlocutivo no qual o sujeito é constantemente convidado a deslocar-se de si para compreender o outro, a língua e a própria realidade.	Ensino dado pelo processo de desestabilização do sujeito: a constante necessidade de considerar outros pontos de vista, outros saberes, outras formas de se expressar, outras formas de conceber e lidar com o mundo.
A legitimidade de todas as línguas no contexto histórico e social de suas práticas.	Reconhecimento e respeito às diferentes línguas, aos falantes e às diversidades culturais. Fim das práticas de discriminação e imposição linguística.

CONTINUA ▶

CONTINUAÇÃO ▶

A pluralidade linguística nos contextos polifônicos	Interesse em considerar a dimensão social da língua nas práticas pedagógicas: condições, processos, estratégias e modos de produção. Necessidade de se promover na escola experiências do aluno com diversidade dos suportes, tipos textuais, gêneros e formas de enunciação. Ensino da língua escrita pautado pelas múltiplas possibilidades de dizer e de interpretar.
A manifestação linguística, como recurso de expressão e de poder, tem um significado essencialmente político.	Docência como exercício de resistência às forças domesticadoras. Ensino como prática política de luta pela sociedade democrática.

Com esse paradigma, valoriza-se o ensino da língua como esforço voltado para a constituição do sujeito leitor e escritor, membro da comunidade de leitores e senhor da sua palavra.

No conjunto, o aporte bakhtiniano favorece uma mudança de postura em face do modo como a língua e suas perspectivas de ensino costumavam ser concebidas, sustentando a defesa de objetivos mais amplos para a alfabetização. Superando a apropriação instrumental da escrita (ler e escrever para fins específicos de estudo ou de trabalho), três aspectos merecem destaque no cenário das metas a ser alcançadas.

Em primeiro lugar, a *conquista de habilidades* que, nos contextos de uso da escrita, funcionam não só para a mediação de outras práticas sociais como para subsidiar processos mentais. A esse respeito, Rojo (2009, p. 44-45) defende a aprendizagem da língua escrita por meio de atividades capazes de favorecer a conquista de habilidades múltiplas e variadas:

Para ler [...] não basta conhecer o alfabeto e decodificar letras em sons da fala. É preciso também [...] acionar o conhecimento de

A ESCOLA E A PRODUÇÃO TEXTUAL

mundo para relacioná-lo com os temas do texto, inclusive o conhecimento de outros textos/discursos [...] inferir, comparar informações, generalizar. É preciso também interpretar, criticar, dialogar com o texto [...], situando-o em seu contexto. Reciprocamente, para escrever, não basta codificar e observar as normas da escrita do português-padrão do Brasil; é também preciso textualizar: estabelecer relações e progressão de temas e ideias, providenciar coerência e coesão [...] levando em conta a situação e o leitor...

Nessa perspectiva, os atos de ler ou de escrever acabam por se tornar suportes para inúmeros processos mentais, apoiando a reflexão, o pensamento crítico, a organização de dados, a participação social e a inserção no mundo letrado.

Para além das competências vinculadas à escrita, mas estreitamente relacionada a elas, destaca-se, em segundo lugar, uma nova postura linguística do sujeito dada pela sua *constituição como sujeito interlocutivo* no mundo letrado. Quando ele se assume como alguém que tem o que dizer e para quem dizer,

> [...] a escrita [...] é reconhecida como "enunciação", como "discurso", isto é, como forma de interlocução [...] em que quem fala ou escreve é um *sujeito* que, em determinado contexto histórico, em determinada situação pragmática, interage com um interlocutor, também ele um *sujeito*, e o faz levado por um objetivo, um desejo, uma necessidade de interação [...]. A aprendizagem da escrita, na escola torna-se, pois, a aprendizagem de ser *sujeito* capaz de assumir a *sua* palavra na interação com interlocutores que reconhece e com quem deseja interagir [...]. (Soares, 1991, p. 61-62, grifos da autora)

Partindo do postulado bakhtiniano de que, no evento linguístico, "o locutor serve-se da língua para suas necessidades enunciativas concretas" (Bakhtin, 1992, p. 78), diversos autores concebem a fala, a escrita e a leitura como efetivos trabalhos de produção de sentidos que, pela negociação de ideias, atendem a objetivos contextualizados da comunicação entre as pessoas.

Assim, o ensino da escrita se explica pela meta de formar o sujeito interlocutivo, aquele capaz de (re)construir sentidos e interagir por diferentes vias, com diferentes pessoas, com diferentes propósitos, nos diferentes suportes, lidando com os recursos de seu tempo e reagindo a eles.

Em terceiro lugar, em decorrência dos aspectos mencionados, Soares (1998, 2003a, b) aponta que a aprendizagem da língua escrita, incluindo suas possibilidades de uso em dado âmbito de circulação, garante um novo *"estado ou condição"* do sujeito. Nas esferas social, cultural, cognitiva e linguística, seu status é marcado pelo modo como ele age e interage no seu mundo. Em uma relação dialética, trata-se, portanto, de uma aprendizagem que transforma o aprendiz, ao mesmo tempo que dá a ele novas possibilidades de aprender. Dessa forma, a alfabetização representa não apenas a aquisição de um saber específico, mas também, como derivantes dele, possibilidades de ação, interação e reação, modos de ser, de se comunicar e de se colocar no mundo.

Juntos, os três aspectos mencionados evidenciam que o ideal de uma escrita para o nosso mundo letrado, tecnológico, globalizado e, ao mesmo tempo, comprometido com os princípios da sociedade democrática requer um olhar atento sobre as especificidades do nosso cotidiano e sobre os incertos desafios do futuro, mas, também (e principalmente), a assunção de metas educativas necessárias à formação do ser humano.

Além disso, vale lembrar que, ainda que a consideração dos desafios e da explicitação de concepções, tal como apresentada neste capítulo, seja importante para nortear a revisão de práticas de

A ESCOLA E A PRODUÇÃO TEXTUAL

ensino, somos obrigados a admitir que a mera explicação de marcos complexos, por si só, é insuficiente para assegurar processos de mudança na escola. Cumpre, pois, criar uma rede de mecanismos de formação e de reflexão que, por diversas vias, proponham alternativas e apontem caminhos, aproximando os educadores da mudança de paradigma.

Nos próximos capítulos, ao aproximar dimensões teóricas e práticas relacionadas ao ensino e à aprendizagem da língua escrita, minha intenção é colocar em evidência novos referenciais do trabalho escolar e aprofundar seu sentido.

·····

2

AS DIMENSÕES DA PRODUÇÃO TEXTUAL E AS IMPLICAÇÕES PARA O ENSINO

> "Ensinar a ler e escrever é um desafio que transcende amplamente a alfabetização no sentido estrito. O desafio que a escola enfrenta hoje é o de incorporar todos os alunos à cultura escrita, é conseguir que todos os seus ex-alunos cheguem a ser membros plenos da comunidade de leitores e escritores."
>
> (Lerner, 2002, p. 17)

EM FACE DAS DEMANDAS do mundo e dos amplos objetivos previstos para a alfabetização em uma sociedade democrática, a oposição alfabetizado-analfabeto tornou-se obsoleta porque, para além do conhecimento específico da língua, cada vez mais importa saber o que as pessoas são capazes de fazer com ela e como suas competências letradas sustentam um modo de ser, agir e retroagir no meio em que vivem.

Para melhor situar a língua como atividade e, ao mesmo tempo, objeto de conhecimento, vale lembrar a postura de Bakhtin (*apud* Faraco, 2009, p 76), para quem a linguagem dá sentido à existência humana:

> Viver significa tomar parte do diálogo: fazer perguntas, dar respostas, dar atenção, responder, estar de acordo e assim por diante. Desse diálogo, uma pessoa participa integralmente e no correr de toda a sua vida: com seus olhos, lábios, mãos, alma, espírito, com seu corpo todo e com todos os seus feitos. Ela investe seu ser inteiro no discurso e esse discurso penetra no tecido dialógico da vida humana, o simpósio universal.

Nessa perspectiva, viver é colocar-se na corrente comunicativa em que o sujeito, marcado pelas múltiplas interações, adqui-

A ESCOLA E A PRODUÇÃO TEXTUAL

re consciência, sendo levado a assumir papéis e valores. Tecido nesse contexto de alteridade, o sistema de referência de cada um permite compreender o mundo e se posicionar perante os outros. Por isso, a linguagem se desenvolve mediante um sistema participativo que ressignifica as experiências concretas; um sistema necessariamente aberto, tendo em vista a dinâmica da própria vida e a impossibilidade de abarcá-la por completo. O evento linguístico é, portanto, uma produção que reflete a vida (porque está, indissociavelmente, incorporado a ela) e a refrata (porque, necessariamente, funciona como um recorte, traduzindo certo campo de visão ou valor), dependendo de um trabalho de negociação de sentidos circunscrito a cada situação.

Para explicar a aquisição da oralidade, Lemos (1982) afirma que a linguagem como objeto de aprendizagem (a produção da fala) se constrói não pelo simples armazenamento de vocabulário ou de estruturas da língua, mas por ações sobre o mundo (procedimentos cognitivos) e sobre o outro (procedimentos comunicativos). Na mesma linha de raciocínio, Geraldi (1993) situa a produção textual como uma prática comunicativa que, superando o polo fechado da língua (as regras do sistema), realiza-se em uma dimensão aberta, em que o propósito da escrita assumido pelo autor ("por que dizer") remete à negociação discursiva propriamente dita, dada por "o que dizer", "para quem dizer" e "como dizer".

Esse posicionamento interlocutivo do sujeito condiciona três dimensões fundamentais e inseparáveis da produção textual: a abordagem temática dada pela *construção de sentidos* com base em um campo de referência do autor; a constituição de uma *postura responsiva*, que permite considerar o interlocutor previsto tanto pela sua posição básica (condição social, grau de conhecimento e de proximidade com o autor, além dos saberes com ele compartilhados) quanto pela antecipação de suas possíveis reações; e, finalmente, a *produção da escrita* propriamente dita, concretizada pela conformação de gêneros e tipos textuais. Parto, portanto, do pressuposto de que, no complexo jogo de deslocamentos do processo de "autorar", a produção textual se constrói no posicionamento do sujeito com base no outro, voltada para o outro e com determinada conformação discursiva.

Sustentada por essa dinâmica de correlações, a progressiva constituição da autoria pressupõe a possibilidade de lidar, simultaneamente, com as três diferentes instâncias da produção, todas interferentes, desde o início, na composição do texto e, por isso, na sua eficiência como recurso de comunicação e de interação. Vêm dessa complexa condição do autorar as demandas que hoje justificam (ou deveriam justificar) a aprendizagem da língua escrita.

Partindo dos princípios assumidos anteriormente (a educação como projeto de formação humana, o ensino da escrita para a constituição do sujeito e para sua inserção no universo letrado e a língua como prática dialógica), o objetivo do presente capítulo é apresentar essas três dimensões da produção textual – produção de sentidos, postura responsiva e construção linguística. Ainda que elas sejam indissociáveis na prática, a intenção de considerá-las separadamente faz parte de um esforço analítico para melhor compreender os mecanismos de produção textual das crianças.

A língua como construção de sentidos e a produção textual no universo discursivo

Para Bakhtin (1988a, 1992), todo enunciado é dialogizado, o que significa que sua concretização, oral ou escrita, é uma manifestação possível no confronto de vozes que circulam na esfera social –

A ESCOLA E A PRODUÇÃO TEXTUAL

o "grande simpósio universal", como foi denominada pelo autor. Mesmo em sua singularidade, a produção linguística merece ser vista na relação com o "colóquio ideológico em grande escala", já que não existem oralidade ou escrita fora de contexto, interações, relações e correlações sociais. Em face do espaço polifônico que é o nosso mundo, marcado por excesso de informações e confrontos de posições e valores, o sujeito estabelece um sistema de referências que, por meio de identificações e oposições, aproximações e distanciamentos, saberes e desconhecimentos, encontros e desencontros, permite um modo de ser e de interpretar tudo aquilo que nos rodeia. Assim, na dinâmica da esfera discursiva, o inevitável encontro com a alteridade gera a consciência individual e, ao mesmo tempo, transforma a realidade.

Nessa perspectiva, as manifestações linguísticas devem ser compreendidas não só como fenômeno linguístico, mas como expressões socioideológicas de sujeitos que agem em função de um quadro complexo de relações. Em outras palavras, a construção de sentidos, oral ou escrita, emerge de uma profusão de vozes, fazendo que os discursos pessoais sejam sempre recheados de vozes alheias. Dessa forma, pode-se afirmar que a produção textual reflete posturas internalizadas pelo autor, em um processo contínuo, no qual ele transforma a "substância discursiva" interpessoal em intrapessoal, constituindo, assim, a sua palavra.

No âmbito de um contexto histórico-social, a evocação das ideias se faz por um processo dinâmico de constante elaboração e reelaboração dialógicas. Nas palavras de Bakhtin (1992, p. 405-6):

> As influências extratextuais têm uma importância muito especial nas primeiras etapas do desenvolvimento do homem. Essas influências estão revestidas de palavras (ou outros signos), e essas palavras pertencem a outras pessoas; antes de mais nada, trata-se

das palavras da mãe. Depois, essas "palavras alheias" se reelaboram dialogicamente em "palavras próprias-alheias" com ajuda de outras palavras alheias (escutadas anteriormente) e logo se tornam palavras próprias (com a perda das aspas falando metaforicamente) que já possuem um caráter criativo.

Pautado nesse referencial, Faraco (2005, 2009) explica a autoria, simultaneamente, como um recorte e uma reorganização estética com base em posturas axiológicas. Em suas condições singulares, que refletem e refratam o amplo circuito de vozes, as palavras parecem apagar a condição original de "discurso citado" e modificar a trajetória desse discurso do inter para o intrapessoal. Os próprios autores nem sempre têm consciência das origens e dos percursos de suas palavras. De qualquer forma, não se pode assumir o determinismo das produções linguísticas como se elas apenas repetissem o já dito.

> Um enunciado nunca é somente reflexo ou expressão de algo já existente, dado e concluído. Um enunciado sempre cria algo que nunca havia existido, algo absolutamente novo e irrepetível [...] Porém, o criado sempre se cria do dado (a língua, um fenômeno observado, um sentimento vivido, um sujeito falante, o concluído por uma visão de mundo etc.). Todo dado se transforma no criado. (Bakhtin, 1992, p. 408)

Seguindo essa linha de raciocínio, fala e escrita, como eventos discursivos, garantem a sua singularidade pelo modo como seu autor dá forma ao conteúdo, ora estabelecendo relações específicas com as vozes sociais (o arranjo que articula determinadas posturas), ora respondendo às condições objetivas de modo diferente (o arranjo que sugere modos de interpretação). Em ambos os

A ESCOLA E A PRODUÇÃO TEXTUAL

casos, recriam-se sentidos que podem funcionar como novas lentes para a leitura de mundo. Os eventos linguísticos funcionam, portanto, como produções que ressignificam a própria condição do sujeito, conforme explica Faraco (2009, p. 87):

> O sujeito tem, desse modo, a possibilidade de singularizar-se e de singularizar o seu discurso [...] na interação viva com as vozes sociais. Autorar, nessa perspectiva, é orientar-se na atmosfera heteroglóssica, é assumir uma posição estratégica no contexto da circulação e da guerra das vozes sociais; é explorar o potencial da tensão criativa da heteroglossia; é trabalhar nas fronteiras.

Enquanto o significado de um termo é, por natureza, abstrato e relativamente estável no âmbito de uma língua, os sentidos se construem de modo dinâmico nas situações concretas. Isso explica a flexibilidade linguística e a oscilação de sentidos atribuídos em diferentes situações, propósitos comunicativos, papéis assumidos e graus de consciência sobre o assunto. Na impossibilidade de uma língua pronta e independente dos falantes (como quer o objetivismo abstrato) e da existência de alguém capaz de incorporar uma língua em si (como preconiza o subjetivismo idealista), a produção linguística depende, em cada caso, de um efetivo trabalho de proposição e negociação de sentidos (Bakhtin, 1988a, 1992). Enquanto um jornalista "luta com as palavras" para transmitir a informação clara e objetivamente, o autor de textos ficcionais "luta com as palavras" para produzir significados múltiplos (Geraldi, 1993). Como produtos da ação sobre e com a linguagem, os enunciados traduzem o modo como seus autores se relacionam com o tema em dado momento e em função de determinado propósito.

A qualidade dessas construções pode, assim, variar dependendo do trânsito linguístico do sujeito no discurso circulante e das possíveis articulações que ele possa fazer no jogo da intertextualidade. Considerando que o homem, em seu mundo interior, é um microcosmo das vozes sociais, o grau de consciência é proporcional ao perfil de sua orientação social. Isso significa que "quanto mais forte, mais bem organizada e diferenciada for a coletividade no interior da qual o indivíduo se orienta, mais distinto e complexo será o seu interior" (Bakhtin, 1988a, p. 115).

A esse respeito, Moraes (2009) e Vigner (*apud* Moraes, 2009) afirmam que os textos se constroem na relação com outros anteriormente produzidos (a intertextualidade). Seja para reafirmá-los, seja para se opor a eles, o autor sempre estabelece um "diálogo" com o universo letrado, fazendo de sua escrita uma proposta de compreensão. Quando se pergunta sobre a origem das contrapalavras que subsidiam a produção textual, a resposta de Geraldi (2014, p. 215) dá a exata dimensão desse processo: "Elas não são produtos de uma inspiração. Elas são externas a nós, e nós as incorporamos nos processos interativos de que participamos. Elas provêm dos encontros da vida, que incluem os momentos de estudo".

Na mesma linha de argumentação, diversos autores postulam que aprender a escrever implica poder mover-se no espaço intertextual – âmbito de referência tanto para a evocação de conteúdos como para seu tratamento nos processos de produção e interpretação. Considerando a relevância do trânsito no universo letrado e a importância do acesso a diferentes tipos de texto – a leitura como "descoberta de mundo" –, Capello (2009), Colello *et al.* (2013) e Zilberman (2009) situam a literatura como dimensão privilegiada do ensino da língua, já que a sua natureza multifacetada e plurissignificativa favorece a penetração do sujeito em diferentes camadas interpretativas. Dessa forma, o acesso ao mundo literário, para além da experiência linguística, cultural e estética, é também um caminho para o enriquecimento dos mecanismos de comunicação e de autorreferenciação. Lobão (2009) mostra como isso se comprova no trabalho de produção textual com crianças, sobretudo quando a didática é focada em uma perspectiva em que "história puxa história".

Calcada nesse referencial, Moraes (2009) critica a concepção de que a qualidade da escrita, incluindo seu potencial criativo, depende de um dom inato de uma minoria privilegiada que já nasceu predestinada a escrever bem. Opondo-se a essa ideia, defende que a autoria é algo a ser ensinado e aprendido; ela depende, portanto, de experiências que merecem ser promovidas na e pela escola:

> [...] para que os alunos aprendam a produzir textos, além de viabilizar o acesso à diversidade textual, o professor [...] deve propor atividades que levem os alunos a refletir sobre a organização discursiva dos diferentes textos, de modo a favorecer a explicitação do que já sabem, tornando objeto de reflexão sistemática outros aspectos dessa estrutura ainda não observados. [...] o contexto da sala de aula deve ser propício ao intercâmbio de ideias, de informações e ao trabalho em parceria. (p. 16)

É no cenário desse desfio pedagógico que faz sentido conhecer as produções dos alunos do Instituto André Franco Vive, buscando captar suas possibilidades de evocação com base em diferentes propostas de escrita. Afinal, como esses pequenos autores lidam com a pluralidade das vozes sociais na composição de diferentes textos sobre a escola?

A construção de sentidos feita pelos alunos em diferentes atividades de escrita

Admitindo que os textos são construídos por sujeitos marcados por sua inserção social em determinado contexto simbólico e cultural e que, por esse motivo, são redigidos com base em um conjunto de experiências linguísticas ou relações significativas com as temáticas em questão, é possível vislumbrar como a produção textual é tributária da condição do autor. Na precariedade de experiências letradas e, consequentemente, de um "o que dizer pessoal e reflexivo", o sujeito tende a reproduzir mecanicamente o "discurso do outro". Nesse caso, a fragilidade do dizer do aluno, independentemente de sua competência técnica de escrita, pode estar fundada na típica relação de poder da escola: a submissão do autor-estudante ao interlocutor-mestre.

Confirmando a tendência já registrada por outros autores de reproduzir o discurso hegemônico sobre a escola, os resultados encontrados nas produções aqui estudadas também são marcados pelo comprometimento da personalização do texto, refletindo-se na pseudoautoria ou na "heterogeneidade unívoca", tal como explica Leal (2003, p. 62):

> Como o aluno deveria escrever sobre como se sente na escola, dentro da própria escola, era previsível que seus esforços se centrassem em atender a determinado jogo: falar bem da escola para, com isso, construir também uma "imagem" de si mesmo. Assim, o texto é muito mais o reflexo do que a escola quer ouvir do que aquilo que o produtor do texto realmente pensa sobre ela. [...]

Como a escrita é sustentada pela imagem do interlocutor, o aluno tende a guiar sua produção pela representação do professor como autoridade e representante de um saber indiscutível (ou de um crivo de avaliação), tomando como critérios prioritários de produção o que ele supostamente quer ouvir, o que ele gostaria que fosse dito e o que ele espera do trabalho (Castaldo, 2009, 2011; Castaldo e Colello, 2014). Tal comprometimento da identidade do

A ESCOLA E A PRODUÇÃO TEXTUAL

dizer (o sujeito incapaz de assumir sua posição no discurso e a efetiva autoria dele) resulta em um tratamento do conteúdo que, popularmente, ficou conhecido como "politicamente correto".

Além da redução e da repetição de argumentos, as mesmas forças centrífugas da "heterogeneidade unívoca" parecem explicar, conforme se verá, a emergência de clichês amplamente evocados nas produções dos alunos. Essa configuração interlocutiva transparece principalmente nos textos produzidos nas Fases 1 e 5 (a questão "Por que as pessoas vão para a escola?"), atividades nas quais a descontextualização da proposta e o frágil apelo discursivo dão uma boa amostra do que a criança teria a dizer em uma situação formal (escolarizada) de escrita. Em decorrência dessa condição, é possível distinguir as seguintes categorias:

a   Escola para aprendizagem em abordagens genéricas ("estudar para aprender") ou específicas ("aprender para trabalhar", "aprender para passar de ano").

b   Escola vinculada à aquisição de condições pessoais ("ser alguém na vida", "ser esperto", "ter um futuro melhor").

c   Escola justificada pelos aspectos lúdicos e sociais* ("brincar com os amigos").

d   Escola justificada por algum tipo de ganho paralelo ("comer a merenda").

Na distribuição dessas categorias, três aspectos merecem destaque na produção discursiva. Em primeiro lugar, o *reducionismo do número de categorias* elencadas em cada produção, conforme se evidencia na Tabela 1:

---

* Os aspectos lúdicos e sociais foram agrupados em uma única categoria, dada a associação feita pelos próprios alunos (o consenso de que a amizade implica poder brincar junto).

TABELA 1 • Papel da escola: número de categorias evocadas nas Fases 1 e 5

NÚMERO DE CATEGORIAS EVOCADAS	FASES								
	1º ANO		3º ANO		5º ANO		TOTAL		
	F1	F5	F1	F5	F1	F5	F1	F5	F1 + F5
1	9	6	8	1	7	4	24	11	35
2	1	3	2	9	3	5	6	17	23
3	0	1	0	0	0	1	0	2	2
4	0	0	0	0	0	0	0	0	0

Observe-se que a maior parte dos alunos, ao considerar as razões de ir à escola, concentrou-se em uma ou duas categorias (respectivamente com 35 e 23 ocorrências) e nenhum deles chegou a evocar mais de três tipos de argumento, comprovando a tendência de abordagem restrita sobre o tema. A despeito da prevalência da evocação de poucos argumentos, vale registrar a tendência de ampliação, da Fase 1 para a Fase 5, das categorias – possivelmente resultado das próprias situações de pesquisa, isto é, das oportunidades que os alunos tiveram de refletir sobre o papel da escola. De fato, na Fase 1, seis alunos consideraram dois tipos de argumento; na Fase 5, esse índice aumentou para 17 casos.

Em segundo lugar, vale destacar a ênfase assumida na distribuição das categorias, configurando a *preponderância da escola como espaço de aprendizagem*. O Gráfico 1 mostra o desequilíbrio na evocação de argumentos que, como se viu, podem aparecer sobrepostos em um mesmo trabalho.

No conjunto de 60 produções textuais das Fases 1 e 5, 58 fazem referência à escola como "espaço de aprendizagem", 15 mencionam conquistas na "condição pessoal", 13 citam aspectos lúdicos e sociais e apenas uma evoca um "ganho paralelo". Longe de ser neutra, a valorização do aprender reflete, como veremos adiante, certa concepção de escola e de papéis atribuídos a professores e alunos.

GRÁFICO 1 • Papel da escola: distribuição das categorias (Fases 1 e 5)

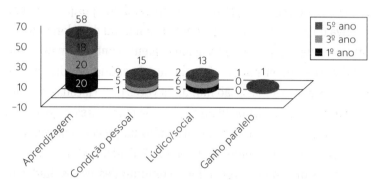

Em terceiro lugar, importa destacar que, na progressão dos anos escolares (do 1º ao 5º ano do grupo estudado), registra-se um discreto aumento na evocação da escola como conquista de "condições pessoais" (de uma para nove ocorrências) paralelamente ao decréscimo do número já reduzido de "aspectos lúdicos e sociais" (de cinco para dois casos).

No que diz respeito ao primeiro ponto (aumento da categoria "condições pessoais"), as considerações que, à primeira vista, poderiam parecer uma crescente consciência do aluno sobre o impacto da escola na constituição do sujeito acabam se configurando mais na forma de clichês, dada a sua formulação genérica e imprecisa: ir à escola para "ter uma boa educação", "não ficar burro", "ficar esperto", "ser alguém na vida" e "ter um futuro melhor". Desprovidos de identidade, os clichês são formulações incorporadas pelo sujeito que se repetem com um forte valor de verdade, justamente porque se configuram como vozes de consenso no âmbito social (Rocco, 1981). Eles traduzem "leituras unívocas", que restringem possibilidades interpretativas (Capello, 2009), e escritas mecânicas, que se submetem mais à ordem do "fazer, conferir e corrigir" do que à do compreender, refletir, indagar, contrapor, complementar e relacionar.

O segundo ponto (evocação pequena e decrescente de aspectos lúdicos e sociais) também parece surpreendente porque, na perspectiva da criança, contraria a tendência natural de valorização do brincar e, na perspectiva educacional, atenta contra as mais recentes diretrizes do ensino. De fato, no atual cenário dos discursos e diretrizes educacionais, são muitas as vozes que, calcadas no referencial sociocultural, postulam a interação entre pares, os jogos e as brincadeiras como recursos privilegiados no processo de aprendizagem e desenvolvimento (Oliveira, 1995; Frade, 2007).

No esforço de compreender o conjunto desses resultados (o reducionismo do número de categorias evocadas, a preponderância da escola como espaço de aprendizagem e o aumento da evocação das condições pessoais paralelo às baixas e decrescentes ocorrências de aspectos lúdicos e sociais), vale lembrar as concepções de educação apresentadas no capítulo anterior: a escola para o trabalho e a escola para a formação humana.

Diante da atualidade desse discurso educacional e da tensão estabelecida entre as duas posturas, parece significativo que as evocações infantis sobre a escola estejam centradas em uma concepção reducionista dela. Os poucos argumentos e a ênfase da construção discursiva recaem em aspectos específicos: a aprendizagem objetiva e instrumental ("aprender a ler para passar de ano", "aprender as matérias para entrar na faculdade"), a subordinação de comportamentos ("obedecer os professores"), a domesticação de reações e sentimentos ("aprender a não bater nos outros") ou as conquistas imprecisas e de longo prazo ("ser alguém na vida"). Na maioria dos casos, pouco se fala sobre o valor intrínseco do saber, o gosto pela leitura, o interesse pela escrita como

A ESCOLA E A PRODUÇÃO TEXTUAL

canal de comunicação, a convivência saudável entre colegas, as oportunidades de brincar e o prazer da vida escolar.

Assim, podemos supor que, seja pela condição objetiva de pauperização da escola, seja pela difusão das concepções reducionistas sobre o ensino – ou, ainda, pela insuficiência de referenciais letrados e de experiências reflexivas que pudessem alimentar a construção de significados (e, consequentemente, o tratamento do conteúdo) –, prevalecem evocações preestabelecidas pelo jogo de valores sociais.

Com base no referencial bakhtiniano, é possível afirmar, como Faraco (2009), que, na luta entre as vozes sociais, as forças centrífugas (posturas axiológicas que marcam as tendências centralizadoras) sobreopõem-se às forças centrípetas (aquelas que procuram desestabilizar o que é mais comumente aceito). Na prática, isso significa que o aluno reconhece e acata os (ou se submete aos) valores hegemônicos, ficando praticamente impedido de arriscar uma posição divergente quando se trata de discutir aquilo que já está posto e supostamente consagrado: a necessidade de ir à escola para aprender coisas específicas e conquistar objetivos pontuais. O texto de Ingrid* (Fase 5), aluna do 5º ano, ilustra essa postura:

[As pessoas vão para a escola] para apren der mais e por que as mãe obrigam a gente ir para ficar mais inteligente para ser algem na vida e para ser esperto.

A evocação e o tratamento do conteúdo podem mudar quando o aluno se vê diante de outras condições de produção textual:

---

* Ao longo deste trabalho, a apresentação das produções textuais procura ser fiel ao modo como elas foram escritas originalmente (tipo de letra, espaçamento entre palavras, distribuição nas linhas, ortografia e pontuação ou outras eventuais marcas). Em caso de difícil decodificação, a intenção do(a) autor(a) será transcrita entre colchetes. Para fins de preservação das identidades, os nomes dos autores são fictícios.

outros suportes, configurações da proposta, propósitos da escrita, graus de comprometimento, possibilidades de interação e enfrentamentos de desafios. Com maior ou menor grau de variação da abordagem temática, tamanho e qualidade do texto, é o que se observa nas Fases 2, 3 e 4.

Na Fase 2 (Situação hipotética), quando os alunos são instigados a convencer uma criança a ir à escola (uma forma indireta de considerar o seu papel), o que aparece é a reprodução das mesmas categorias, priorizando a "aprendizagem". No entanto, tendo em vista o apelo da proposta, é possível que eles, vislumbrando a possibilidade de modificar dada situação, tenham se sentido mais implicados nela. A contextualização da proposta, o "mérito" de seu propósito e a possibilidade de discutir o tema nas duplas de trabalho estimularam os sujeitos a outra relação com o texto. Com base nessas variáveis, é possível explicar as tendências de ampliação do tamanho do texto e de fortalecimento de outras categorias para além do critério aprendizagem. Dos 12 textos produzidos, há praticamente um equilíbrio entre as oito evocações relativas à necessidade de "aprender" e as sete menções à possibilidade de conquista de "condição pessoal". Mesmo com baixa frequência, os aspectos "lúdicos e sociais", citados em quatro textos, parecem crescer com relação às Fases 1 e 5, chegando a um terço das produções.

Na Fase 3 (Blogue), quando os alunos foram instigados a evocar aspectos positivos e negativos da escola, o apelo para um balanço da vida escolar remeteu os sujeitos à esfera das suas experiências e expectativas, gerando a possibilidade de maior grau de autoria (o sujeito que começa a assumir a sua voz) e o delineamento de diferentes tendências nos três grupos estudados*.

---

* Como os textos do blogue foram produzidos por duplas, trios e quartetos, resultando em apenas nove produções, prioriza-se a análise qualitativa com o objetivo de comparar as produções entre o 1º, o 3º e o 5º anos.

A ESCOLA E A PRODUÇÃO TEXTUAL

As crianças do 1º ano, com referência plantada nos valores sociais instituídos, limitaram-se a reproduzir os argumentos das fases anteriores, fazendo ecoar discursos positivos de idealização da escola por meio de palavras-chave: um lugar "legal" para "brincar", "aprender" e "ser inteligente".

Os alunos do 3º ano situaram suas abordagens ora valorizando a instituição e aclamando suas regras, ora criticando seu mau funcionamento, conforme se evidencia no exemplo que se segue:

A escola é importante para aprender muito tem que respeitar o professor ou o diretor para quando crescer ser esperto não tem papel higiênico e tem muita briga eles ficam chutam do a porta do banheiro pegam o lanche dos outros.

(Grupo de alunos do 3º ano, Fase 3)

A oposição entre argumentos pró e contra a escola reflete justamente o confronto de vozes: de um lado, os discursos centrífugos e mais hegemônicos, que situam a escola e o bom comportamento dos alunos como aspectos desejáveis para o alcance de metas de longo prazo; de outro, a denúncia que faz sentido diante das experiências concretas das crianças. Enquanto as afirmações positivas assumem um valor predominantemente racional (aquilo que foi incorporado pelos valores sociais), as críticas incorporam um tom mais afetivo, no qual o aluno se expressa com base no plano vivido para falar de si e de seu progressivo desencanto.

Para dar vazão às suas avaliações negativas (a força centrípeta que contraria os discursos mais hegemônicos), os sujeitos buscam atrelar suas experiências às esferas discursivas que possam amparar seu discurso. Em relação às atividades das Fases 1 e 5, a novidade aqui está justamente em transferir o eixo do recorte discursivo, isto é, buscar no universo polifônico outras vozes sociais.

No Brasil, a demanda popular por uma educação de qualidade tem colocado em evidência denúncias sobre as inadequações das escolas, quase sempre incidindo sobre os mesmos aspectos apontados pelas crianças – precariedade da estrutura física, problemas com a merenda e dificuldades de comportamento. As anotações do diário de campo utilizado por mim dão indícios de uma sustentação social para as queixas sobre a escola, que transparecem em falas como "minha mãe vai procurar uma escola melhor para mim e "meu pai veio reclamar das coisas da escola com a diretora". Nessa conjuntura, podemos situar as produções dos alunos do 3º ano entre duas correntes circulantes – a escola como um bem (a incorporação de um discurso social praticamente hegemônico) e a escola como instituição sucateada (a realidade vivida que encontra eco nas queixas populares). Curiosamente, a referência crítica, justamente a que tem maior proximidade com a experiência afetiva da criança, só aparece no texto quando o aluno é objetivamente instigado a evocar os aspectos negativos da escola (Fase 3).

Os alunos do 5º ano, por sua vez, quando vislumbram na proposta de trabalho uma perspectiva de denúncia, abrem mão do discurso da escola como um bem em longo prazo para se concentrar nas críticas, recuperando os mesmos problemas e vivências apresentados por seus colegas do 3º ano. O tom de denúncia, predominante entre os alunos do 5º ano, encontrou um contraponto em um único subgrupo, que se propôs a ponderar aspectos positivos e negativos da escola. Mesmo assim, o que se observa na sua produção é a abordagem centrípeta, pela qual os alunos superam o "politicamente correto" para se pronunciar como estudantes:

> na escola tem coisas boas e ruis as coisas boas são informatica educasão fisica e aula livre. as coisa ruis são a comida e o ba-

A ESCOLA E A PRODUÇÃO TEXTUAL

nheiro tudo sujo e as portas quebrada e a comida tem cabelo e coco de pombo.

(Grupo de alunos do 5º ano, Fase 3)

No balanço entre aspectos positivos e negativos da escola, os alunos fazem suas críticas às precárias condições da instituição e assumem que o melhor está justamente nas aulas menos comprometidas com a aprendizagem de conteúdos formais (informática e educação física), ou nas situações em que a escola não cumpre o seu papel (aula vaga). Na "ousadia" de negar a escola na sua forma mais típica, foi possível "escutar" a verdadeira voz do aluno. Para Geraldi (1996, p. 139-40), admitir a ruptura do sujeito com o discurso centrífugo e monológico favorece uma postura diferenciada para a formação de sujeitos escritores: "[...] aceitar a existência de dispersão e descontinuidade nos discursos implica aceitar também que o trabalho discursivo é criativo".

Na avaliação mais global das produções do blogue (Fase 3), é possível afirmar que a consigna mais aberta à escuta do sujeito e das suas experiências favorece a ampliação do referencial de abordagem e a incorporação de "outras vozes sociais ou pessoais" diferentes do discurso predominante. Ou seja, favorece outro recorte de evocação temática no universo polifônico. Trata-se de uma possibilidade que tende a se ampliar entre as crianças mais escolarizadas, seja pela evocação de experiências pessoais, seja pela "ousadia" de assumir posturas paralelas ao discurso hegemônico. De qualquer forma, o fato de as abordagens estarem sempre coladas às vivências pessoais (provavelmente, o único referencial disponível a esses alunos) sugere, mais uma vez, a dificuldade de considerar o tema de uma perspectiva mais ampla e reflexiva. Os estudantes vivem na escola, mas parecem ter poucas oportunidades de pensar a respeito dela. Isso explica a maioria das evocações repetitivas e até mesmo os clichês, que reproduzem o consenso de uma esfera social. Quando escapam do discurso hegemônico, os textos não chegam a questionar seu ponto central (a aprendizagem), concentrando as críticas em aspectos reducionistas, sempre colados ao âmbito circunstancial e concreto de percepções, em aspectos reducionistas. O aluno refere-se à sujeira do banheiro, à falta de qualidade da merenda ou às portas quebradas como se fossem fatores isolados e, por isso, não articula seu discurso globalmente, na forma de um posicionamento reflexivo mais amplo sobre a precariedade da instituição escolar.

Comparados às produções anteriores, os textos da Fase 4 (Resolução de problemas do game) representaram uma forte mudança na evocação das ideias, tendo em vista a pluralidade de abordagens registrada nos três grupos estudados – propostas de solução ou alternativas de encaminhamento – que emergiram da reflexão de situações pontuais (veja exemplos no Capítulo 5).

Do ponto de vista da produção linguística, embora a atividade vinculada ao game não tenha se configurado como uma iniciativa que favorecesse a construção textual mais sofisticada, seu potencial evidenciou-se na oportunidade de refletir sobre o cotidiano escolar. Isso porque, ao depararem com a especificidade de situações para as quais não havia uma "resposta pronta" – a abordagem consensual dos discursos sociais –, as crianças acabaram por lançar mão de diferentes critérios para enfrentar ou encaminhar a situação.

Quando comparada às produções reducionistas e repetitivas das fases anteriores, a amplitude de abordagem dessa fase reflete um posicionamento mais personalizado. Subsidiadas por diferentes vertentes de interpretação do problema e por prioridades diversificadas de encaminhamento, as produções refle-

A ESCOLA E A PRODUÇÃO TEXTUAL

tem um processo de reflexão, o que lhes conferiu certa singularidade. A voz das crianças emerge como resultado de uma busca pessoal apoiada pelo próprio repertório de experiências.

A evidência do impacto das situações reflexivas do game* para a condição autoral de evocação das ideias apareceu em todos os grupos estudados, podendo ser observada em pelo menos três dimensões: a evocação de várias respostas para um mesmo problema; a constatação das próprias crianças de que é possível resolver uma situação com diferentes encaminhamentos (inclusive com alternativas complementares); e a incorporação de sugestões dos colegas nas respostas individuais. Fica aí a evidência da trajetória (mencionada no início deste capítulo) de "palavras alheias" que, progressivamente, se transformam em "palavras próprias-alheias" e em "palavras próprias" (Bakhtin, 1992) e da situação dialógica a serviço da produção de sentidos e da evocação das ideias. Na prática dessa atividade, evidencia-se um "eu" que, do ponto de vista autoral, se enriquece na relação com o outro e, por esse motivo, tende a se assumir mais na produção textual.

A língua como atitude responsiva e a produção textual voltada para o outro

Como não existe uma "primeira palavra" ou um "primeiro autor" no simpósio universal, cada enunciado é, segundo Bakhtin (1992), um elo a mais na grande cadeia das vozes sociais; um elo que garante a dinâmica e a vitalidade do universo discursivo. Nas palavras do autor,

> [...] o locutor termina seu enunciado para passar a palavra ao outro ou para dar lugar à compreensão responsiva. (p. 294)

---

* A respeito do impacto do game sobre os sujeitos, remeto o leitor ao Capítulo 5.

> Para a palavra (e por conseguinte o homem), nada é mais terrível que a irresponsividade (a falta de resposta) [...]. A palavra quer ser ouvida, compreendida, respondida [...]. (p. 351)

Assim, todo enunciado é não só um ato de recriação que emerge do simpósio universal (tal como apresentado no tópico anterior) como, também, uma "manifestação responsiva". Nesse sentido, "o falante, seja ele quem for, é sempre um contestador em potencial" (Machado, 2005, p. 156). A contestação, contudo, não se faz no vazio; ela reage às múltiplas vozes, posicionando-se em face de um "outro" (ou outros), em uma situação específica. Na singularidade do evento linguístico, a representação que se tem do(s) interlocutor(res) afeta a produção de sentidos e, dessa forma, ele, como partícipe do processo comunicativo, também acaba por se integrar à construção discursiva.

A consideração do outro, no ato da produção linguística, exige do autor um constante esforço de deslocamento de si, no qual a organização do tema (o que se diz) depende do "excedente de visão" (Bakhtin, 1992), isto é, do balanço de diferentes pontos de vista: "o que eu sei", "o que sabe(m) o(s) meu(s) interlocutor(es)", "o que ele(s) não sabe(m)", "o que ele(s) pensa(m) que eu sei", "o que eu sei que ele(s) não sabe(m)", "o que ele(s) gostaria(m) de saber", "o que ele(s) vai(vão) entender, responder ou perguntar", "como ele(s) vai(vão) reagir", "o que eu posso ou não posso revelar". Assim, escrever um texto impõe ao sujeito a necessidade de lê-lo "com os olhos do outro" (Geraldi, 2009) ou trabalhar a língua "permanecendo fora dela" (Faraco, 2009). Na mesma linha de raciocínio, Sobral (2005) explica que a mediação entre as significações possíveis do sistema formal da língua e os enunciados produzidos é feita por um sujeito-autor que, no dizer/dizer-se, busca dada maneira de organizar a língua para se

A ESCOLA E A PRODUÇÃO TEXTUAL

dirigir ao outro em dada situação, com determinado propósito e, certamente, com base em certo referencial e na imagem que tem de seu interlocutor.

A singularidade da produção, contudo, longe de aprisionar o significado supostamente veiculado em seu contexto de origem, lança "sua voz" para a arena polifônica dos discursos sociais, instigando retorno (uma reação, um gesto, um dizer ou até mesmo uma atitude de passividade). Desse ponto de vista, o evento linguístico, oral ou escrito, é, simultaneamente, enunciação e resposta voltada para o outro, que se manifesta também com expectativa de resposta; a palavra à espera da contrapalavra. A leitura é, portanto, um espaço de encontros no qual autor e leitor, como parceiros e cúmplices, assumem, com diferentes graus de tensão, a construção de sentidos, a constituição de si e a própria perpetuação do discurso.

Assim, o evento linguístico, de forma dinâmica, baseia-se na construção de sentidos que vêm do outro e vão para o outro, sempre como uma manifestação única, subsidiada pelo referencial da alteridade.

No amplo contexto das vozes sociais, a palavra é "uma espécie de ponte lançada entre mim e os outros. Se ela se apoia sobre mim numa extremidade, na outra apoia-se sobre o interlocutor" (Bakhtin, 1988a, p. 113). O significado de um texto não está na página impressa, mas no encontro dos interlocutores, que, partilhando interesses, saberes e conhecimentos, reconstroem sentidos. Se o texto é condição de leitura, é a síntese interpretativa feita pelo leitor que dá continuidade ao processo dialógico e, portanto, vitalidade ao que foi produzido (Geraldi, 1996). Como "toda compreensão é prenhe de resposta" (Bakhtin,1992, p. 271), lidar com a novidade das palavras alheias (os sentidos construídos e reconstruídos) impõe-se como postura ativa de compreensão vinculada a uma postura responsiva.

Uma pessoa não compreende seu interlocutor pela assimilação passiva de suas palavras (a mera decodificação), mas pela negociação delas (ainda que interna e silenciosamente) em face do seu universo de referência; compreende-se o outro concordando ou discordando, estabelecendo conexões com o dito e o não dito, buscando e refazendo sentidos, complementando ou negando o âmbito da informação veiculada. Por isso, é possível afirmar, assim como Bakhtin (1988a, p. 132), que "a compreensão é uma forma de diálogo".

É, portanto, na dimensão da alteridade que o sujeito se constitui, transforma-se e, como vimos, gera sua consciência. Mediado pela linguagem, o encontro entre o "eu e o tu" permite ao sujeito olhar o mundo e a si mesmo com os olhos do outro, buscando neles aquilo que lhe falta. A descoberta do "homem no homem", isto é, "do outro eu" que há no meu interlocutor, pressupõe a negação da postura monológica que, na sociedade de classes e, particularmente, no capitalismo, tende a coisificar as pessoas.

> O modelo monológico não admite a existência da consciência responsiva e isônoma do outro; para ele não existe o "eu" isônomo do outro, o "tu". O outro nunca é outra consciência, é mero *objeto* da consciência de um "eu" que tudo conforma e comanda. O monólogo é algo concluído e surdo à resposta do outro, não reconhece nela força *decisória*. Descarta o outro como entidade viva, falante e veiculadora das múltiplas facetas da realidade social e, assim procedendo, coisifica em certa medida toda a realidade e cria um modelo monológico de um universo mudo, inerte. Pretende ser a *última palavra*. (Bezerra, 2005, p. 192, grifos do autor)

Em contraposição ao modelo monológico, o reconhecimento da natureza multifacetada do universo, da diversidade das pessoas e das diferentes posturas assumidas revela um homem único, inconcluso e conflituoso, que se constitui progressivamente pelo discurso na relação com o outro. Dessa forma, a autoria não se faz pela reprodução de "discursos prontos" ou de "palavras neutras" tomadas como verdades, mas pela enunciação proferida de um ponto de vista que carrega em si certa concepção de mundo em dada esfera axiológica. Assim, a constituição da autoria, em uma perspectiva responsiva, depende de um compromisso do sujeito que, em sua manifestação, acaba por representar papéis e abraçar posturas. É no contexto da luta de forças e da pluralidade de vozes que ele pode assumir a sua palavra e, por meio dela, não só responder ao outro como responsabilizar-se por seus atos ou posições.

A esse respeito, Sobral (2005) explica que o termo "*otvetsennost*", utilizado por Bakhtin, ora traduzido como "responsividade", ora como "responsabilidade", abarca esse duplo sentido, denotando o "responder responsavelmente" pelo compromisso com o outro e com o que se diz; um ato comprometido com o pensamento não indiferente, que incorpora, ao mesmo tempo, o conteúdo e o processo linguístico. Para Geraldi (1993), essa postura de comprometimento é exatamente o diferencial entre a redação (entendida como mero ativismo para cumprir as demandas da escola) e a efetiva produção textual (a labuta da escrita como negociação discursiva voltada para o outro).

A atitude responsiva de alunos em diferentes atividades de escrita

Comprometida com a construção negociada de sentido, a produção textual é sempre uma proposta de interpretação filiada à concepção relacional de Bakhtin, que se explica nos seguintes eixos indissociáveis:

» "o eu para mim": a interação "eu-tu" na qual o sujeito-autor, com base na percepção de sua consciência e identidade subjetiva, constrói sentidos;

» "o outro para mim": a interação "eu-tu" que se organiza com base na percepção que o sujeito-autor tem de seu interlocutor;

» "o eu para o outro": a interação "eu-tu" na qual o sujeito-autor, assumindo uma postura responsável/responsiva, propõe certo posicionamento pessoal com base no que se espera dele ou no modo como quer se assumir para o outro.

Na prática da produção textual, isso significa a incorporação de diferentes níveis de consciência relativos à percepção de um mundo plural, do inevitável confronto de vozes e da escrita como processo de comunicação dialógica:

1 reconhecimento da pluralidade de vozes (polifonia) como manifestação de consciências diversificadas;

2 reconhecimento do(s) outro(s) e de sua(s) postura(s) como possibilidade(s) legítima(s), ainda que diferente(s) daquela(s) assumida(s) no plano pessoal;

3 percepção do(s) outro(s), podendo colocar-se em seu lugar pelo compartilhamento de campos de referência, conhecimentos ou avaliações de dada situação;

4 superação do dito, chegando ao presumido com base em dados extraverbais ou em sentimentos de empatia surgidos de experiências vividas;

5 reconhecimento de si na posição de locutor que tem o que dizer ao outro na situação discursiva concreta;

6 reconhecimento da produção textual como manifestação responsável/responsiva comprometida com o conteúdo e com o processo interlocutivo.

A ESCOLA E A PRODUÇÃO TEXTUAL

Embora essa postura responsiva dialógica esteja sempre* prevista nas manifestações orais ou escritas de interação social, é certo que ela será tão mais intensa quanto mais os sujeitos forem "atraídos" pela situação interlocutiva. No caso da pesquisa realizada, importa saber como os alunos dos três grupos (1º, 3º e 5º anos) reagiram responsiva/responsavelmente às diferentes propostas de escrita, ou seja, como se posicionaram diante do interlocutor e do próprio trabalho de produção textual em cada fase. Para tanto, a Tabela 2 (p. 78) sistematiza o grau de adesão ("frágil", "parcial" ou "forte") dos sujeitos no que diz respeito aos diferentes aspectos relacionados à postura responsiva em atividades diversas.

Visando a uma análise genérica e comparativa das produções, a classificação foi feita com base em critérios internos ao *corpus* estudado, abarcando o produto e o processo de escrita. No que diz respeito ao produto, considerei o grau de adesão pela evocação, explícita ou implícita, pela diversidade de posturas ou pela presença de formulações linguísticas que, claramente, consideravam a presença do outro – ou a ele se referiam. Quanto ao processo, as perguntas com relação à proposta, os pedidos de esclarecimento sobre a situação, as negociações sobre o modo de dizer, os comentários sobre os diferentes lados dos problemas e os pedidos de retorno baseados no texto produzido marcaram os diferentes níveis de adesão e de comprometimento.

A avaliação "frágil" foi atribuída a posturas reducionistas ou comportamentos difusos que pouco evidenciaram a consciência do aluno sobre a relação interlocutiva (a consideração da diversidade, a consciência do outro, a relação entre o "eu" e o "tu", o posicionamento do autor e o papel da produção textual). O grau "parcial" foi imputado a adesões intermediárias que superaram esse reducionismo sem,

---

* No encontro entre pessoas, supondo a impossibilidade de "atitude responsiva nula", Bakhtin (1992) considera que a compreensão responsiva esteja sempre presente em algum grau.

contudo, chegar a um posicionamento claro na relação com o outro. Considerei "Forte" as situações nas quais os sujeitos assumiram claramente posturas dialógicas, no produto ou no processo de composição.

TABELA 2 · Postura responsiva dos grupos nas diferentes atividades de produção textual

POSTURAS RESPONSIVAS	FASES DA PESQUISA*				
	FASE 1	FASE 2	FASE 3	FASE 4	FASE 5
Reconhecimento da pluralidade de vozes	Frágil 1º, 3º, 5º	Forte 1º, 3º, 5º	Parcial 1º Forte 3º, 5º	Forte 1º, 3º, 5º	Parcial 1º, 3º, 5º
Reconhecimento do outro e da legitimidade da sua postura	Frágil 1º, 3º, 5º	Parcial 1º Forte 3º, 5º	Frágil 1º, 3º, 5º	Parcial 1º, 3º, 5º	Frágil 1º, 3º, 5º
Percepção do outro, colocando-se em seu lugar	Frágil 1º, 3º, 5º	Forte 1º, 3º, 5º	Frágil 1º, 3º 5º	Parcial 1º, 3º, 5º	Frágil 1º, 3º, 5º
Posicionamento presumido, superando o dito	Frágil 1º, 3º, 5º	Forte 1º, 3º, 5º	Frágil 1º, 3º, 5º	Parcial 1º, 3º, 5º	Frágil 1º, 3º, 5º
Reconhecimento de si no lugar de locutor	Frágil 1º, 3º, 5º	Forte 1º, 3º, 5º	Parcial 5º Frágil 1º, 3º	Forte 1º, 3º, 5º	Frágil 1º, 3º, 5º
Reconhecimento do texto como produção comprometida e transformadora	Frágil 1º, 3º, 5º	Forte 1º, 3º, 5º	Parcial 5º Frágil 1º, 3º	Parcial 3º, 5º Frágil 1º	Frágil 1º, 3º, 5º

* Fase 1: Questionário; Fase 2: Situação hipotética; Fase 3: Blogue; Fase 4: Game; Fase 5: Questionário.

A ESCOLA E A PRODUÇÃO TEXTUAL

Bakhtin (1992, p. 350) explica que, "se nada esperamos da palavra, se sabemos de antemão tudo quanto ela pode dizer, esta se separa do diálogo e se coisifica". Considerando essa possibilidade, Leal (2003) lamenta as práticas escolares que, circunscritas a contextos artificiais e sem propósitos ou interlocutores definidos, diluem a atitude responsiva do aluno. Nessa mesma linha de argumentação, muitos autores distinguem a escrita feita na escola por obrigação daquela motivada pelo desejo de se comunicar. Quando o aluno escreve não para ser lido, mas para ser corrigido e avaliado pelo professor, o texto perde a sua dimensão dialógica – condição que, na progressão dos anos escolares, pode se cristalizar na relação do sujeito com a escrita, prejudicando a sua constituição como sujeito-autor.

No que diz respeito à postura responsiva, essa situação da "escrita como tarefa escolar" ficou evidente nas produções da Fase 1 (Questionário), já que esta, propositalmente elaborada como atividade fechada em si mesma, aproxima-se de práticas escolares tipicamente reducionistas. Ao depararem com a proposta descontextualizada, configurada mais como uma checagem de posturas do que como um efetivo interesse em conhecer os posicionamentos pessoais, os alunos nem chegaram a questionar o propósito da escrita. Na impossibilidade (ou indisponibilidade) de considerar outras vozes ou outros posicionamentos, eles se submeteram à tarefa, transferindo para a situação da pesquisa uma postura que lhes parece familiar: obedecer à solicitação da professora. A obrigação de executar a tarefa concretizou-se na produção escrita também pela via da obrigação de reproduzir discursos sem o compromisso de envolver-se pessoalmente. Isso se comprova, por exemplo, no trabalho de Adriana (3º ano). Quando se perguntou a ela "Por que as pessoas vão para a escola?", a menina escreveu: "Porque tem que ir para a escola".

Na condição de quem se submete aos valores dominantes (a postura monológica) e apenas pretende reproduzir discursos para atender às supostas expectativas do outro sobre seu trabalho, os alunos tendem a desconsiderar a possível diversidade de posturas (as múltiplas vozes), assim como a eventualidade de um comportamento desviante do modelo padrão. A palavra do locutor e a postura interpretativa do interlocutor se diluem no contexto do já dito, assumido e socialmente aceito. Como autores, os alunos não ousam presumir nada além do que já está posto, razão pela qual ficam impedidos de considerar suas produções em uma perspectiva transformadora. Mesmo assim, dispõem-se a realizar a tarefa, respondendo objetiva e diretamente às perguntas feitas. O reconhecimento de seu lugar como locutores, contudo, circunscreve-se à condição reducionista de quem se submete à figura de autoridade.

A atividade proposta na Fase 2 (Situação hipotética) foi a que mais fortemente incidiu sobre a postura responsiva dos alunos estudados. Eles partiram do pressuposto de que algumas crianças gostam da escola e outras não, reconhecendo essa diferença como uma efetiva possibilidade em nosso mundo. Consideraram o ponto de vista do personagem com base em referências pessoais ("nós achamos melhor você ir para a escola") e na avaliação de que o ingresso na escola pode ser difícil ("ce acon tecer alguma coisa no ceu 1 dia de aula..."). Mais que isso, chegaram a presumir as causas do comportamento de Marcelo ("não pode fase bira"[birra]). Assim, os argumentos evocados tomaram como base razões que pudessem reverter a decisão do menino de ficar em casa: "as boas coisas da escola" ("brincadeira"), as metas em curto e longo prazo e até o posicionamento social ("para não ficar burro e os amigos não ri de você"). Na construção composicional, alunos de todas as idades trouxeram

A ESCOLA E A PRODUÇÃO TEXTUAL

aos textos mecanismos para marcar a relação interlocutiva com o personagem, como vocativos, referências na segunda pessoa, tom prescritivo ("Marcelo você tem que estudar muito porque senão você não vai ficar esperto"), argumentativo ("por que fica em casa não vai ajudar ne nada"), condicional ("se você for paraescola você vai ser um menino inteligente") e imperativo ("Vai para escola Marcelo").

As escritas reproduzidas a seguir, realizadas por duplas do 1º, 3º e 5º anos, respectivamente, são exemplos de produções assumidas na perspectiva autoral: enunciados de quem tem o que dizer, para quem dizer e, ainda, com o claro propósito de mudar a postura do outro. Esse envolvimento justifica a extensão dos trabalhos – maiores que as demais produções da pesquisa (nos dois primeiros casos, houve, inclusive, a intenção de preencher toda a página) – e o aparecimento de diferentes estratégias na construção das relações responsivas/responsáveis.

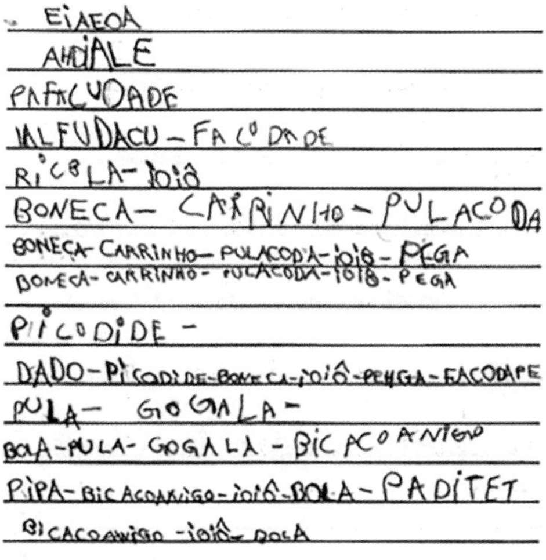

1) Você ir à escola
2) Fazer lição
3) Para a faculdade
4) Ir à faculdade – faculdade
5) Ir à escola – ioiô
6) Boneca – carrinho – pular corda
7) Boneca – carrinho – pular corda – ioiô – pega
8) Boneca – carrinho – pular corda – ioiô – pega
9) Piscina de bolinha
10) Dado – brincar de boneca – ioiô – pega – faculdade
11) Pula-pula – gangorra
12) Bola – pula-pula – gangorra – brincar com amigo
13) Pipa – brincar com amigo – ioiô – bola – patinete
14) Brincar com amigo – ioiô – bola

FIGURA 3 • Produção textual de Amanda e Tales (1º ano, Fase 2)

83

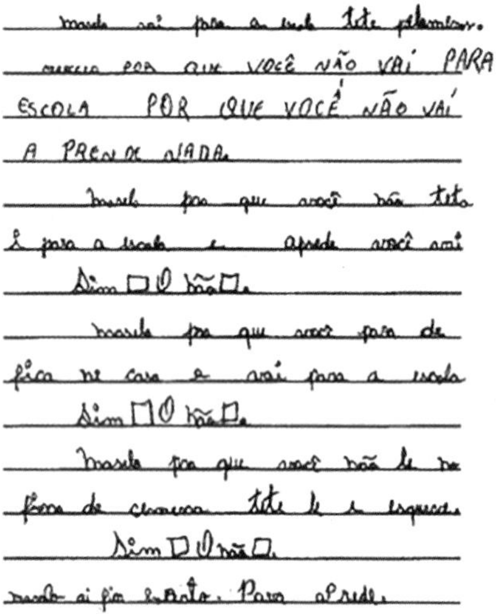

SILVIA M. GASPARIAN COLELLO

Marcelo, vá para a escola, tente pelo menos. Marcelo, por que você não vai para escola? Porque você não vai aprender nada.

Marcelo, por que você não tenta ir para a escola e aprender. Você vai?

Sim ( ) Não ( )

Marcelo, por que você (não) para de ficar em casa e vai para escola?

Sim ( ) Não ( )

Marcelo, por que você não lê no fim de semana? Tente ler e escrever.

Sim ( ) Não ( )

Marcelo, ai fica esperto para aprender.

FIGURA 4 • Produção textual de Daniela e Júlio (3º ano, Fase 2)

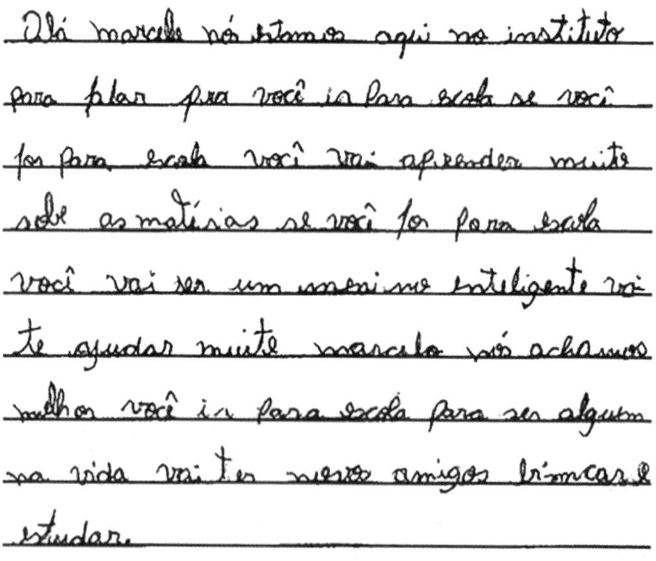

FIGURA 5 • Produção textual de Ingrid e Jean (5º ano, Fase 2)

A ESCOLA E A PRODUÇÃO TEXTUAL

Amanda e Tales iniciam o trabalho (Figura 3) fazendo uma lista de palavras. Motivados pelo desafio da tarefa, cada um quer garantir a própria palavra escrita, como se fossem diferentes vozes se manifestando e querendo ser ouvidas individualmente. Assim, quando um escreve uma ideia, o outro quer fazer o próprio registro, copiando a mesma palavra, conforme se observa na referência à "faculdade" (linhas 3 e 4) e a "brinquedos/brincadeira" (linhas 6 e 7).

Perguntei aos alunos por que resolveram fazer uma lista; eles logo responderam que queriam mostrar a Marcelo "todas as coisas legais que têm na escola". Nessa lógica, a produção tende a ser mais persuasiva quanto maior o número de palavras que eles conseguissem escrever, cada uma delas representando um motivo a mais para convencer Marcelo. Considerando o dilema entre a dificuldade de escrever (tanto no plano discursivo, com a evocação de conteúdo, quanto no plano notacional, com o próprio registro das palavras) e a necessidade de escrever muito, Amanda "descobre" um jeito de facilitar a tarefa e, ainda, ser mais "enfática": escrever e copiar as mesmas palavras na linha abaixo (linhas 7 e 8). A dupla segue com a lista até o final da página e, depois, decide também preencher os espaços laterais da folha com mais palavras: "faculdade" (linhas 4 e 10), "ioiô" (linha 5) e "patinete" (linha 13).

Voltei a questioná-los sobre algumas palavras que aparecem na lista, aparentemente fora do contexto escolar ("faculdade", "piscina de bolinhas" e "patinete"). Tales me explicou que "não adianta ir na escola só um pouquinho; tem que ir até ficar grande. Então, tem que pôr coisas que as crianças gostam e coisas que adulto gosta. E adulto gosta de faculdade". Amanda disse que, na escola dela, "não tem piscina de bolinhas nem patinete, mas, até o Marcelo ir na escola e perceber que não tem essas coisas, ele já entrou lá e já ficou na escola. Vamos deixar ele pensar que tem mais coisas legais na escola". Tais ocorrências são particularmente significativas porque traduzem a natureza da responsabilidade assumida pelas crianças na execução da tarefa. Mais que resolver o problema imediato, Tales tomou para si a incumbência de garantir a permanência de Marcelo na escola por um longo prazo. Amanda estabeleceu o compromisso não propriamente com o interlocutor, mas com o propósito da escrita; desde que o menino fosse para a escola, não importaria que os "argumentos" utilizados fossem falsos.

As produções seguintes são marcadas pela forte postura responsiva, assumida também pelo compromisso de convencer Marcelo a ir à escola. Em ambos os textos, os alunos consideram a posição do personagem para negociar com ele usando argumentos que, supostamente, poderiam sensibilizá-lo (o perigo de "não aprender nada", o interesse de "aprender", de ser "esperto" ou "inteligente"). Eles presumem que Marcelo ainda não tentou ir à escola, e que ele pode ser ajudado por ela ou pelo esforço de ler no fim de semana. A posição dos locutores é claramente assumida com base em um discurso direto voltado para o outro. No caso de Daniela e Júlio (Figura 4), a argumentação é feita com base em questionamentos que, objetivamente, pedem resposta. Ingrid e Jean (Figura 5), por sua vez, assumem a forma mais convencional de bilhete com apresentação de argumentos, deixando também em aberto a possibilidade de um retorno.

Acreditando no potencial da escrita como mecanismo de convencimento (e, nesse caso, no potencial de um dizer que pede reposta), nos dias que se seguiram essas duas duplas, entre outros alunos da pesquisa, vieram me procurar para saber notícias de Marcelo: como ele teria reagido à leitura do texto? Teria o texto sido respondido?

A ESCOLA E A PRODUÇÃO TEXTUAL

Na atividade da Fase 3 (Blogue), a atitude responsiva ficou, na maior parte das produções, comprometida, já que poucos alunos compreenderam o blogue como canal de comunicação com efetivo propósito social.

Na execução da tarefa, as crianças do 1º ano praticamente reproduziram o formato impessoal das produções da Fase 1, pouco reconhecendo a possibilidade de posturas diferenciadas e perpetuando o padrão de obediência e submissão. Nas outras faixas etárias, apesar do reconhecimento implícito das diferenças, os trabalhos se desenvolvem em perspectivas centradas em um único ponto de vista (a voz da autoridade no 3º ano, ou a percepção pessoal no 5º ano), pouco considerando a "presença" de quem lê. No que diz respeito à postura autoral claramente marcada no texto, um único subgrupo do 5º ano destacou-se pelo posicionamento de locutor em relação aos possíveis leitores ("Oi pessoal eu vou falar sobre a escola") – o mesmo grupo que, mais tarde, manifestou interesse em ver todas as produções dos alunos do Instituto, acreditando no possível impacto do blogue.

Na resolução dos problemas do game (Fase 4), o reconhecimento de diferentes posições por todos os alunos foi favorecido pela própria estrutura de apresentação dos conflitos – a explicitação concreta e objetiva de pelo menos dois pontos de vista –, dando origem a diferentes posturas responsivas:

» manifestações de reconhecimento de posturas alheias: "Os pais e os professores estão certos";
» sensibilização pela causa de colegas em situações difíceis: "Fazer uma olimpíada para todos ganharem prêmio";
» assunção de posturas presumidas, pressupondo que os alunos com dificuldade são preguiçosos, razão pela qual "se der uma bronca neles, eles começa a se esforçar mais";

» sugestões centradas na imposição da autoridade: "Mandar para a diretora quem está brigando";

» encaminhamentos que anulam o conflito pela supressão da sua causa: "Queimar a quadra e não fica quadra para ninguém".

Tal como na grande arena dos discursos sociais, a situação do jogo evidenciou o embate de forças e valores que, nas situações específicas, emergiram na forma de vozes em atitude responsiva para interpretar, arbitrar, encaminhar ou resolver problemas. Impelidos pelo desafio, os alunos acabaram por assumir, efetivamente, o lugar de locutor.

Não raro, a pluralidade de encaminhamentos gerava surpresa ("Puxa, eu nunca ia pensar nessa ideia que você deu"), comentários ("Essa é uma boa ideia!") e até debates ("Isso que você tá falando não ia dar certo; é melhor a gente pensar em um outro jeito de resolver esse problema").

O reconhecimento da relação interlocutiva não garantiu, contudo, a elaboração de textos sofisticados. Afinal, se resolver os problemas oralmente durante o jogo tinha o claro propósito de permitir a continuidade da brincadeira, a proposta de solucioná-los por escrito ao término da atividade não visava a um objetivo claro. Assim, muitos alunos (entre eles, a totalidade do 1º ano) assumiram a tarefa escrita como mais um ativismo típico da escola, fazendo registros objetivos e pontuais (como se estivessem respondendo a uma pergunta). Em oposição a eles, alguns do 3º e do 5º anos, tomando a proposta como a "comprovação do seu potencial de resolução de problemas", pediram para levar os trabalhos aos pais e professores ou propuseram que eu encaminhasse a relação das sugestões às respectivas escolas. Na fala de um aluno do 5º ano: "Seria bom que eles soubessem que a gente sabe resolver as coisas".

A despeito da dificuldade de apreender a postura responsiva, as evidências apresentadas nos textos e nas situações de produção, ainda que em diagnóstico não definitivo, sustentam a ideia de que ela é suscetível ao tipo de atividade. A percepção dos outros, a consideração de pontos de vista divergentes, a possibilidade de deslocar-se da condição pessoal para dirigir-se a alguém, a responsabilidade pelo que se diz e o enfrentamento do texto pela assunção de uma postura autoral transformadora podem ser mais instigados por atividades contextualizadas e com propósitos definidos. Podem também se desenvolver com base em situações que favoreçam a reflexão e a compreensão do mundo em suas múltiplas esferas.

Para situar melhor a postura responsiva dos alunos estudados e, ainda, comparar o modo como eles reagiram aos diferentes tipos de atividade, atribuí um valor para cada um dos seis critérios de responsividade considerados na pesquisa (1 ponto para adesão Frágil; 2 pontos para adesão Parcial; e 3 pontos para adesão Forte), visando lograr, pela soma, um índice que caracterizasse os resultados em cada turma e em cada atividade. O Gráfico 2 é uma tentativa de retratar, figurativamente, essa análise.

Conforme se vê, a atividade da Fase 2 (Situação hipotética) é a que mais favorece a postura responsiva, justamente porque os

GRÁFICO 2 • Grau de responsividade nas diferentes atividades

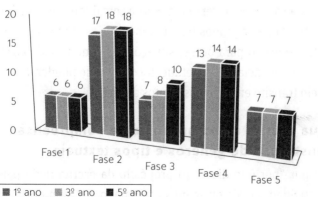

alunos lidaram com uma situação concreta, favorecida pela identificação com o personagem e pelas suas experiências como alunos. A resolução dos problemas do game (Fase 4) vem a seguir, com forte apelo, dado o desafio de resolução de problemas, muitos dos quais familiares às crianças. Se, de um lado, essa atividade perde a força quando transferida da oralidade para o papel, de outro tende a reforçar o protagonismo dos alunos no enfrentamento dos problemas cotidianos e na reflexão sobre contextos de vida. A atividade da Fase 3 (Blogue) ficou prejudicada pela pouca familiaridade dos alunos com esse canal de comunicação – familiaridade que tende a aumentar na progressão da faixa etária, o que justifica o melhor aproveitamento dos alunos mais velhos. Mais prejudicadas ainda são as tarefas fechadas em si mesmas, sem propósitos nem interlocutores definidos, como a atividade da Fase 1 (Questionário), que se repetiu, com um pequeno avanço, na Fase 5.

Em que pese o interesse em conhecer a reação dos alunos em cada atividade, vale lembrar que essas propostas de trabalho podem incidir sobre eles também como conjunto de experiências que promove reflexão sobre o tema e as posturas assumidas. Por essa via, é possível explicar a discreta mudança que se operou da Fase 1 para a Fase 5. Ao vivenciar a escrita com diferentes características, abordagens e propósitos, supomos que os alunos se beneficiam, transferindo para outras situações as conquistas realizadas em cada uma delas e, sobretudo, incorporando ponderações e juízos pelo trânsito em diversos pontos de vista.

A língua escrita como proposta de compreensão e a construção de gêneros e tipos textuais

Pautada por "por que dizer" (o propósito da escrita dado pelo tipo de atividade, mais ou menos assimilado e assumido pelos

A ESCOLA E A PRODUÇÃO TEXTUAL

autores), "o que dizer" (a construção de sentidos depurada do campo-referência das vozes sociais) e "para quem dizer" (a posição interlocutiva responsiva, constituída com base na imagem relativamente definida do interlocutor), a produção da escrita é uma "proposta de compreensão" que se realiza mediante estratégias do dizer, resultando em certa configuração textual. Essa composição depende tanto da situação sociocomunicativa do presente quanto da referenciação dada em contextos histórico-culturais e pessoais.

A respeito da dimensão *histórico-cultural*, Koch e Elias (2010) explicam que, em cada situação, o sujeito-autor faz a escolha de um gênero que lhe pareça mais adequado pautando-se no intertexto, isto é, no "repertório de modelos textuais" construídos historicamente. Nas palavras de Bakhtin (1992, p. 302), "[...] se não existissem os gêneros do discurso e se não os dominássemos, se tivéssemos de criá-los pela primeira vez no processo da fala, se tivéssemos de construir cada um de nossos enunciados, a comunicação verbal seria quase impossível".

Definidos pelo autor como "tipos relativamente estáveis de enunciado", os gêneros são produzidos em diferentes esferas de uso da linguagem. Ao situar os gêneros com base em práticas flexíveis, Bakhtin rompe com as classificações tradicionais que, de acordo com características do texto, propunham uma divisão pragmática e hierárquica – um referencial teórico tão consolidado que, até hoje, norteia aquilo que se compreende por gêneros. Mais do que desestabilizar a classificação calcada em uma tipologia purista, o dialogismo bakhtiniano encontra, no estudo sobre gêneros, uma forma de valorizar a pluralidade da cultura e das manifestações linguísticas (Machado, 2005; Marcuschi, 2002).

Prevendo essa "relativa estabilidade" dos gêneros na construção discursiva, Geraldi (1993) refere-se à "configuração textual", descartando o uso de "estrutura textual", que tem uma conotação mais estática. Assim, ainda que eles funcionem como modelos, a variedade praticamente ilimitada dos gêneros, sempre em processo de transformação, explica-se, no plano social, pela pluralidade das atividades de comunicação, e, no plano histórico, pelas mudanças nos modos de vida e pela emergência de novas tecnologias que afetam as relações entre as pessoas e os processos de interação. Os gêneros chat, e-mail e blogue, por exemplo, são inovações recentes, derivadas de outros gêneros, marcadas pelo advento da internet. O próprio Bakhtin (1992) já mencionava a "transmutação de gêneros", dada em função dos diferentes contextos e práticas de comunicação. A vitalidade dos gêneros é, assim, sustentada pelos modos de dizer, sempre inseparáveis dos modos de viver.

Na esfera *histórico-pessoal*, a apropriação do referencial de gênero pelo sujeito também não é realizada de modo automático e inflexível. Em primeiro lugar, porque ela pressupõe vivências linguísticas que permitem a ele a construção de uma competência genérica (o reconhecimento de vários gêneros e de suas funções mais típicas, bem como a diferenciação de suas características e especificidades). Ao ingressar na escola, as crianças (ou, pelo menos, a maioria delas), com base em suas experiências como falantes, não só reconhecem quando estão diante de um noticiário televisivo, uma conversa telefônica ou uma piada como têm ideias sobre as situações ou os portadores em que esses gêneros parecem se ajustar melhor. No processo de alfabetização, elas se valem de uma transposição do oral para o escrito, de tal forma que a produção textual acaba por incorporar a competência genérica do falante, tendendo a se renovar pelo aprofundamento do sujeito nas práticas letradas, conforme se verá adiante. Seja na oralidade, seja na escrita, como não existe uma "manifestação linguística global", dada em si pela sucessão neutra e indistinta de palavras

A ESCOLA E A PRODUÇÃO TEXTUAL

ou frases, as pessoas, quando escrevem, necessariamente assumem certo modo de dizer (por exemplo, pelos modelos carta, relatório ou receita) – que garante, com maior ou menor eficiência, o domínio da situação comunicativa na escrita. Em segundo lugar, porque, no ato da produção, a adesão a dado modelo de gênero sofre modificações em função dos propósitos da escrita, dos valores assumidos, dos lugares sociais e dos papéis previstos para os interlocutores. Na prática, depois que o autor opta por determinado gênero que lhe pareça conveniente na situação comunicativa, pode acrescentar algo, misturar gêneros, usar um gênero com a função de outro ou até recriar o modelo genérico assimilado.

Com base nessa argumentação, é possível concluir que, no contexto das práticas discursivas, lidar com diferentes gêneros, adaptando-os aos propósitos da comunicação, não é conhecer diversas fórmulas que possam ser aplicadas às diferentes situações com base em suas características linguísticas, mas enfrentar uma situação sociodiscursiva, buscando modos de manifestação e de inserção nas atividades comunicativas. Nas palavras de Marcuschi (2002, p. 29): "Quando dominamos um gênero textual, não dominamos uma forma linguística e sim uma forma de realizar linguisticamente objetivos específicos em situações sociais particulares".

Dessa forma, em paralelo à competência genérica, é possível situar a competência textual, igualmente apreendida no âmbito das práticas sociais. Assim como é impossível se comunicar sem um gênero, é impossível fazê-lo sem um texto, razão pela qual a enunciação verbal se faz necessariamente por meio de um "gênero textual" (Bakhtin, 1992; Marcuschi, 2002). Nessa perspectiva, a produção escrita define-se não só pelo gênero, mas também pelos tipos de texto que o sujeito pode usar na situação comunicativa: narração, descrição, injunção, exposição e argumentação.

A *narração* é marcada por referências locais e temporais indicativas de ação. Na *descrição*, predominam verbos estáticos no presente ou no imperfeito para caracterizar um lugar, um objeto, um estado de uma pessoa ou uma situação. Os textos *expositivos* costumam, com base em sequências analíticas ou explicativas, apresentar uma ideia. A *argumentação*, geralmente construída por meio do predomínio de situações contrastivas, pretende sustentar ou refutar uma posição. Por fim, a *injunção* é caracterizada por verbos no imperativo (ou formas correspondentes) com o propósito de incitar à ação (Marcuschi, 2002).

No conjunto das práticas sociais, fica evidente que alguns gêneros remetem à concentração de sequências linguísticas típicas, o que nos permite caracterizar os textos em função de traços predominantes. Isso explica por que um romance, por exemplo, é considerado uma produção narrativa, ainda que possa ser constituído também por enunciados descritivos ou argumentativos. Da mesma forma, não se pode dizer que um tipo textual apareça igualmente nos diferentes gêneros, conforme se constata, por exemplo, no confronto entre a narração típica do romance e a do texto jornalístico (Marcuschi, 2002; Val e Barros, 2003).

É na habilidade do autor em fazer a costura entre as diversas sequências tipológicas que se dá a construção da malha textual. Com base nos gêneros, o autor elabora a organização geral do texto, fazendo também uma série de escolhas linguísticas (aspectos léxico-gramaticais, tempos, modos verbais, articuladores, recursos anafóricos).

Em síntese, para além da negociação do conteúdo e do posicionamento interlocutivo apresentados nos tópicos anteriores (mas estritamente dependente deles), a possibilidade de se comunicar pela escrita depende de uma organização textual e linguística que, com base na escolha de tipos textuais (ou sequências tipológicas) e de gê-

A ESCOLA E A PRODUÇÃO TEXTUAL

neros, permite muitas outras decisões acerca das operações discursivas. Vem daí o consenso entre os referidos autores sobre o interesse em diferenciar gêneros linguísticos e tipos textuais (tantas vezes confundidos) a fim de compreender o papel de cada um deles na produção discursiva e, particularmente, na composição de um texto.

Enquanto os gêneros são entendidos como produções sociocomunicativas variáveis, com funções definidas na esfera discursiva, os tipos textuais são constructos teóricos, constituídos por sequências linguísticas mais estáveis, que funcionam como ferramentas na concretização dos gêneros. As definições de Marcuschi (2002, p. 22-23), assumidas como referencial deste trabalho, tornam ainda mais clara a distinção entre ambos:

> Usamos a expressão tipo textual para designar uma espécie de construção teórica definida pela natureza linguística de sua composição (aspectos lexicais, sintáticos, tempos verbais, relações lógicas). [...]
>
> Usamos a expressão gênero textual como uma noção propositalmente vaga para referir os textos materializados que encontramos em nossa vida diária e que apresentam características sociocomunicativas definidas por conteúdos, propriedades funcionais, estilo e composição característica. Se os tipos textuais são apenas meia dúzia, os gêneros são inúmeros. Alguns exemplos de gêneros textuais seriam: telefonema, sermão, carta comercial, carta pessoal, romance, bilhete, reportagem jornalística, aula expositiva, [...] bate-papo por computador, aulas virtuais e assim por diante.

Assumindo que gêneros e tipos textuais são esferas constitutivas da construção textual, os Parâmetros Curriculares Nacionais (Brasil, 1997) sugerem que os tipos (narração, descrição, exposição, argumentação e injunção) sejam estudados sempre na sua relação com o gênero. Com base nas experiências linguísticas dos alunos e no modo como eles organizam o seu discurso oral ou escrito, o ensino deve incidir sobre práticas reflexivas capazes de fortalecer a competência metagenérica. O desenvolvimento da competência escritora depende, portanto, de uma progressiva tomada de consciência sobre os modos de dizer e de lançar mão deles para controlar os recursos linguísticos.

O pressuposto de que gêneros e tipos textuais são inerentes à construção da escrita e, por isso, relevantes para a prática pedagógica justifica o interesse em situar como eles se constituem e se relacionam nos diferentes momentos da vida escolar. No tópico que se segue, essa meta é realizada pela análise das produções de alunos do 1º, 3º e 5º anos do Instituto André Franco Vive, com base em diferentes tipos de atividade ou usos da língua escrita.

A composição do gênero textual feita pelos alunos em diferentes atividades de escrita

Prevendo a diversidade de gêneros, Bakhtin (1992) agrupou-os em duas grandes categorias: os gêneros primários, que, diretamente relacionados às situações cotidianas, caracterizam-se por produções mais simples e informais, como diálogos e bilhetes; e os secundários, que, como derivações e transmutações dos primeiros, aparecem em situações mais estruturadas e formais de linguagem, apresentando-se em formas complexas, como o editorial, o romance, a palestra e o artigo científico. O progressivo acesso às formas sofisticadas de produção linguística depende de um ajustamento de competências capazes de equilibrar a relação entre a oralidade (a língua-referência para a criança) e a escrita (a língua em processo de aquisição). Isso porque, embora as modalidades oral e escrita estejam distribuídas em diferentes gêneros, fazendo-se presentes em produções primárias e secundárias com diferentes níveis de

A ESCOLA E A PRODUÇÃO TEXTUAL

formalidade, a criança deve apreender as especificidades da língua escrita ao mesmo tempo que reconstrói novas formas de oralidade.

A esse respeito, Kato (1987) distingue, em uma perspectiva evolutiva, diferentes esferas de produção linguística: a "fala 1", marcada por uma configuração regional e social e pela informalidade nos modos de produção, e a linguagem mais típica da criança ao entrar na escola. No momento em que ela se alfabetiza, o que está em pauta é, em grande parte, compreender que a escrita representa a fala, entender o funcionamento da língua escrita e apreender a natureza fonética do sistema. Percebe, assim, que a escrita está estreitamente vinculada à oralidade. Por isso, o aluno tende a transpor, na "escrita 1", o seu conhecimento linguístico como referencial de produção, o que explica não só a emergência de gêneros primários como aspectos da produção discursiva (modos informais, referenciação subentendida, unidades de significado aglutinadas etc.) e notacional (transcrição dialetal, construções inesperadas de representação fonética, formas não convencionais para registro de ênfases ou de entonações, erros de juntura ou de segmentação etc.) (Cagliari, 1989; Colello, 1997, 2013a).

Na medida em que se torna mais experiente, a criança deve entender, em uma perspectiva inversa (e até mesmo paradoxal), a autonomia da escrita em relação à fala, disponibilizando-se a compreender suas especificidades. O acesso à "escrita 2" sustenta a emergência de gêneros secundários porque, na sua formulação, assumem também modos mais convencionais nos planos discursivo (produções mais formais, gêneros mais apropriados aos objetivos da escrita, formulações mais explicativas ou contextualizadas e modos mais condizentes de se dirigir ao interlocutor) e notacional (maior* competência no uso dos aspectos

---

* A repetição do termo "mais" e o uso da palavra "maior" foram aqui utilizados para marcar a progressão da aprendizagem em um processo contínuo, da "escrita 1" para a "escrita 2".

convencionais da escrita, tais como a paragrafação, a acentuação, o respeito às regras ortográficas, gramaticais e sintáticas). Além disso, como vimos, o sujeito aprende a se expressar distanciando-se de suas próprias palavras para se colocar no lugar do outro, isto é, considerando a posição e o modo de recepção de seu interlocutor.

Na especificidade desse processo de aprendizagem, há uma reconfiguração do trânsito pensamento-linguagem postulado por Vygotsky. Isso porque, ao se deslocarem do plano pessoal para o plano social (ler e escrever com os olhos do outro),

> [...] as crianças lidam com o complexo fluxo entre o pensamento e a palavra, transformando o discurso interno para alcançar novas possibilidades de interlocução: a construção/interpretação linguística em uma perspectiva socializada que é própria da língua escrita. Longe de serem processos diretos e lineares, eles costumam implicar, tanto para a leitura como para a produção textual, uma profusão de operações cognitivas, como a consideração sobre o tema e sobre o interlocutor, a antecipação de sentidos, o estabelecimento e a comprovação de hipóteses, o reconhecimento dos gêneros e dos propósitos do texto, a articulação dos elementos internos do texto e a busca de mecanismos de planejamento e revisão. Tudo isso em nome da constituição do jogo interlocutivo, isto é, do estabelecimento de bases de referenciação e interação social. (Colello, 2014a, p. 17)

O encontro entre pensamento e linguagem, originalmente estabelecido por volta dos 2 anos de idade, responsável pela emergência da fala (Vygotsky, 1987), é ampliado e reeditado pela aprendizagem da escrita graças às diferentes frentes de processamento cognitivo. Em consequência disso, a criança

A ESCOLA E A PRODUÇÃO TEXTUAL

inaugura uma nova via de expressão e comunicação; além disso, a conquista de modos mais elaborados de escrever e o aprofundamento da experiência letrada promovem a reorganização da produção oral, isto é, a oralidade produzida em bases mais formais, articuladas e coesas. O discurso e a palestra são exemplos dessa conquista.

Com base nesse percurso de aprendizagem, é certo que, no estágio inicial da alfabetização, as escritas infantis configuram-se como gêneros primários, mais informais e próximos da oralidade. No entanto, o fato de pertencer a essa categoria, longe de representar estabilidade na construção da escrita ou de garantir um padrão homogêneo de produção, impõe aos pequenos escritores desafios consideráveis na organização do gênero textual. O escrever é, ao longo desse processo, marcado pela busca de um ajustamento do "como dizer" (ou do "como melhor dizer"), que, na prática, se traduz pela variedade de gêneros, nem sempre compatíveis com a situação interlocutiva da produção (natureza da informação, grau de formalidade, relação entre participantes, objetivos da escrita e instâncias de circulação).

Referenciada pelas vivências sociais, a criança pode até compreender a necessidade de ajustamento do gênero ao contexto de uso da língua, mas isso nem sempre acontece em casos mais específicos da escrita, o que justifica ocorrências de desequilíbrio na concatenação dos aspectos textuais mencionados pelo sujeito-autor. Dados sua inexperiência no mundo letrado e o seu reduzido leque de modelos textuais, o aluno pode lançar mão de produções inusitadas em relação ao propósito do texto, ao tratamento do conteúdo, ao padrão linguístico esperado e à vinculação com o interlocutor. Distantes do padrão social e da expectativa convencional de produção da escrita, são produções que revelam gêneros indefinidos, híbridos, mistos, ou que se constroem como "embriões de gênero". Os textos que se seguem são exemplos desses modos de escrever:

Para aprentre a ler e escrever Para aprentre a esturtar e para obedeser os rofesores o peteser o tireitor e não jogar fora o lanche no chã
[Para aprender a ler e escrever. Para aprender a estudar e para obedecer o professor e o diretor e não jogar fora o lanche no chão]
(Gabriela, 3º ano, Fase 5)

APRENDER
ESCREVER
LER
PARAQUE NO FUTURO NÃO SER BURROS
(Gilberto, 3º ano, Fase 5)

PISABMNO
PROIA
ROIAOSNM
ADAIRADAJA
[Para ir para a escola para ler
Para estudar
Prestar atenção
Fazer o dever de casa]
(Rafael e Isabela, 1º ano, Fase 2)

OS ALUNO VÃO PRA ESCOLAISTUDA I APENDE MUITO I FICA MUNITO TELIJETE I PRAFACULDA
[Os alunos vão para a escola estudar e aprender muito e ficar muito inteligente e ir para a faculdade]
(Marcos, 5º ano, Fase 5)

A ESCOLA E A PRODUÇÃO TEXTUAL

Indiscutivelmente, os textos em questão são explorações linguísticas motivadas não só por efetivas tentativas do dizer (reflexo do envolvimento com a tarefa), como também pelo compromisso com o propósito da escrita e com o interlocutor. Contudo, a boa intenção do autor, por si só, não garante a eficiência da tarefa. Nesse sentido, colocar-se no seu lugar para compreender o seu intento é a melhor forma de valorizar o trabalho realizado e os processos cognitivos em curso. Os textos que, à primeira vista, "provocam certo estranhamento" podem trazer indícios de significativos "tateios linguísticos" indispensáveis ao processo de aprendizagem.

O texto de Gabriela caracteriza-se pela *indefinição de gêneros*, oscilando entre o texto expositivo, que procura apresentar razões para as pessoas irem à escola (aprender a ler e escrever e aprender a estudar), e o texto prescritivo, que procura recuperar as normas da escola (a necessidade de obedecer e de ter um bom comportamento na hora do lanche).

Gilberto começa o seu trabalho fazendo uma relação das razões para as pessoas irem à escola, configurando claramente o seu texto no gênero lista. No entanto, ao situar os objetivos que lhe parecem mais óbvios, ele sente a necessidade de considerar a principal consequência da falta deles e passa para um gênero explicativo, compondo, pela associação dos modos de abordagem, um *gênero misto*.

A relação de razões pró-escola é também a estratégia que Rafael e Isabela usam para convencer Marcelo, o personagem da situação fictícia, a ir à escola. A intenção argumentativa assumida pelos autores revela-se pela sequência de enunciados expositivos (escola para ler e estudar) e prescritivos (prestar atenção e fazer o dever), o que, no julgamento das crianças, amplia a força da argumentação. Nesse caso, os autores lançam mão de um gênero para cumprir a função mais típica de outro: a lista no lugar de um texto argumentativo, ocorrência que caracteriza o *gênero híbrido* (Leal, 2003; Marcuschi, 2002). Usando estratégia semelhante, Marcos se vale de um texto expositivo (com o propósito de apresentar as razões para as pessoas irem à escola) que, pela sucessão de ideias, sugere uma intenção argumentativa fortalecida pelo "efeito em cascata em longo prazo": estudar, aprender muito, ficar inteligente e ir à faculdade. Trata-se, nesse caso, de um gênero expositivo com valor de texto argumentativo.

Pela análise das intenções dos autores, é possível afirmar que a lista de Rafael e Isabela, a sequência explicativa de Gilberto e o texto expositivo de Marcos acabam por se configurar como *embriões* de textos argumentativos, quiçá até de textos dissertativos ou de opinião.

Essas configurações dos textos infantis – gêneros mistos, híbridos e embrionários – dificultam ainda mais a classificação das produções textuais, justamente porque nem sempre é possível situá-las com base em gêneros previsíveis e comuns no âmbito social. Por isso, no esforço de compreender e analisar a escrita das crianças, é preciso buscar, em cada produção, a diversidade dos arranjos linguísticos motivados por diferentes intenções, ênfases e modos de dizer. Nessa perspectiva, as categorias apresentadas neste livro – algumas até pouco convencionais – não fazem sentido senão na relação intrínseca do conjunto de textos do *corpus*. São construções diretamente relacionadas ao estágio de conhecimento e ao contexto sociocultural do grupo em questão.

No conjunto dos trabalhos foram encontrados os seguintes gêneros:

» Resposta-palavra: embora a caracterização da "resposta" ou "palavra" como gênero textual possa causar certo estra-

A ESCOLA E A PRODUÇÃO TEXTUAL

nhamento, parto do princípio de que, para efeito de análise, qualquer forma de produção deve ser considerada um enunciado textual legítimo, tendo em vista a intenção do autor. Não por coincidência, as ocorrências dessa natureza foram feitas por alunos mais novos (e menos experientes com a língua escrita), como mecanismos de transposição da oralidade para a escrita. Isso ocorreu, especificamente, nos casos em que as crianças do 1º ano pretendiam apenas responder objetivamente a uma pergunta dos questionários das Fases 1 e 5 ("estuda" [estudar], "apendê" [aprender]), ou entre os alunos do 1º e 3º anos, com o objetivo de assumir uma posição diante de uma situação-problema da Fase 4 ("supeso" [sugestão de suspensão dos alunos com comportamento inadequado]).

» Lista: conjunto de palavras ou de frases curtas desconectadas entre si, apresentadas como núcleos de significado, geralmente dispostas em linhas ou, de modo menos convencional, separadas com hífens. As listas, possivelmente influenciadas pelas práticas pedagógicas*, configuram-se como uma tendência decrescente, tendo sido utilizadas pelos alunos do 1º (Fases 1, 2 e 5) e do 3º (Fases 1 e 5) anos, como no seguinte exemplo:

a pre de [aprender]
estuda [estudar]
bircar [brincar]
(Gabriel, 1º ano, Fase 1)

---

* No início do processo de alfabetização, é frequente o trabalho pedagógico com listas, que têm o propósito de estimular a produção escrita: listas de brinquedos preferidos, convidados para uma festa, ingredientes de uma receita culinária etc.

» Lista explicativa: seguindo o mesmo formato das listas (núcleos de significados desarticulados e justapostos), a lista explicativa diferencia-se apenas pela preocupação do autor em justificar a relação de conteúdos apresentados. Ela apareceu em um único caso do 3º ano (Fase 5), no exemplo já apresentado nas páginas anteriores (a escrita de Gilberto), configurando-se como um gênero misto (associação dos gêneros lista e texto explicativo e, possivelmente, também como um embrião de texto argumentativo).

» Exposição: gênero utilizado para apresentar uma resposta direta e objetiva, valendo-se de sequências tipológicas expositivas, para exprimir uma ideia, ou descritivas, para relacionar características da escola. Em alguns casos, a exposição aproxima-se da lista, configurando-se pela sucessão de núcleos de significado, mas, diferentemente dela, apresenta-se disposta ao longo da linha, articulando os elementos do conteúdo pela conjunção "e". Sua composição linguística também é marcada pela oralidade, muitas vezes com frases iniciadas pela palavra "para", como se fosse uma resposta direta (sem perceber a necessidade de escrever uma frase completa para situar o tema). Foi utilizada pelos alunos do 1º (Fases 1 e 5), 3º (Fases 1, 3, 4 e 5) e 5º (Fases 1 e 5) anos, como no seguinte exemplo: "As pessoas vão pra escola para aprender muitas coisa, aprende a: ler, escrever, jogos novos, brincadeiras, mexer no computador etc..." (Antônia, 3º ano, Fase 5).

» Explicação: gênero que segue o mesmo padrão da exposição, apresentando, como diferencial, a preocupação em se justificar, quase sempre se valendo das palavras "porque" ou "para". Em alguns casos – quando a justificativa é reforçada por sequências tipológicas argumentativas –, esse gênero

A ESCOLA E A PRODUÇÃO TEXTUAL

pode se configurar como um embrião de texto argumentativo. A explicação foi utilizada pelos alunos do 1º (Fases 3 e 4), 3º (Fases 1, 4 e 5) e 5º (Fases 1, 3 e 5) anos. Eis um exemplo: "Elas devem ir para a escola para aprender a ler por que se eles não ir para escola eles não vão saber nada pra isso que serve a sabar pras pessoas ficarem inteligente e saber as coisas" (Ingrid, 5º ano, Fase 1).

» Prescrição: gênero marcado pela intenção de estabelecer normas ou diretrizes em dada situação. Foi utilizado por um aluno do 5º ano, na Fase 5, e pela maioria dos alunos na Fase 4. O texto de Gabriela (3º ano, Fase 4), com o propósito de resolver a confusão dos alunos que querem jogar pingue-pongue na escola, é um exemplo típico: "Os garde fais os fila deles e os pichenus fais a viladele e joga o pequeno condra o crande" [os grandes fazem a fila deles e os pequenos fazem a fila deles e joga os pequenos contra os grandes].

» Argumentação: muito próxima do gênero explicação, caracteriza-se por defender uma posição com argumentos elaborados para convencer o leitor. Foi utilizada pelos alunos do 3º (Fase 4) e 5º (Fases 2, 4 e 5) anos: "Escola é importa e para ter um futuro melhor e para ir a faculdade e ter um emprego melhor e para quan do crecer ficar inteligente" (Alan, 5º ano, Fase 2).

» Diálogo argumentativo: marcado fortemente pela oralidade, caracteriza-se pelo direcionamento ao outro, em discurso direto, a fim de defender uma posição. Na escrita, o diálogo argumentativo funciona como um "gênero-embrião" do bilhete, apenas diferindo deste pela ausência de elementos formais desse gênero (como os nomes do destinatário e do emissor). Foi utilizado pelos alunos do 1º (Fases 2 e 3), 3º (Fase 2) e 5º anos (Fases 2, 3 e 5). Eis um exemplo:

> Oi pessoal eu vou falar sobre a escola a minha escola e muito ruim porque no banheiro da minha escola não tem papel higiênico e no banheiro não tem espelho é muito sujo e na comida da escola tem bicho e cabelo e a escola e pichada e só tem vândalos e jogam muito lixo no chão todo dia tem briga.

(Grupo de alunos do 5º ano, Fase 3)

» Bilhete: gênero que se volta diretamente para outra pessoa, valendo-se de vocativo personalizado. Foi utilizado apenas na Fase 2 pelos três grupos de alunos, como no seguinte caso: "Marcelo vai par escola para apender a estudar para ficar inteligente para ser uma pessoa na vida" (dupla de alunos do 3º ano, Fase 2).

» Opinião: gênero no qual o autor apresenta uma posição pessoal sobre dada situação. Foi utilizada na Fase 4 pelos alunos do 3º e 5º anos. Para resolver o problema de organização da biblioteca na escola, Júlio (3º ano, Fase 4) emite a sua opinião: "Eu clardava todo livro iordem" [eu guardava todos os livros em ordem].

» Opinião argumentativa: gênero no qual o autor, mais do que apresentar uma posição pessoal, pretende assumi-la com base em argumentos ou razões específicos. Foi utilizada pelos alunos do 5º ano na Fase 4, como no texto de Miguel, que busca explicar sua posição sobre o critério de gastos escolares de modo fundamentado: "Eu acho que deve compra livro para blibioteca por que todo mundo gosta de ler".

Os textos produzidos pelos alunos explicitam como os apelos de diferentes propostas de escrita – sobretudo pela definição do interlocutor e do propósito da tarefa – afetam a construção textual. De fato, o que se observa é que os sujeitos, já na fase inicial da

A ESCOLA E A PRODUÇÃO TEXTUAL

escrita, marcados pela experiência discursiva, procuram responder de modos específicos, buscando adequar a estrutura da escrita ao contexto da proposta. Isso explica, com exceção das produções do blogue, certa convergência de gêneros textuais para cada tipo de atividade.

Respondendo aos questionários sobre o papel da escola, os textos produzidos nas Fases 1 e 5 foram estruturados com base em intenções preponderantemente expositivas. Delas surgiram também produções explicativas e argumentativas sustentadas pela motivação dos autores para fundamentar e reforçar suas respostas. A prescrição, com sequências tipológicas injuntivas, aparece como modalidade relativamente desviante da proposta propriamente dita (embora não alheia a ela), assumindo duas direções: alguns alunos, em vez de considerar as razões para ir à escola, optaram por enfocar as regras da vida estudantil: obedecer, prestar atenção, aprender a não bater nos amigos; outros concentraram-se mais na escola, fundando-se no dever de aprender.

A Situação hipotética (Fase 2) favoreceu a intenção argumentativa voltada para um interlocutor específico (o personagem Marcelo), oportunizando o aparecimento de raciocínios em defesa da escola. Ao lado dos discursos diretos (gêneros Diálogo argumentativo e Bilhete), apareceram também os indiretos (Lista e Argumentação).

A atividade do Blogue (Fase 3) deu origem a uma diversidade de textos e formulações linguísticas. Assim, foi possível encontrar gêneros sustentados por diferentes intenções (apresentar; denunciar, interagir, ponderar e defender posições), na forma de Exposição, Explicação, Diálogo argumentativo e Argumentação. Ainda que a diversidade de construções linguísticas seja esperada em blogues, ela também se explica pela falta de familiaridade de muitos alunos com esse canal de manifestação, o que gerou certa hesitação sobre o melhor modo de compor e articular o texto. Nesse contexto, é curioso observar que gêneros iguais podem ser menos ou mais acertados em função do direcionamento ao interlocutor e do propósito da produção. Enquanto alguns alunos dirigiram-se genericamente aos leitores pressupondo o blogue como um canal aberto, outros se direcionaram, de modo inadequado, a um interlocutor em particular, como se o blogue pudesse cumprir a função de um e-mail.

Na resolução dos problemas do game (Fase 4), houve uma clara convergência para o gênero Prescrição, já que a intenção assumida pela maioria dos alunos era propor soluções ou encaminhamentos. Paralelamente a esse gênero, apareceram também, de modo mais discreto, Respostas-palavras, Exposições e Explicações que, aos poucos, foram abrindo espaço para Argumentações e Opiniões. Enquanto os três primeiros tendem a decair na progressão da escolaridade, os outros dois parecem crescer, apontando para uma direção mais elaborada e personalizada do dizer.

Em outro plano de análise, a distribuição dos gêneros e tipos textuais nas diferentes atividades e nos três grupos estudados sugere algumas considerações significativas relacionadas ao processo de aprendizagem.

Em primeiro lugar, vale observar que o melhor ajustamento do gênero independe do domínio do sistema alfabético e das convenções da língua escrita. Crianças que escrevem de modo mais ajustado no que diz respeito à estrutura composicional (gênero e tipo textual) podem não ter o mesmo desempenho na construção notacional (ortografia e domínio das regras) e vice-versa. Essa constatação tem implicações para a avaliação do desempenho na escrita, pois, quando o foco do professor é o domínio das regras e das convenções do sistema, ele pode não considerar outras conquistas, igualmente relevantes, de seus alunos (como a adequação do gênero textual).

A ESCOLA E A PRODUÇÃO TEXTUAL

Em uma perspectiva evolutiva, os dados corroboram, em segundo lugar, a tendência prevista por Kato (1987): a progressiva passagem de formulações mais simples e oralizadas para enunciados mais elaborados e típicos da escrita. Embora os alunos não tenham propriamente alcançado o nível da "escrita 2" ou do gênero secundário – o que nem é de esperar para essa fase da escolaridade –, a comparação entre as produções (da Fase 1 a 5) permite vislumbrar mudanças nessa direção.

Em terceiro lugar, é possível afirmar que a comparação entre os sucessivos anos escolares (1º, 3º e 5º anos) também sugere, como já era de esperar, uma tendência evolutiva. A análise do conjunto indica o progressivo desaparecimento de produções mais aglutinadas, provavelmente mais próximas do discurso interno (Resposta-palavra), passando pelas Listas, até chegar aos gêneros de Exposição e Explicação. Os Diálogos argumentativos, situados em uma relação responsiva pontual entre um "eu" e "tu", parecem abrir espaço para os Bilhetes. Suas sequências argumentativas, por sua vez, prenunciam o aparecimento de Argumentações que defendem posições ou até confrontam diferentes perspectivas. Prenunciam também o aparecimento dos textos de Opinião, apenas observados entre os alunos mais velhos, que tendem a se fortalecer pela associação aos textos argumentativos. No *continuum* que vai da palavra à articulação de ideias cada vez mais explicadas ou ao posicionamento pessoal fundamentado, a experiência com a língua escrita parece ampliar as possibilidades do dizer, embora nem sempre pautada pela adequação da escrita ou eficiência do texto em relação ao seu propósito.

A diversidade de gêneros encontrada na variedade das produções e em diferentes momentos da escolaridade, em configurações mais ou menos ajustadas da escrita, reforça o argumento de um ensino baseado no exercício linguístico de produção e reflexão sobre o uso da língua.

> Saber selecionar recursos e explicar as escolhas feitas, saber pesquisar outras formas de dizer o que foi dito para corrigir distorções ou obter melhores efeitos, tornar-se leitor crítico do próprio texto são algumas das habilidades proporcionadas por esse exercício linguístico. [...]. (Colello *et. al*, 2013, p. 28)

Considerações: a constituição do sujeito interlocutivo na formação do sujeito da escrita

Como objeto de conhecimento, a aprendizagem da língua escrita e, sobretudo, o desenvolvimento das competências de produção textual se traduzem pela possibilidade de construção e reconstrução de sentidos com base em um universo discursivo, ambos sustentados pela atitude responsiva do autor que se compromete com o outro e com a razão de ler e escrever. A constituição do sujeito interlocutivo é, portanto, a marca decisiva: frágil para aqueles que simplesmente aprenderam a escrever e sólida para todos aqueles que se tornaram efetivos usuários da língua escrita. A condição de alfabetizado pode, assim, ser atribuída ao sujeito que pelo trabalho linguístico, busca, no seu contexto de vida, formas do dizer e estratégias do compreender, constituindo a si mesmo e aos outros em um constante processo de revitalização da própria língua (Geraldi, 2009).

De fato, não é a progressão da vida escolar em um processo de transmissão de regras e modelos textuais contínuo e cumulativo que garante a eficiência do ler e escrever, mas um conjunto de experiências significativas baseadas em diferentes formas de trabalho pedagógico. A diversificação de atividades propostas, com base em múltiplos apelos, propósitos e interlocutores, aproxima

A ESCOLA E A PRODUÇÃO TEXTUAL

a aprendizagem da língua ao contexto plural do mundo letrado, pela oportunidade que o aluno tem de se apropriar de diferentes gêneros por meio de inúmeros tateios linguísticos.

No conjunto das produções estudadas, é possível vislumbrar as perspectivas de avanço, mas, ao lado delas, somos obrigados a considerar os sinais de dificuldade na constituição do sujeito interlocutivo e na conquista da condição letrada. Se, de um lado, a análise dos processos intraindividuais (possível apenas pela comparação entre as produções das Fases 1 e 5) acena para a ampliação temática e linguística, para o melhor direcionamento responsivo e para o desenvolvimento das competências genérico-textuais, de outro os exemplos de produções genéricas, com abordagens previsíveis ou difusas, com focos interlocutivos indefinidos, com indefinição genérica e imprecisão quanto ao propósito do escrever, configuram um lote de "estranhas construções" que, a despeito das tendências evolutivas, persistem ao longo da escolaridade. Elas evidenciam não só o distanciamento da postura de autoria (a recusa à escrita ou o descompromisso com as práticas letradas) como a dificuldade na articulação da malha infraestrutural (a dificuldade de poder-dizer pela indisponibilidade de estratégias da escrita). Isso mostra que a aprendizagem funcional e eficiente da língua, assim como o gosto por ler e escrever, não é uma conquista garantida a todos pela progressão dos anos escolares. Em outras palavras, a constatação (previsível e desejável) da tendência evolutiva ao longo dos anos escolares parece se opor à evidência de posturas avessas à escrita e de produções ainda reducionistas do ponto de vista temático, inábeis do ponto de vista interacional e ineficientes do ponto de vista estrutural.

A desconsideração da escrita como prática de interação, o artificialismo das práticas escolares e o reducionismo das propostas didáticas (tantas vezes centradas unicamente no livro didático) podem justificar o crescente problema de muitos alunos que passam pela escola mas não conseguem aprender (Colello, 2011a, 2012). A esse respeito, os dados apresentados demonstram, com clareza, a dificuldade da escola de garantir o domínio da competência letrada e da escrita como conhecimento linguístico e instrumento de comunicação.

Assim, fica evidente a necessidade de um forte investimento pedagógico nos processos de reflexão linguística e de metacognição, mais do que propriamente os esforços instrucionais para ensinar a ler e escrever (o domínio da mecânica do escrever e a assimilação de regras). Refiro-me à importância de um trabalho pedagógico pautado nas ações com a linguagem e sobre a linguagem (Geraldi, 1993), que articule, desde o início da alfabetização, a aprendizagem da leitura e da escrita aos processos de reflexão sobre a língua. Assim,

> ao valorizar o processo de aprendizagem, o desafio que hoje se impõe ao ensino da língua escrita não é o resultado por si só, mas uma trajetória formativa pensada em longo prazo com base na coerência de diretrizes pedagógicas e de propósitos educativos [...]. Nessa trajetória, a meta é a consciência linguística do aprendiz, o exercício crítico da leitura e da produção textual em contextos socialmente engajados, com o aluno, desde muito cedo, identificando-se como autor de sua escrita e senhor de seu processo. [...] (Colello *et al.*, 2013. p. 29-30)

3

A ESCRITA NO CONTEXTO DA SOCIEDADE TECNOLÓGICA E AS IMPLICAÇÕES PARA O ENSINO

"Não é outro o desafio da contemporaneidade – aprender a instigar a mais aprender. Esse afã dos mais jovens diante das novas tecnologias não seria estranho aos que experimentam, de início, o poder transformador da escrita."

(Zaccur, 1999)

NOS CAPÍTULOS ANTERIORES, CONSIDEREI a dimensão humanizadora da língua escrita, apontando para a possibilidade de situar o sujeito no mundo, de lhe garantir a condição de lidar com as ideias e recriar sentidos; de responder aos outros com autonomia, de se posicionar responsavelmente em face da alteridade; e de se expressar pelo uso de estratégias linguísticas e textuais. Esse potencial, que faz da língua um objeto de conhecimento, não se realiza senão em estreita relação com a apropriação de certo instrumental da escrita. Um instrumental que, longe de se configurar como dimensão meramente técnica, integra o processo cognitivo, viabilizando tanto a ação do sujeito no contexto das práticas sociais como a própria transformação dessas tecnologias. Apoiados no referencial da atividade humana como base do desenvolvimento psíquico (Leontiev, 1978), Lalueza, Crespo e Camps (2010, p. 47) explicam a relação dialética que se estabelece entre a cultura escrita e o uso das técnicas relacionadas a ler e escrever:

> Leitura e escrita transformam as capacidades cognitivas no que se refere ao tratamento da informação, tornando possíveis os avanços tecnológicos por meio da construção de novas ferramentas, como a imprensa e os meios de comunicação digital. Contudo, essas ferramentas expandiram, ao mesmo tempo, o uso da leitura e da escrita, universalizando-as e mediando o desenvolvimento das pessoas.

A ESCOLA E A PRODUÇÃO TEXTUAL

Essa relação entre aprendizagem e tecnologia justifica o interesse de considerar a alfabetização também pelo viés da ação humana sobre e com os objetos ou suportes da escrita em contextos históricos e culturais específicos. Um interesse que hoje se revigora porque, em grande parte, esses objetos e suportes também se integram aos referenciais de uma nova era, chegando até a se confundir com eles.

Para compreender o significado da apropriação tecnológica no nosso mundo, vale lembrar os quatro períodos de desenvolvimento socioeconômico da humanidade apontados por Gómez (2015): a Idade da Pedra (aproximadamente de um milhão de anos até 6.000 a.C.), centrada nas atividades de coleta, caça e pesca; a época agrícola (de 6.000 a.C. até o século 18), marcada pelas atividades de agricultura, pecuária e intercâmbio comercial; o período industrial (do século 18 até a década de 1970 no século 20), cuja prioridade era a produção fabril; e a era da informação, que, a partir de 1975, centrou a atividade humana em adquirir, processar, analisar, recriar e comunicar informações. Nesse novo contexto,

a distinta posição dos indivíduos no que diz respeito à informação define o seu potencial produtivo, social e cultural, e até mesmo chega a determinar a exclusão social daqueles que não são capazes de entendê-la e processá-la. [...] Por isso, aparece com maior clareza e urgência a necessidade de formação de novos cidadãos para viver em um novo ambiente digital de possibilidades e riscos desconhecidos. [...] (Gómez, 2015, p. 17-18)

A convicção de que é preciso formar o homem em sintonia com a realidade e o instrumental de seu mundo impõe a necessidade de enfrentar os desafios do nosso tempo em um novo cenário regido pelas tecnologias de informação e comunicação (TIC). Partindo dessa premissa e com o objetivo de repensar estratégias, papéis e relações na escola, este capítulo pretende situar as especificidades de alunos e professores no contexto da sociedade da informação e, além disso, apresentar a polêmica acerca da apropriação tecnológica pela escola: as apreensões dos educadores e o potencial educativo do mundo virtual e dos recursos disponíveis, bem como a tendência de apropriação deles pela escola.

Em abordagens mais específicas sobre o processo de ensino da língua escrita, o capítulo foca também em duas frentes de problematização: na primeira, as relações da alfabetização com o que se convencionou chamar de "alfabetização digital"; na segunda, o dilema do ensino da escrita no papel ou no computador. Em ambos os casos, os textos dos alunos do Instituto André Franco Vive são tomados para situar tendências, ilustrar desafios, confrontar condições de trabalho e comparar processos cognitivos das crianças em face dos recursos utilizados (papel, computador, processador de texto e game).

Nativos e imigrantes digitais: a revisão de papéis e das relações na escola

Nos últimos 35 anos, a democratização do ensino no Brasil, que coincidiu com a revolução tecnológica no âmbito mundial, transformou o perfil e as relações dos personagens que circulam em nossas escolas. Assim, como se não bastassem a evidente heterogeneidade sociocultural dos alunos e o despreparo dos educadores para lidar com a diversidade, outro embate, no âmbito das relações interpessoais, emerge pelas diferenças entre crianças e adultos – "nativos" e "imigrantes digitais", tal como foram denominados por Prensky em 2004 (*apud* Monereo e Pozo, 2010; Silva, 2012).

A geração dos nativos digitais surgiu a partir de 1980, com o advento das tecnologias digitais, configurando-se de modo cada vez mais característico com a progressiva evolução do mundo virtual. O fenômeno da "infância multimídia e on-line", tão intensamente

A ESCOLA E A PRODUÇÃO TEXTUAL

conectado à esfera digital, permite que se fale da "ciberinfância" como um novo modo de ser das novas gerações (Silva, 2012). A naturalidade com que o virtual se incorpora à lógica infantojuvenil de funcionamento social garante a condição dos alunos para lidar com a tecnologia. Em oposição, as gerações dos imigrantes digitais, que não tiveram o "ciberespaço" como constituinte do seu cotidiano, são obrigadas a constantes adaptações e readaptações diante das novas modalidades de comunicação, relacionamento, aprendizagem, trabalho e lazer. Assim, embora alunos e professores disponham da mesma parafernália tecnológica e até possam fazer uso semelhante dela, o que diferencia os nativos dos imigrantes digitais é o modo como eles se situam e se relacionam com o seu mundo.

Os professores vivem em uma dimensão em que o foco, a atenção e a concentração são bases indispensáveis para o planejamento, a organização e a execução de tarefas; os alunos incorporam um ativismo que torna impossível a espera e a paciência para o desenvolvimento de um trabalho mais prolongado. Suas práticas são, quase sempre, regidas pela dispersão e pela constante interrupção e retomada de atividades (Gómez, 2015). A especificidade dos nativos em oposição aos imigrantes é assim descrita por Palfrey e Gasser (2011, p. 14):

> [...] os nativos digitais passam grande parte da vida on-line, sem distinguir entre o on-line e o off-line. Em vez de pensarem em sua identidade digital e em sua identidade no espaço real como coisas separadas, eles têm apenas uma identidade (com representações em dois, três ou mais espaços diferentes). São unidos por um conjunto de práticas comuns, incluindo a quantidade de tempo que passam usando tecnologias digitais, sua tendência para multitarefas, os modos como se expressam e se relacionam um com o outro de maneiras mediadas pelas tecnologias digitais

e seu padrão de uso das tecnologias para ter acesso, usar as informações e criar novo conhecimento e novas formas de arte [...].

Os modos de ser, de buscar dados e de se relacionar ensejam novas formas de aprender. Esse jovem, estimulado pelo excesso de informações, pela manipulação e pelo uso de vários aparelhos eletrônicos e por demandas das redes sociais, cristaliza o "conhecer na ação", compatível com a sua condição multitarefas (Gómez, 2015). Ele também revela maior agilidade para procurar os assuntos do seu interesse a qualquer momento. O acesso à informação não depende da presença de um "informante"; a atualização dos acontecimentos do mundo dispensa jornais e se faz praticamente em tempo real; as comunidades de colegas facilmente se organizam para dividir tarefas e resolver os problemas dos deveres escolares; as pesquisas parecem se resolver nas páginas do Google. Essa configuração parece desestabilizar o papel centralizado do professor, o tempo de aprender preestabelecido pela escola, o espaço das salas de aula como único local de conhecimento, o programa fixo de conteúdos a ser aprendidos e o isolamento do aluno (a lógica do "cada um por si"), referenciais típicos da cultura escolar.

Do ponto de vista dos alunos nativos digitais, as bibliotecas, principal referência de seus professores, correm o risco de ser consideradas obsoletas e as pesquisas podem se reduzir às estratégias de "recortar e colar". Como subproduto dessa postura, os alunos tendem a subestimar o papel da escola, considerada arcaica, e, ainda, rebelar-se contra um professor que "não fala a sua língua". Nesse cenário, a falta de sintonia entre professores e alunos consubstancia-se pelos problemas de ensino e aprendizagem, bem como pela apatia e pela indisciplina na escola.

O perfil genérico do nativo digital como tendência de nossa cultura também deixa mais evidentes as diferenças sociais e o risco

A ESCOLA E A PRODUÇÃO TEXTUAL

de se ampliar o abismo entre ricos e pobres, entre aqueles que têm acesso à tecnologia e os que se relacionam com ela apenas como objeto de desejo. A participação no mundo tecnológico e, mais do que isso, o controle dele pelos grupos que detêm o poder reforçam as desigualdades. É por isso que o acesso às TIC representa mais um desafio para a construção da sociedade democrática.

De qualquer forma, vale lembrar que a desigualdade no acesso à tecnologia não é suficiente para anular o perfil das novas gerações, o que significa que o embate entre nativos e imigrantes persiste até mesmo nas escolas de periferia. Como nenhum aspecto da vida fica intocado pela tecnologia, as crianças, mesmo quando distanciadas das TIC, acabam por incorporar a lógica de uma realidade que se organiza por esse referencial (Molinari e Ferreiro, 2013). Afinal, "ver chegar uma tecnologia não é o mesmo que nascer com ela instalada" (Ferreiro, 2013, p. 447). As evidências dessa familiaridade dos jovens com o mundo virtual, ainda que de modo menos funcional, estão tanto na incorporação de uma terminologia específica, como "digitar", "e-mail", "site" e "mouse", como nas representações sociais associadas ao mundo tecnológico. Em outras palavras, a criança pode não ter computador, mas não estranha a possibilidade de comunicação a distância em tempo real, tampouco imagina as civilizações do passado sem laptops, tablets e smartphones. Por isso, o que caracteriza o nativo digital não é necessariamente sua possibilidade de acesso e uso das tecnologias, mas certo modo de ser e de se relacionar com a realidade.

A despeito de sua diversidade, os nativos digitais inauguraram um cenário escolar nunca antes visto. Pela primeira vez na história, criou-se uma situação na qual o aluno parece "saber mais" que o professor ou "ter um olhar mais atualizado" que o dele. O perigo dessa constatação é tomá-la como verdade definitiva sem considerar o contraponto do papel docente nesse novo contexto. Uma compreensão mais crítica sobre as relações entre nativos e imigrantes digitais me remete a considerações sobre os apelos da sociedade da informação e a um balanço, ainda que provisório, entre riscos e méritos da incorporação das TIC pelas práticas de ensino.

Em uma sociedade que "inventou" novas formas de viver, compreender a realidade, comunicar-se, trabalhar e aprender – e, mais do que isso, habitada por um novo perfil de crianças e jovens –, não há como escapar dos apelos para uma educação forjada sobre novas bases. Em outras palavras, as normas para banir celulares, calculadoras e computadores das escolas, o uso do quadro negro como único recurso de mediação e a imposição dos livros didáticos em detrimento da informação digital são inócuos. A emergência de novos aprendizes, de novas formas de aprender e de novos recursos de aprendizagem intima os educadores a lidar com os novos modos de aprender e a buscar novas maneiras de ensinar. Tal demanda chega ao professor marcada por confusão, insegurança, desconfiança e medo.

O levantamento das apreensões de pais e professores – mais ou menos legítimas, mais ou menos esclarecidas, mais ou menos frequentes –, feito com base em diversos estudos, chama a atenção para a necessidade de compreender os riscos que, potencialmente, apresentam-se às práticas de ensino:

» leituras aligeiradas ou fragmentadas feitas pelo trânsito imprevisível do aluno na internet;

» textos curtos, documentos simplificados ou resumos que ocupam o lugar de obras originais ou documentos mais profundos sobre diversos temas;

» fontes monolíticas ou referenciais únicos, eventualmente até comprometidos com valores ideológicos não declarados e com propósitos de manipulação: a computadorização como

A ESCOLA E A PRODUÇÃO TEXTUAL

forma de padronizar gerações, colonizar identidades, formalizar e controlar a informação e a comunicação;

» simulações que, não comprometidas com o espaço e o tempo dos fenômenos naturais, desvirtuam a realidade;

» informações em excesso convivendo com a desorientação, constituindo o quadro de "infotoxicação", isto é, o bombardeio de dados que não necessariamente garantem a consolidação do conhecimento nem do processo educativo;

» impossibilidade de acompanhar e controlar o acesso às informações e o processo de aprendizagem;

» dificuldade de conter posturas antiéticas (racismo, machismo, fanatismo etc.);

» tecnologias como pressuposto de trabalho, que não necessariamente garantem o efetivo direcionamento pedagógico;

» práticas prejudicadas em um contexto de multitarefas ou pelos curtos períodos de atenção;

» aparelhos que, em sala de aula, podem favorecer a distração e a dispersão;

» mecanismos de produção pouco reflexivos, como é o caso do aproveitamento de fragmentos de páginas da internet;

» produções fragmentadas, dada a dificuldade de muitos alunos de estabelecer relações entre os dados colhidos;

» ameaça crescente das práticas de plágio, às vezes sem que as pessoas tenham consciência dessa infração;

» escritas abreviadas, supostamente incorretas e divergentes do português-padrão, popularmente conhecidas como "internetês";

» imagens que substituem as palavras e relativizam o valor da leitura;

» anulação da imprensa escrita como centro do trabalho intelectual;

- » critérios inconsistentes para confirmar a veracidade das informações;
- » iniciativas pedagógicas que reforçam a supressão dos livros, a desvalorização dos professores, o fim das escolas e o desaparecimento das bibliotecas;
- » processos que reforçam a cultura da imagem ou do espetáculo dada pela ênfase do modo de apresentação: a primazia do concreto e do sensorial (ou multissensorial) sobre o abstrato e o simbólico; do narrativo sobre o taxonômico e analítico; do dinâmico sobre o estático; sobre a racionalidade; do sensacionalismo sobre o previsível e o rotineiro; da tecnologização da cultura sobre a humanização do processo educativo;
- » acessos que fortalecem a cultura do descartável e do transitório, dada a rapidez com que as informações perdem a sua atualidade;
- » relacionamentos virtuais que se sobrepõem aos presenciais, inibindo a convivência humana;
- » relações superficiais, transitórias, não raro marcadas pela falta de compromisso e pela irresponsabilidade dos internautas;
- » práticas que desvalorizam o encontro entre pessoas, as comunicações ou os comportamentos emocionais;
- » desenraizamento dos sujeitos de culturas locais e dos relacionamentos entre iguais;
- » imposição de culturas e valores de grupos predominantes;
- » distanciamento entre países ou grupos sociais com diferentes graus de acesso à tecnologia (os "inforricos" e "infopobres");
- » relações que reforçam a confusão entre a vida real e a virtual; práticas tecnológicas que afetam a percepção de tempo e de espaço.

Por outro lado, importa também reconhecer o potencial das novas tecnologias em prol da educação, muitas vezes concebido

A ESCOLA E A PRODUÇÃO TEXTUAL

com um sentido inverso e contraditório ao que, em alguma instância, considerou-se prejudicial. Com diferentes graus de problematização, os autores que situam perigos chamam a atenção também para os méritos da tecnologia associada à educação:

» facilidade de acesso à informação, velocidade na atualização de dados, livre acesso ao saber disponibilizado em qualquer lugar; internet como um depósito inesgotável de dados e de armazenamento da informação;

» associação entre práticas de produção, edição e divulgação dos trabalhos;

» agilidade para divulgar, compartilhar e repassar a informação, assim como para receber respostas ou feedbacks do que foi produzido;

» ampliação dos modos de interação e comunicação: novas formas de se relacionar e de promover debates;

» possibilidade de participação ativa em outras comunidades, o que garante um cenário de socialização mais plural;

» aproximação entre práticas pedagógicas e práticas sociais, rompendo com a distância entre a escola e o mundo do estudante;

» favorecimento de posturas como engajamento, autonomia e protagonismo entre os alunos;

» benefícios no ajustamento do ensino à diversidade de alunos, dada a flexibilidade dos programas ou softwares;

» contribuição da tecnologia para os processos de aprendizagem, por exemplo, pelas possibilidades de simular, demonstrar, ilustrar e divulgar os fenômenos que não podem ser vistos de modo direto;

» ampliação de recursos e de suportes para as práticas de ensino, favorecendo situações de aprendizagem dinâmicas, motivadoras e atraentes;

» integração entre trabalho e diversão;
» alargamento dos espaços de aprendizagem para além da escola ou das salas de aula (a emergência de uma sociedade de aprendizagem);
» facilidade para transitar entre diferentes linguagens;
» possibilidade de novas relações entre professores e alunos, já que, saindo do papel de transmissor do conhecimento, o docente pode se assumir como parceiro, tutor, orientador, gestor da aprendizagem, consultor e mediador;
» favorecimento de trabalhos em equipe, de práticas cooperativas e de processos colaborativos de produção do conhecimento, assim como de trabalhos em rede e de comunidades virtuais;
» desenvolvimento de hábitos intelectuais capazes de lidar com a complexidade, a relatividade dos fatos, a flexibilidade de posturas, a incerteza e a abordagem holística e não fragmentada.

No balanço entre os aspectos positivos e negativos da incorporação das tecnologias à escola, Gómez (2015) afirma que as complexidades da sociedade cara a cara ou dos intercâmbios por vias digitais justificam, igualmente, possibilidades e riscos para os quais não há existência neutra. Sem dúvida, é preciso estar preparado para a convivência em diferentes cenários.

Pressionados pelas demandas da sociedade para a revisão de práticas pedagógicas, os sistemas educacionais foram historicamente marcados ora pela resistência dos educadores à apropriação tecnológica, ora pela "pseudoapropriação", como é o caso de computadores que, nas escolas, ficam trancados em salas especiais sem uma proposta consistente de uso (Ferreiro, 2013; Hernández, 2000).

No extremo oposto, as TIC emergem com euforia em projetos alternativos ou em escolas que fazem do seu uso a grande propa-

A ESCOLA E A PRODUÇÃO TEXTUAL

ganda do sistema, como se isso, por si só, garantisse a qualidade do ensino. Muitas vezes, a idealização da modernidade leva a crer que a incorporação de equipamentos eletrônicos pela escola pode ser a solução para os problemas educacionais.

A esse respeito, vale lembrar a cautela de muitos pesquisadores. Ferreiro (2002, 2013) defende a necessidade de desconstruir o discurso ideologizante da modernidade para situar a tecnologia em seu devido lugar. Geraldi, Fichtner e Benites (2006) postulam um equilíbrio entre a abertura para experiências novas e a crítica aos seus resultados. Coll e Monereo (2010, p. 31) afirmam que "não se trata de pôr a pessoa dentro do mundo fictício gerado pelo computador, mas de integrar o computador ao nosso mundo humano". Ao considerarem o desafio dessa integração, Hernández (2000, p. 16) afirma que "o essencial será a capacidade de adaptar-se a um mundo em mudança constante, tanto em nível tecnológico como em nível pessoal" e Gómez (2015) enfatiza a ideia de que ela deve ser planejada à luz dos novos desafios sociais e propósitos da escola. Endossando a importância da intervenção pedagógica criteriosa, Silva (2012, p. 33) afirma que "não basta apenas usar aleatoriamente as tecnologias, sem planejamento ou objetivos claros, mas transformar as relações dos sujeitos com os suportes tecnológicos". Na mesma linha de argumentação, Palfrey e Gasser (2011, p. 277) alertam para a tendência equivocada de conceber a tecnologia como fetiche na renovação da escola. Assim, ao enfrentar esse desafio, os educadores deveriam trabalhar entre dois limites: "evitar a armadilha de fugir da tecnologia por um lado e, por outro, abraçá-la em locais aos quais ela não pertence".

Com base nesses argumentos, é possível afirmar que não se trata de impor o acesso das tecnologias às escolas, mas de promover o uso qualitativo desses recursos, favorecendo tanto os processos reflexivos e cognitivos quanto a inserção nas práticas sociais.

Trata-se de substituir o fascínio pelas TIC por novas relações com os meios tecnológicos, transformando os usuários em produtores críticos e protagonistas na esfera social (Silva, 2012).

Nessa perspectiva, se é verdade que os nativos digitais surpreendem pais e professores com suas habilidades tecnológicas, aparentando completo domínio no universo virtual, é igualmente verdadeiro que elas não necessariamente garantem o saber nem o vínculo com o conhecimento. Mais do que nunca, a intervenção docente parece fundamental – não para disputar com os alunos a supremacia em sala de aula, mas para informar sobre critérios de seleção e confirmação de dados; guiar estratégias de circulação segura e eficiente na sociedade da informação; orientar nos procedimentos investigativos; incentivar modos de compartilhar conhecimentos e posturas éticas; promover oportunidades de vislumbrar situações inusitadas e de resolver de problemas; favorecer práticas interativas ancoradas no diálogo e na problematização do saber; articular os trabalhos desenvolvidos por diferentes grupos e instigar o desenvolvimento do espírito crítico.

A incorporação das TIC pela ênfase no uso epistêmico, isto é, como "instrumento psicológico", significa, na prática, associar tecnologia e ação reflexiva, tanto para focar a atenção do sujeito no objeto de conhecimento na direção de um "saber fazer" quanto para promover uma consciência sobre o que e como se faz". Mais do que simples suportes ou artefatos técnicos, as TIC merecem ser consideradas inerentes ao processamento cognitivo na construção do trabalho, já que influenciam os comportamentos dos indivíduos, interferindo no modo como as pessoas pensam, agem e se relacionam com as outras (Ferreiro, 2013; Góes, 1995; Silva 2012).

Assim, em vez de especular sobre as tecnologias e fugir dos apelos de uma realidade que já está posta – ou, em uma postura inversa, de abraçá-la incondicionalmente –, os professores devem optar por, efetivamente, guiar seus alunos no âmbito dessa reali-

A ESCOLA E A PRODUÇÃO TEXTUAL

dade, ampliando a conexão dos jovens com o mundo. Aceitemos, portanto, que os alunos, na sua condição de nativos digitais, possam até ser mais *experts* na manipulação tecnológica, mas a eficiência do uso de recursos para fins de conhecimento, de inserção social e de posicionamento ético perante a vida depende de uma formação crítica que não dispensa o compromisso dos educadores.

As configurações da web e a apropriação da tecnologia pela escola

Tão importante quanto situar o papel dos professores em um cenário de transformações e incertezas é perceber os rumos das inovações tecnológicas para confrontá-los, primeiro, com o potencial de apropriação no campo educativo e, segundo, com o modo como isso vem ocorrendo na prática.

A esse respeito, vale lembrar a análise feita por Coll e Monereo (2010) sobre os movimentos da web e suas relações com o ensino.

Em seu primeiro movimento na década de 1990, a web (ou web 1, tal como ficou conhecida nos anos que se seguiram) caracterizou-se como uma rede de documentos constituídos como um repositório de informações. O emblemático acesso em rede da Enciclopédia Britânica foi um marco da possibilidade de baixar aplicativos (textos, músicas, imagens e, posteriormente, vídeos) que aproximava a internet da postura transmissiva-receptiva típica da escola. Nesse contexto, em uma possível perspectiva de apropriação didática, o professor passou a selecionar e a administrar a informação que os alunos podem consultar.

Nos anos 2000, o movimento da web 2 foi marcado pela mistura de recursos e conteúdos, o que permitiu aos usuários maior protagonismo na criação e difusão de produções, assim como na possibilidade de trocar ideias, compartilhar opiniões e reutilizar dados de consulta. Conhecido como "web social", o circuito de informações dinâmicas e práticas interativas ficou caracterizado pelo aparecimento da Wikipédia e das redes sociais, tendência popular e em franca expansão. Com isso, abriu-se à educação a possibilidade de debates e trabalhos colaborativos, troca de informações e práticas de cooperação.

Mais recentemente, e ainda em fase experimental, o movimento da web 3 anuncia uma considerável transformação no uso das TIC porque, além dos usuários humanos, passa a incorporar também a inteligência artificial. De forma ainda embrionária, a web 3 promete a possibilidade de uma informação compreensível (e não só acessível) ao computador, razão pela qual vem sendo chamada de "web semântica". Ela funciona com base em uma organização de dados que permite avaliar variáveis complexas de uma situação específica para dar soluções personalizadas. Assim, o usuário poderia, segundo Coll e Monereo (2010), dar coordenadas de lugar, tempo, custo, dados pessoais e preferências individuais, entre outras referências, para receber informações sobre opções de trabalho ou lazer, alternativas de formação, modos de investimento etc. Nessa circunstância, o que está em jogo é a avaliação de uma situação relativamente complexa, buscando a solução de problemas. Embora professores e alunos possam ser consumidores desse tipo de serviço na sua dimensão mais técnica, o que se abre como possibilidade educativa é também lidar com funções psicológicas e cognitivas, trazendo aos alunos a perspectiva de criação, construção de soluções, protótipos e proposições em face de diferentes cenários e conjunturas. Em síntese, a web 3 é a possibilidade de uma tecnologia que "pensa", mas também pode fazer o ser humano pensar; é a possibilidade de construir conhecimento, subsidiar posturas e lidar com a realidade sobre novas bases.

A trajetória da web deixa evidente que a apropriação tecnológica pela escola, longe de se constituir como um bloco estável e homogêneo de novos recursos pedagógicos, acena para diferentes

A ESCOLA E A PRODUÇÃO TEXTUAL

níveis de incorporação e, obviamente, com diversos desdobramentos para as metas educacionais e as possibilidades de transformação do ensino. Por isso, vale perguntar: como as escolas vêm se apropriando da tecnologia?

De modo geral, contrariando a disponibilidade tecnológica e as promessas de ampliação dos espaços educativos (laboratórios, bibliotecas e salas virtuais); dos recursos (mecanismos de seleção e organização de dados, sistemas de busca, modos de experimentação e simulação, uso de cenários hipotéticos); das dinâmicas (práticas e relações a distância, agrupamentos diversificados, propostas alternativas de trabalho e de desafio intelectual); e de competências envolvidas (centradas na exploração de conteúdos e organização do conhecimento, nas atividades autônomas ou autorreguladoras, nos modos de apresentação e de difusão da informação, nas práticas de interação e nos procedimentos colaborativos), há uma conjuntura de fatores históricos, culturais, econômicos, estruturais e profissionais que pouco favorece a efetiva transformação das práticas escolares.

No que diz respeito à apropriação da tecnologia, Ferreiro (2013) lembra que, historicamente, sempre houve uma brecha temporal entre a disponibilidade de artefatos e a assimilação destes pela sociedade. Exemplos disso são o rádio, a televisão e o computador – que, respectivamente, demoraram 38, 13 e 16 anos para atingir os 50 milhões de usuários. Na escola, essa tendência é, como vimos, mais afetada, tendo em vista a desconfiança dos educadores e a falta de agilidade dos sistemas em incorporar novas práticas. Acrescente--se a isso uma multiplicidade de outros fatores, como o acesso e a distribuição desiguais das tecnologias nas escolas, a variedade de equipamentos e programas utilizados como apoio pedagógico, a falta de subsídio aos professores para o uso crítico dos recursos disponíveis, o distanciamento entre as propostas e os modos de implementação, a difícil articulação entre conteúdos previstos e recursos disponíveis, a precária formação docente em oposição à rapidez da evolução das TIC, as condições de trabalho dos professores e a infraestrutura das instituições. Juntos, esses fatores explicam o distanciamento e o baixo uso que as escolas fazem das TIC já no nível da web 1.

Diante dessa conjuntura, pode-se dizer que as dificuldades para acompanhar o espetacular desenvolvimento da web nos últimos 27 anos (e, com ele, os diferentes níveis de apropriação pedagógica) resultou em uma incorporação precária e, por vezes, ineficiente para os propósitos de qualificação do ensino (Teberosky, 2004). Na prática,

> [...] os professores tendem a dar às TIC usos que são coerentes com seus pensamentos pedagógicos e com sua visão dos processos de ensino e aprendizagem. Assim, como uma visão mais transmissiva ou tradicional do ensino e aprendizagem, tendem a utilizar as TIC para reforçar suas estratégias de apresentação e transmissão de conteúdos. (Coll, Mauri e Ornubia, 2010a, p. 75)

Na mesma linha de argumentação, Cysneiros (1999) denunciava, antes mesmo da virada do século, a "inovação conservadora", isto é, o uso de tecnologia de ponta para atividades mecânicas, que pouco contribuíam para a renovação do ensino.

A tendência apontada pelos autores explica por que a introdução dos laptops ou de computadores nas salas de aula é, muitas vezes, uma medida que apenas se sobrepõe a uma lógica de trabalho pedagógico já instalada. Dessa forma, a tão proclamada relação entre as TIC e a qualidade de ensino não se estabelece *a priori*, pelo simples desejo dos educadores de se modernizar ou de atender aos interesses dos alunos. A despeito de alguns avanços e de experiências inovadoras que acontecem isoladamente, o que prevalece são iniciativas sempre aquém do potencial transformador

A ESCOLA E A PRODUÇÃO TEXTUAL

e dos discursos entusiasmados. Utilizadas sobretudo como repositório de conteúdos, como disponibilização de tarefas a cumprir ou como espaços de informações sobre a vida escolar (nos moldes da web 1), as TIC encontram, na escola, poucas oportunidades para práticas de comunicação e de cooperação para espaços virtuais de aprendizagem e modos de intercâmbio interpessoal. Aos olhos dos docentes, as simulações e experimentações se assemelham a encenações de ficção científica e as práticas de criação e resolução de problemas parecem não se justificar em uma instituição ainda centrada na transmissão de conhecimentos. O aproveitamento pedagógico dos potenciais inerentes aos movimentos da web 2 e 3 é, ainda, apenas uma promessa de modernização do ensino.

Compatível com a postura assumida nos capítulos anteriores sobre o papel do professor, muitos autores afirmam que não se trata de inovar a educação pelo uso de tecnologias, mas, como vimos, de compreender o modo como elas podem ser utilizadas em função do impacto no processamento cognitivo e mental do aluno:

> [...] não é nas TIC nem nas suas características próprias e específicas que se devem procurar as chaves para compreender e avaliar o impacto das TIC sobre a educação escolar, incluindo o efeito sobre os resultados da aprendizagem, mas nas atividades que desenvolvem professores e estudantes graças às possibilidades de comunicação, troca de informação e conhecimento, acesso e processamento de informação que essas tecnologias oferecem. (Coll, Mauri e Ornubia, 2010a, p. 70)

Quando o que está em pauta é a formação do sujeito pensante, o foco das preocupações deixa de ser o recurso ou a estratégia de ensino em si, recaindo sobre a sua relação com o aluno e seu processo de conhecimento. Para tanto, importa que o triângulo interativo aluno-professor-conteúdo, nas suas relações com os contextos sociais, seja tomado como critério fundamental para avaliar os recursos técnicos e as intervenções pedagógicas. Nessa configuração, "se a tecnologia da informática chegar a servir, como se fosse um gatilho, para repensar o que acontece na escola, que ela seja bem-vinda" (Ferreiro, 2001a, p. 163).

Alfabetização ou alfabetização digital?*

Em face da meta da formação humana assumida neste livro e dos apelos do mundo tecnológico, é possível perguntar: que alfabetização queremos? De que forma a aprendizagem da língua escrita pode se relacionar com as TIC?

Como objeto de aprendizagem, a língua escrita não é um conteúdo *per se*. Tomados como construções sociais, ler e escrever só fazem sentido no contexto de práticas historicamente situadas em função de diferentes propósitos: as inscrições gravadas em pedras, as escritas em rolos de pergaminho, as anotações feitas com caneta em um caderno, os textos datilografados à máquina, a digitação feita no computador. Em consequência dessas diferentes práticas, as concepções e expectativas acerca da alfabetização foram assumindo, ao longo do tempo, diversas ênfases. Sua história esteve associada não só às competências específicas, mas também à incorporação de tecnologias próprias de seu tempo. Em outras palavras, os instrumentos, suportes, condições e funções da escrita mudam assim como mudam as práticas que lhe dão sentido.

Em nosso mundo, a recente mudança social e tecnológica ampliou a complexidade dos contextos letrados, impondo a necessidade de novas atividades, de relações com os outros, com o

---

* Uma versão adaptada deste tópico foi publicada com o mesmo título na revista *International Studies on Law and Education*, São Paulo, v. 23, 2016, p. 5-12. Disponível em: <http://www.hottopos.com/isle23/05-12Silvia.pdf>. Acesso em: 8 fev. 2017.

A ESCOLA E A PRODUÇÃO TEXTUAL

conhecimento e com a realidade. Se, na perspectiva da língua, a escrita vive o seu momento de revolução dada por outras formas de produção, circulação, distribuição e apresentação, na perspectiva do sujeito que se pretende alfabetizar, o trânsito no espaço virtual é, por excelência, uma competência que convoca a diferentes modos de ler e escrever. A exigência de novas habilidades – encontrar e manejar informações procedentes de múltiplas fontes; construir textos em parceria; editar materiais escritos; ler materiais manuscritos, impressos e digitais; familiarizar-se com diferentes gêneros e linguagens; transitar entre diversos tipos de produção; ajustar-se aos diferentes canais de informação; buscar novos meios de difusão e de apresentação textual; adquirir perícia com novas ferramentas, suportes e instrumentos –, mais uma vez, coloca em xeque a alfabetização. Assim, a despeito do consenso mundialmente assumido pelos educadores de que "é preciso promover uma alfabetização ajustada ao mundo moderno", persiste a confusão entre diferentes concepções e modos de conduzir esse processo.

Quando a alfabetização é compreendida como uma aprendizagem estritamente vinculada à aquisição do sistema da língua escrita, o ensino tem como meta a conquista de habilidades ou competências de leitura e escrita. Para aqueles que superam as dimensões restritas do codificar e decodificar, isso significa também investir nos modos como o sujeito se relaciona com seu mundo. Sem necessariamente descartar esse entendimento, a compreensão do termo "alfabetização" pode se estender para áreas específicas do universo letrado, justificando o aparecimento de termos específicos como "alfabetização literária" e "alfabetização gramatical". Por vezes, o termo aparece também no plural, como é o caso da expressão "múltiplas alfabetizações", correspondendo à ideia de acesso às "múltiplas linguagens". Nesse caso, ela é assumida como meta educativa ampla, embora nem sempre esteja claro como garantir tal objetivo.

Por fim, extrapolando a esfera da língua propriamente dita, o termo acaba também por designar "aprendizagens básicas" em outros campos do conhecimento, dando origem a novos conceitos: "alfabetização matemática", "alfabetização cartográfica", "alfabetização musical" e "alfabetização científica" (Coll e Illera, 2010). Diante dessa pluralidade de usos, corremos o risco de perder a especificidade do que é alfabetização e, além disso, não ter clareza sobre o que deveria ser a aprendizagem básica em diferentes áreas.

Uma dimensão específica desse contexto de incertezas conceituais e pedagógicas diz respeito à relação entre alfabetização e alfabetização digital (ou entre letramento e letramento digital). A ideia de que é preciso ensinar a ler e a escrever em um mundo onde crescem tecnologias de comunicação gerou alguns questionamentos: a aprendizagem da língua, entendida como mecanismo de inserção social, garante a democratização no mundo tecnológico? O acesso ao virtual pressupõe ou favorece a conquista da leitura e da escrita? A alfabetização é a aquisição de um instrumental básico para apoiar a conquista de outros saberes e competências (inclusive o domínio da tecnologia) ou é, em si, um conhecimento específico? E, se assim for, como esse conhecimento é afetado pelas tecnologias?

Na relação entre a língua escrita e as TIC, é possível distinguir três grandes correntes, cujas concepções sustentam diferentes diretrizes pedagógicas. Com ênfase na dimensão técnica, a primeira corrente está assentada na ideia de que as novas tecnologias inauguraram um modo de lidar com a língua própria dos meios eletrônicos; modo que não se confunde com a atividade tradicionalmente feita por leitores e escritores. A tecnologia transforma a leitura e a escrita, razão pela qual alfabetização e alfabetização digital merecem ser tratadas como processos paralelos que se complementam na aquisição de determinadas práticas. Assim,

A ESCOLA E A PRODUÇÃO TEXTUAL

falar em "alfabetização digital" equivale a postular que, assim como nas sociedades letradas é necessário ter um domínio funcional das tecnologias de leitura e escrita para ter acesso ao conhecimento, na SI [sociedade da informação], *é imprescindível ter um domínio das tecnologias digitais da comunicação e da informação – incluídas, é claro, as tecnologias digitais de leitura e escrita. Em outras palavras, falar em "alfabetização digital" supõe aceitar, com todas as suas consequências, que as aprendizagens relacionadas com o domínio e manejo das TIC são básicas na SI* no mesmo sentido em que já o são as aprendizagens relacionadas ao domínio da leitura e da escrita nas sociedades letradas. (Coll e Illera, 2010, p. 290, grifos meus)

No que diz respeito às diretrizes pedagógicas, essa postura sustenta iniciativas centradas na aprendizagem de técnicas computacionais, como é o caso dos programas de informática que, ao lado das disciplinas escolares tradicionais, configuram-se como campo de conhecimento e passam a integrar o currículo escolar. Trata-se de mais um esforço com o objetivo de preparar o aluno para o mercado de trabalho e de garantir o uso instrumental da língua. No que concerne ao plano da pesquisa, observa-se a intensificação dos estudos que visam descrever as competências específicas vinculadas aos meios eletrônicos. Esse é o caso de Varis (2003), que identifica diferentes frentes de trabalho específicas do processo de alfabetização digital: "alfabetização tecnológica" (uso de novas mídias para informação e comunicação); "alfabetização informacional" (capacidade de compilar, avaliar e organizar as informações); "criatividade midiática" (capacidade de produzir e distribuir informações); "alfabetização global" (compreensão da interdependência entre pessoas, países e culturas nos processos de interação); e "alfabetização responsável" (compreensão dos mecanismos de segurança dos meios de comunicação).

Em uma perspectiva inversa, a segunda corrente defende que a tecnologia não muda essencialmente a natureza da escrita como suporte do pensamento, embora possa interferir nos processos mecânicos de revisar, copiar, formatar e organizar dados. A esse respeito, Teberosky (2004) lembra o desenvolvimento de trabalhos ora em uma perspectiva pessimista (a impossibilidade de a tecnologia melhorar a qualidade dos textos), ora em uma abordagem otimista (a tecnologia como recurso para tornar a escrita mais rápida, densa e organizada). A despeito da diferença de abordagens, os representantes dessa corrente parecem estar de acordo sobre a não interferência da tecnologia nas funções cognitivas. Nessa perspectiva, a atenção à informática seria apenas um apêndice do esforço educativo.

Em uma posição intermediária, a terceira posição (aqui assumida como base de referência) defende que, convivendo em relação recíproca, tecnologia e escrita se transformam mutuamente. Nessa perspectiva, o computador configura-se como um recurso privilegiado no processo de aprendizagem na medida em que pode ampliar e intensificar as frentes de processamento mental. As palavras de Teberosky (2004, p. 155) sintetizam essa postura:

> [...] embora nem o papel nem a eletrônica simplifiquem as dificuldades cognitivas comportadas pela aprendizagem da leitura e da escrita, os novos recursos tecnológicos podem dar lugar a novos processos cognitivos que nem a escrita manuscrita nem a leitura sobre papel haviam permitido. Os novos recursos tecnológicos, por si sós, não criam conhecimentos, mas permitem o desenvolvimento de outros novos.

Defendida com base em estudos cognitivos, a relação entre a tecnologia e a escrita parece se justificar não só no plano do ensino como no contexto dos apelos de nosso mundo, perante os quais as crianças não costumam ficar indiferentes.

A ESCOLA E A PRODUÇÃO TEXTUAL

Para atender às exigências da sociedade tecnológica e letrada, a aprendizagem da língua pressupõe a ampliação dos modos de interagir e de se comunicar com os dispositivos do próprio mundo. Por isso, o uso da língua escrita em múltiplas tarefas deveria integrar-se às práticas de ensino já no início do (e progressivamente no) processo de escolaridade. Na prática, isso significa: escrever bilhetes e e-mails; lidar com a correspondência por correio ou pelo computador; ler jornal e também os sites da internet; consultar o dicionário ou navegar no mundo virtual para pesquisar como um termo vem sendo utilizado; circular em uma biblioteca para escolher um livro sem excluir a possibilidade de transitar pela web buscando leituras sobre um tema específico; produzir uma escrita linear em um plano horizontal ou sobrepor diferentes textos na verticalidade da tela. Ao estudar as relações entre a aprendizagem da escrita e a cultura, Scribner e Cole (1981, p. 236), já no século passado, situavam o princípio básico que deveria reger o ensino:

> [...] focamos a alfabetização como um conjunto de práticas socialmente organizadas que fazem uso de um sistema de símbolos e de uma tecnologia para produzi-los e disseminá-los. A alfabetização não é simplesmente saber ler e escrever determinado texto, mas a aplicação desse conhecimento para propósitos específicos. A natureza dessas práticas, incluindo, é claro, seus aspectos tecnológicos, determinará os tipos de habilidade associados à alfabetização.

Como diretriz assumida entre os educadores construtivistas e sociointeracionistas, o ensino deve resgatar a função social da escrita, promovendo, nos diferentes estágios de aprendizagem, contextos favoráveis ao trânsito e à reflexão linguística. Esse é o verdadeiro caminho para a aprendizagem. Em um movimento dialético, é justamente porque o sujeito usa a língua escrita buscando ajustar-se aos propósitos sociais de dada situação que ele aprende a ler e escrever; e ele aprende porque faz uso da língua de modo significativo, em uma perspectiva crítica e com os recursos de seu tempo. O leitor competente do passado não pode ser substituído por um leitor de tecnologia do presente porque, de fato, esses modelos não representam objetivos opostos das metas educacionais: todo leitor crítico e competente tem condições de atender às demandas letradas de seu mundo. As competências que ora se fazem necessárias no âmbito da nossa sociedade não se separam do uso da tecnologia que hoje temos disponível. Por isso, não se podem expulsar os computadores das escolas nem trancafiá-los em salas apartadas do cotidiano escola. Em síntese, não se pode separar a alfabetização do uso da tecnologia.

Ao defender a relação recíproca entre as atividades intelectuais e a materialidade dos suportes, a língua escrita e as suas tecnologias, os representantes dessa corrente acreditam que o próprio fato de um aluno viver no mundo das TIC (com maior ou menor grau de acessibilidade e uso) já influencia as práticas de leitura e escrita; além disso, o fato de aprender a ler e escrever favorece a apropriação tecnológica e amplia seus espaços de intervenção social ou de navegação no espaço virtual.

Tomando como exemplo o advento de outras tecnologias ao longo da história (como foi o caso da imprensa), Teberosky (2004), Ferreiro (2013) e Geraldi, Fichtner e Benites (2006) mostram que a incorporação dos meios e instrumentos, em cada momento e em diferentes espaços, foi sempre transformadora das atividades sociais, fazendo emergir novas funções da língua e, com elas, novas relações entre os homens e destes com o próprio conhecimento. A diversidade de suportes e de estratégias a eles associadas fez surgir modos de pensamento correspondentes às suas estruturas técnicas.

Assim como não há o momento de aprender separado de um momento de fazer uso da aprendizagem, não há um momento de

A ESCOLA E A PRODUÇÃO TEXTUAL

se apropriar das tecnologias apartado dos propósitos sociais para as quais elas se justificam; assim como não há uma escrita no vazio, não se justifica uma apropriação tecnológica válida em si.

Nessa perspectiva, seja no que diz respeito à língua como estratégia do dizer, seja no que toca à tecnologia como recurso do como ou do onde dizer – ou, ainda no que se refere à alfabetização como propósito educativo –, o que está em pauta é a participação de práticas sociais por meio da conquista de um modo de ser e de se relacionar com a cultura escrita e tecnológica. Como isso ocorre de modo integrado, não faz sentido distinguir alfabetização e alfabetização digital; melhor seria defender a alfabetização compatível com o nosso tempo e lugar, tal como faz Ferreiro (2013, p. 469):

> Falo de alfabetização simplesmente. A que corresponde ao nosso espaço e tempo. Precisamos de leitores críticos, que duvidem da veracidade do texto, e imagem visíveis tanto no papel como se desdobrando no monitor. Leitores que procurem compreender outras línguas (tão mais fácil agora com a internet!) sem menosprezar nem exaltar o inglês hegemônico; mas que tenham uma visão global dos problemas sociais e políticos sem se fechar em localismos menores. Leitores e produtores da língua escrita inteligentes, alertas e críticos. O que sempre buscamos. Difícil tarefa, antes e agora. Não cabe dúvida de que a internet ajuda. Os livros e as bibliotecas também. [...]
>
> [...] As novas gerações deverão ser particularmente criativas. Terão ao seu cargo nada mais nem menos que a invenção de uma nova ordem mundial, em que a vida valha a pena ser vivida.

Quando a alfabetização deixa de ser entendida como objeto estritamente escolar para ocupar um espaço privilegiado na relação do homem com os outros e com o seu universo, não há como desconsiderar os apelos do mundo – sobretudo os da sociedade letrada e tecnológica. Por essa razão, ela merece ser vista como atividade politicamente responsável. Vem daí a necessidade de rever conceitos e posturas. Seja pela reavaliação das metas de ensino, seja pela assunção da complexidade do processo de aprendizagem e, ainda, pela necessidade de ajustamento das práticas e dos conteúdos escolares ao contexto social, o tema do ensino da língua escrita emerge no cenário dos debates educacionais marcado por um novo paradigma.

Entendida como formação de leitores e escritores, a alfabetização ganha um triplo significado: ela é educativa, porque se integra ao projeto de edificação do homem autônomo, crítico e criativo; é social, porque se constrói com base em práticas contextualizadas na mesma medida em que promove a inserção do sujeito no seu meio; e é também histórica, porque garante a comunicação em um tempo e lugar, razão pela qual não se separa dos suportes e tecnologias do seu mundo.

O esforço de tantos autores para ampliar o conceito de alfabetização faz sentido justamente porque, na sociedade da informação, os múltiplos recursos e demandas, a diversidade das práticas letradas e a pluralidade das situações interativas convocam o fim da cultura escolar reducionista: práticas de ensino centradas em um único texto, centradas no professor como único informante e, por fim, centradas em exercícios repetitivos e artificiais de treinamento linguístico, gráfico ou ortográfico.

Essa mesma ampliação do conceito justifica também o pressuposto de alargamento do que se espera como competências básicas e do tempo de aprendizagem. No que diz respeito às competências básicas, é preciso admitir que não se trata de uma aprendizagem uniforme, conquistada de modo homogêneo para diferentes tipos de texto, uso social e recurso técnico. Aquele que supostamente sabe ler e escrever na contabilidade das estatísticas nacionais não necessariamente sabe ler e escrever em diferentes gêneros e para diferentes

A ESCOLA E A PRODUÇÃO TEXTUAL

fins (Colello, 1997). Por isso, a alfabetização passa a ser um compromisso de professores em diferentes campos de conhecimento. Da mesma forma, no que tange ao tempo de aprendizagem, os apelos do mundo letrado contrariam a ideia do ciclo de alfabetização como meta que se fecha em si, isto é, a previsão de uma aprendizagem que se faz nos anos iniciais da escolaridade. Como a prática linguística sempre pode ser aprimorada; como os alunos sempre podem buscar novas formas de dizer; como os avanços tecnológicos sempre podem trazer novos desafios; como as pessoas sempre podem transitar em novos circuitos, ter novas ocupações e centros de interesse, o processo de alfabetização, concebido como intencionalidade ampla de formação do sujeito, nunca se encerra definitivamente.

No contexto de um mundo em transformação, esse é o único entendimento possível para o processo de alfabetização. Esse é o ponto de partida e, quiçá, também o ponto de chegada no que diz respeito às propostas de renovação da vida escolar, de alternativas didáticas e de posturas pedagógicas mais favoráveis ao ler e escrever. Propostas que não se encerram em si mesmas e nunca chegarão a um modelo definitivo.

Desafios cognitivos das produções textuais feitas pelos alunos no computador

Nas atividades das Fases 3 e 4 (Blogue e Game), os alunos do Instituto André Franco Vive lidaram com o computador em diferentes programas. Embora, em ambas as situações, prevalecesse o entusiasmo relacionado ao instrumento em si, os tipos de atividade – escrever em rede e jogar – foram determinantes para a motivação e o envolvimento com a proposta – previsivelmente, com maior interesse pelo jogo. De qualquer forma, merece destaque a relação diferenciada que todas as crianças facilmente estabeleceram com as duas situações, percebendo suas interfaces (por exemplo, o uso do mouse) e diferenças: propósitos da atividade (considerar um assunto ou lidar com os desafios do jogo), relação interlocutiva (escrever para alguém ou jogar com alguém) e funcionamento do suporte (recursos do editor de texto e mecanismos do jogo). Em outras palavras, as crianças (como legítimos nativos digitais, ainda que sem muita familiaridade com a tecnologia) perceberam a multifuncionalidade do computador e buscaram apreender, em cada situação, seu modo de funcionamento e a especificidade de suas funções.

No game, os alunos tiveram sobretudo de associar o uso do teclado aos mecanismos de execução do jogo: selecionar o número de participantes; entrar na tela do jogo; acionar o dado; acompanhar o movimento do personagem; reiniciar o programa; apagar a tela de situação-problema; consultar o placar; rolar a sua barra de deslizamento na tela; selecionar um problema nas situações de transferência para outro jogador; fechar o game. Superando essa dimensão estritamente funcional, a atividade do blogue, como já era previsto, criou situações de efetiva reflexão linguística, conforme se verá adiante.

Comparando os processos cognitivos em ambas as situações, é possível dizer que, no game, a relação com o suporte técnico esteve mais vinculada à dimensão de um "fazer tecnológico" num primeiro momento, pouco interferindo no conteúdo de trabalho (o tema das vicissitudes da vida escolar). Do ponto de vista meramente instrumental (sem considerar os ganhos posteriores com a reflexão instaurada sobre o tema), essa seria, portanto, uma atividade mais típica da alfabetização digital concebida na dimensão específica de "dominar a máquina". No blogue, a tecnologia esteve mais integrada ao processo cognitivo da produção textual, porque, de fato, os alunos foram convidados a escrever valendo-se dos recursos do programa e do teclado. Isso não quer dizer que uma atividade seja melhor do que a outra, ou que a inserção

A ESCOLA E A PRODUÇÃO TEXTUAL

de uma no contexto escolar esteja mais justificada que a de outra. Muito pelo contrário, ao se considerarem os ganhos da situação do jogo pelo enfrentamento dos conflitos e pelo estímulo à evocação de abordagens mais amplas em produções mais personalizadas (conforme vimos no Capítulo 2), não restam dúvidas sobre o mérito educativo do game. Se o instrumental do blogue favoreceu o processo de aquisição da escrita articulado a um suporte próprio de nosso tempo – o como e o onde dizer –, o game incidiu sobre um processo reflexivo que alimenta o próprio dizer, certamente ancorado na melhor compreensão da realidade escolar.

Nessa perspectiva, é possível, uma vez mais, afirmar que o dilema educacional não está em introduzir (ou não) a tecnologia na escola, tampouco em aceitar alguns programas em detrimento de outros, muito menos em se dividir entre tecnologias da informação (geralmente mais valorizadas) e tecnologias do lúdico (costumeiramente vistas em oposição ao esforço cognitivo). O verdadeiro desafio dos educadores é o de reconhecer o potencial de cada suporte, programa e instrumento, situando-os na justa medida (em função de objetivos pedagógicos e características dos alunos), de tal modo que eles possam subsidiar os processos de aprendizagem, interação, reflexão e inserção social.

Papel ou computador?

Postular a alfabetização como uma aprendizagem estreitamente vinculada às práticas sociais e aos instrumentos de nosso tempo trouxe, em consequência, outro dilema: devemos ensinar a ler e escrever no papel ou no computador?

Estudos comparativos entre esses suportes de escrita enfatizam o impacto dos computadores na escrita (Lalueza, Crespo e Camps, 2010; Luize, 2007, 2011; Molinari e Ferreiro, 2013), não só porque o editor de texto afeta o modo como o sujeito entende e realiza a tarefa (formas de redigir, organizar a informação e editar o texto) como também pelos seus efeitos de "prótese" e "rastro". A prótese se explica pela combinação de tela, teclado e editor como responsável pela amplificação das habilidades de escrita, permitindo "fazer mais coisas em menos tempo" (diagramar parágrafos, mudá-los de lugar, introduzir frases no meio do texto, localizar palavras etc.). Mesmo na ausência do computador, o escritor acostumado com os recursos tecnológicos tende a lançar mão de estratégias típicas do editor (recomposição de frases, busca de formas alternativas para se expressar) pelo simples fato de ter incorporado seus mecanismos, evidenciando o efeito da tecnologia – como um "rastro" – sobre a capacidade de escrever. Vivenciar a agilidade da escrita feita no computador amplia o referencial e as estratégias de produção do sujeito, incidindo sobre a sua constituição como escritor. Isso significa que a apropriação de habilidades tecnológicas tende a aprimorar as capacidades adquiridas no papel.

Admitir a contribuição dos computadores para os processos cognitivos de ler e escrever não significa, contudo, advogar a supressão do papel. Rettenmaier (2009) rechaça a emblemática fogueira dos livros que, em nome da suposta supremacia das alternativas midiáticas sobre os materiais impressos, justificaria a supressão das bibliotecas. Para o autor, graças à sua força humanizadora, ao seu potencial de fazer pensar e de dar sentido à vida, os livros (sobretudo os de literatura) são, e continuarão sendo, o suporte imprescindível da leitura, razão pela qual eles jamais deixarão de existir – apesar das inovações tecnológicas. Ao explicar a estabilidade dos livros, o autor afirma que, no material impresso, "a textualidade deixa de ser líquida a ponto de poder ser apagada; nas páginas impressas é que se encontra a verdadeira arquitetura contra o esquecimento" (2009, p. 184).

O confronto entre a escrita no papel e no computador acabou se radicalizado quando, passando de especulações comparativas para

A ESCOLA E A PRODUÇÃO TEXTUAL

prescrições pedagógicas, apareceram recomendações objetivas para a abolição da primeira. Isso ocorreu em 2011, quando o Common Core Stated Standarts Initiative (órgão americano voltado para a padronização do currículo comum) tornou opcional o ensino da letra cursiva, chegando, explicitamente, a recomendar sua supressão na escola. Acolhida pelos Departamentos de Educação dos Estados de Indiana, Carolina do Norte e Geórgia, a medida tende a ser incorporada por mais de 40 estados americanos vinculados ao referido órgão. Embora o parecer não se refira objetivamente ao papel como suporte da escrita, nas palavras de Jody Pfister (*apud* Chacra, 2011), diretor de um distrito escolar de Indiana, a justificativa para o ensino apenas de letras bastão menciona a prática "ultrapassada" dos registros com caneta e lápis feitos no papel, assumindo a necessidade de se "levar em conta o progresso", isto é, os modos de comunicação realizados exclusivamente pelas teclas de celulares e computadores.

Em reação a essa postura, inúmeros educadores vêm, desde então, chamando a atenção para a letra cursiva (e, consequentemente, para a escrita no papel) como recurso que favorece o desenvolvimento linguístico e psicomotor das crianças, preserva a tradição e garante práticas como a assinatura, entre outras escritas, na escola e na sociedade.

Tomando como base o referencial apresentado neste capítulo e nos dados de minha pesquisa (conforme se verá adiante), pretendo defender a impropriedade do referido dilema e, particularmente, da supressão do ensino da letra manuscrita feita no papel. Quero advogar a pluralidade de experiências de ensino e de práticas sociais por meio do uso concomitante de diferentes suportes e tipos de letra. Quero também defender uma escola capaz de investir em diferentes direções e, assim, promover uma ampla gama de competências.

Assim, o dilema sobre o ensino da escrita no papel ou no computador retoma os objetivos educativos e os pressupostos didáticos apresentados neste capítulo. Mais uma vez, importa lembrar que a inserção do computador no universo escolar e a incorporação das TIC pelas práticas de ensino merecem ser projetadas com base na cultura escolar e social, seguindo os seguintes princípios:

1. Cautela pedagógica e posicionamento crítico na proposição e implantação de programas e recursos tecnológicos.
2. Promoção do acesso à tecnologia vinculada ao compromisso com a democratização do ensino.
3. Ajustamento das TIC ao perfil social, cognitivo e cultural dos estudantes.
4. Incorporação das TIC na escola de modo que favoreçam a inserção social dos alunos.
5. Ampliação das relações humanas e das práticas comunicativas.
6. Pluralidade de recursos para a pluralidade de usos pedagógicos e sociais.
7. Prioridade de uso das TIC como instrumento psicológico.
8. Relação precoce e recíproca entre o propósito social, o tema (ou conteúdo a ser ensinado) e a sua materialidade.
9. Recursos para a formação humana (em oposição às práticas de treinamento).
10. Recursos tecnológicos para a aprendizagem, a autonomia, a resolução de problemas e os processos criativos.

Tal como se apresentam, os referidos princípios se opõem aos modos superficiais, reducionistas e mecanicistas, pedagógica e ideologicamente enviesados que, com frequência, comprometem o aproveitamento educativo das TIC – e, em especial, a apropriação da tecnologia pela escola.

É no contexto dos princípios assumidos que se pode compreender a "convivência" entre papel e computador na sala de

A ESCOLA E A PRODUÇÃO TEXTUAL

aula; não como instrumentos que se opõem ou se anulam em nome de uma única opção de trabalho, mas como suportes específicos, que sustentam modos de produção e processos de cognição, favorecendo, em maior ou menor grau, aspectos específicos do uso da língua escrita e da própria tecnologia.

A perspectiva de mudança das práticas pedagógicas não está, portanto, na simples substituição dos velhos pelos novos suportes (o lápis e o papel como representantes da tecnologia tradicional e o computador como símbolo da modernidade), mas no uso criterioso que se pode fazer deles. Isso porque o suporte, mais que o portador de um conteúdo, incide desde o início sobre os procedimentos de produção, interação, controle e edição do que está sendo produzido. Daí o interesse em entender as especificidades do papel e do computador no que dizem respeito aos condicionantes da escrita, dos modos de interação, dos procedimentos técnicos, das estratégias cognitivas e das oportunidades de reflexão e de exploração da língua. Condicionantes que, com maior ou menor intensidade, afetam as diferentes situações e os diferentes sujeitos sem, contudo, chegar ao status de prescrições ideais ou de fórmulas definitivas para o ensino da língua escrita. Em cada caso, em cada situação, as crianças reagem de diversas formas, com várias possibilidades de reflexão e de aproveitamento. É o que se verá no próximo tópico.

Produções textuais feitas pelos alunos no papel e no computador

No estudo das relações entre os suportes e a produção da escrita, alguns autores (não só os entusiastas da tecnologia, mas também aqueles preocupados em caracterizar mais criticamente as tendências da modernidade na escola) se limitam a marcar o diferencial positivo do computador sobre a condição clássica de referência – a escrita no papel, supostamente um material já conhecido e assimilado pela escola. Visando à análise pela variedade de situações, a abordagem que aqui se propõe pretende contemplar tendências e características, possibilidades e limites dos suportes, estratégias mais ou menos potentes, fatores facilitadores e complicadores que se colocam para diferentes sujeitos e em diversas condições de escrita. Sem a pretensão de chegar a um levantamento definitivo (o que, de fato, seria impossível), procuro situar possibilidades de interdependência entre instrumentos e processos de produção da escrita. Parto do princípio de que, na impossibilidade de uma condição ideal, de um método infalível e de méritos garantidos *a priori* pelos suportes ou propósitos, o que está em jogo é ampliar o referencial de observação para captar a complexidade dos mecanismos que interferem na produção, na interação e na aprendizagem. Para tanto, foram considerados não só os processos de escrita, registrados em vídeo (posturas, reações, perguntas, conflitos etc.), como também o produto, isto é, o texto propriamente dito, com suas marcas e seus indícios de procedimentos na relação com o instrumental de trabalho.

O mapeamento dos dados foi realizado principalmente com base em duas atividades consideradas mais favoráveis para a análise dos aspectos instrumentais da escrita, a Fase 2 (escrita em duplas, no papel, com base em uma situação hipotética) e a Fase 3 (escrita em grupos, em um blogue, sobre a realidade da vida escolar), podendo ser complementado por observações e ocorrências em outras situações de escrita (Fases 1, 4 e 5). Por fim, tendo em vista a regularidade de estratégias e de comportamentos nos três grupos estudados, optei por uma consideração global das ocorrências, cuidando para destacar as situações específicas de um grupo quando fosse o caso. Na medida do possível, cada um dos aspectos levantados será ilustrado pela descrição de estratégias e comportamentos ou pela transcrição de comentários representativos da

A ESCOLA E A PRODUÇÃO TEXTUAL

ocorrência em questão. Assim, no que se refere aos aspectos que mais tipicamente interferiram nas produções realizadas em papel, foi possível levantar os seguintes pontos:

1) Aspecto motivacional

A associação que os alunos fazem do lápis, da borracha e do papel com as tarefas obrigatórias e típicas da escola favoreceu reações que, muitas vezes, manifestaram-se antes mesmo de eles conhecerem o propósito da atividade. Escrever no papel é, a princípio, uma atividade pouco valorizada e indesejável, concepção que costuma transparecer por meio de comportamentos de submissão ou de resistência: "Ah... vai ter que escrever?" No entanto, a comparação entre as atividades realizadas no papel evidencia que a natureza da proposta pode mudar a relação com o suporte de trabalho, como foi o caso da escrita na Fase 2 (Situação hipotética), voltada para outra criança. Nela apareceram exigências como apontar o lápis para "a letra ficar mais bonita", apagar direitinho "para não deixar aparecer os rabiscos" e cuidados para não amassar a folha.

2) Aspectos físicos e psicomotores

A escrita no papel já é conhecida pelos desafios psicomotores de desenhar as letras, situando-as regularmente em relação à pauta e ao espaço disponível. Além disso, a atividade exige, em uma condição ideal, o posicionamento adequado do corpo e da mão dominante em relação à folha de papel. Ainda que os educadores possam reconhecer a importância da boa postura para a saúde, a concentração e a qualidade da produção, nem todas as escolas orientam seus alunos – que, lamentavelmente, acabam por posicionar-se de modo inadequado (Trindade, 2016). A fotografia a seguir, tirada em uma situação espontânea de escrita no papel (Fase 5), ilustra, da esquerda para a direita, três problemas posturais: o posicionamento inadequado do corpo, a orientação incorreta da folha de papel e a tensão excessiva dos dedos da mão dominante.

FIGURA 6 • Posturas de escrita no papel

3) Condicionantes do processo de interação com os colegas

» Em função da postura – Como a maioria das crianças costumava se debruçar sobre o papel, aquela que estava escrevendo dominava o trabalho, dificultando o processo de interação. Isso porque o parceiro tinha um menor campo de visão, dependendo de que o escritor compartilhasse o que havia sido escrito. Nos grupos estudados, observaram-se três diferentes reações dos parceiros da escrita. Na melhor das ocorrências, pediam objetivamente para ver a folha, a fim de ler ou corrigir o trabalho. Em outras situações, tentavam acompanhar a escrita do parceiro buscando um melhor ângulo de visão. Fi-

A ESCOLA E A PRODUÇÃO TEXTUAL

nalmente, com maior frequência, acabavam por não aderir à proposta de trabalho em grupo, distraindo-se com outra coisa ou, simplesmente, aguardando sua vez de escrever.

» Em função do controle dos instrumentos – A posse do lápis e da borracha determinou, em muitos casos, a relação de poder e controle da produção (quem escreve, quem apaga e o que apaga), razão pela qual, nos casos de maior envolvimento com a tarefa, os materiais foram muitas vezes disputados: "Ah, professora, eu quero escrever, mas ele não me dá o lápis". Nas situações de descomprometimento com a tarefa ou de dificuldade de escrever, os materiais acabavam por ser rejeitados: "Pode ficar com o lápis que eu não quero escrever".

4) Uso e organização do espaço gráfico

» Para iniciar a escrita – Muitas crianças discutiram sobre onde começar o texto, optando por diferentes estratégias: algumas faziam questão de pular uma linha para marcar o início da escrita, outras marcavam com os dedos para garantir o espaço da alínea.

» Para dar continuidade ao desenvolvimento do tema – Nesse caso, a preocupação era onde marcar um novo item de uma lista (ocorrência mais típica dos alunos do 1º ano) ou, entre os estudantes mais experientes, a necessidade de fazer parágrafo.

» Para dar continuidade ao trabalho no caso de mudança de redator – Desejando garantir que a escrita de cada um ficasse espacialmente separada dos textos feitos pelos colegas (provavelmente uma exigência relativa à marca pessoal da autoria), alguns alunos do 1º ano mudavam propositalmente de linha.

» Preenchimento do espaço da página – Comprovando uma tendência já registrada em outros estudos (Colello, 1997, 2012), muitos alunos, ao depararem com a folha em branco, se impunham a obrigação de escrever até o fim da página por acharem que, pela quantidade de linhas, o trabalho ficaria melhor ou mais eficiente. No caso da Fase 2, uma extensa lista de brinquedos e brincadeiras, por exemplo, parecia mais convincente na tentativa de fazer Marcelo (o personagem da situação fictícia) ir à escola.

» Preenchimento dos espaços laterais da folha – Ao escrever uma lista, alguns alunos do 1º ano ficavam incomodados com o espaço que sobrava na lateral direita da página e tentavam preenchê-lo com outras escritas, como foi o caso de Amanda e Tales, que chegaram a perguntar: "Depois que já passou para a linha de baixo pode subir de novo para escrever outras coisas?"

» Estratégias de ajustamento da escrita no espaço – Quando o espaço era insuficiente para o que se pretendia escrever, algumas crianças sobrescreviam ou subescreviam o texto nas linhas ou entre palavras; outras apagavam o que havia sido registrado para reescrever as mesmas palavras com letra menor; alguns chegaram a explicar aos colegas o critério convencional para mudar de linha, enveredando para outros questionamentos relacionados com a separação de palavras: "Onde eu coloco o tracinho?", "Posso parar a palavra aqui para escrever o resto na outra linha?" e "Como separar uma palavra que tem dois esses?" Em nenhuma produção foram usadas estratégias de flechas ou asteriscos, deslocando o texto da linearidade original.

» Espaço para resposta – Em um trabalho do 3º ano, o grupo reservou um espaço no papel para que Marcelo, o personagem fictício, colocasse sua reposta. Embora essa estratégia possa ser feita também no computador, o modo como fizeram (desenho de um quadrado para que fosse assinalada a alternativa desejada) foi ajustado à especificidade da escrita no papel.

» Estratégia de organização da escrita – No caso da resolução de diversos problemas do jogo (Fase 4), os alunos do 1º e do 3º anos tiveram dúvidas sobre como distinguir respostas escritas para diferentes problemas. Essa dificuldade foi partilhada entre os alunos, que, na maior parte dos casos, chegaram à alternativa convencional de colocar cada resposta ao lado do número do problema correspondente.

5) Caligrafia e legibilidade

» Desenho convencional das letras – Em várias oportunidades, os alunos corrigiram o parceiro ou se autocorrigiram para que o desenho das letras correspondesse à sua forma convencional (ocorrências mais típicas nos casos de letras invertidas ou do traçado de letras maiúsculas).

» Escrita com traçado compreensível – Muitas crianças tiveram dificuldade de compreender a própria letra ou a de seus colegas, gerando os seguintes comentários e questionamentos: "O que é essa minhoquinha aqui?", "Escreve direito isso aí!", "Esse a está parecendo o". Essas ocorrências evidenciaram a preocupação em escrever com "boa letra" e justificaram muitas iniciativas de reescrever.

» Identidade do autor – No papel, as caligrafias dos diferentes parceiros favoreceram a localização da produção de cada um. Em consequência disso, os alunos puderam conferir as próprias produções ou comparar as escritas/letras/marcas do texto para ver quem tinha escrito mais ou, ainda, indicar quem deveria ler nos momentos de retomada do texto (supondo que cada um leria o "seu pedaço"). Em alguns casos do 1º ano, as crianças copiavam a escrita do outro para registrar com a própria letra, como se fosse uma forma de concordância ou de adesão à ideia do colega, ou simplesmente para aumentar o texto (nesse caso, pressupondo que a escrita de um é qualitativamente diferente daquela que foi feita pelo outro).

» Tamanho da letra – Para facilitar a leitura e a legibilidade, alguns alunos solicitavam aos colegas que escrevessem com letra maior ou menor. A esse respeito, a justificativa dada por alguns deles foi bastante representativa: "Quando escreve com letra maior fica mais fácil de ler".

6) Escrita das letras e dos sinais

» Dúvidas sobre o tipo de letra – Muitos alunos perguntavam à pesquisadora se era para escrever em "letra de forma ou letra de mão". Quando optavam por um tipo (em geral, elegendo a letra de forma como a "mais fácil" e a letra cursiva como "a melhor", supostamente mais avançada), era comum terem de lidar com dúvidas específicas sobre a forma convencional das letras: "Como se faz o F de mão?" Nessas situações, eram ajudados pelos próprios colegas, que faziam a letra no lugar correto ou, apenas como demonstração, em qualquer parte da folha. Às vezes, também pediam ajuda à pesquisadora.

» Disposição das letras em relação às linhas – Ao escrever com letra cursiva em folha pautada, alguns alunos tiveram dificuldade de posicionar os caracteres no lugar convencional (principalmente nos casos das letras "F", "G", "P" e "Q", em que a referência da linha pode se confundir com a base para suas extremidades).

» Diferentes traçados de letras ou de sinais gráficos – Alguns alunos chegaram a discutir a respeito do traçado dos sinais (como o til e a interrogação) ou dos diferentes tipos de letra (forma convencional, direção do traçado, modo de se ligar à letra seguinte da palavra).

7) Edição e estética

» Estética da letra – Por vezes, as correções tiveram apenas o objetivo de garantir uma letra bonita, exigência forte para alguns e ignorada por outros.

A ESCOLA E A PRODUÇÃO TEXTUAL

» Uso estético do espaço – A ocupação do espaço na folha, mediante estratégias de pular linhas, preencher espaços em branco e garantir o mesmo espaçamento entre linhas, foi feita, muitas vezes, apenas para deixar a produção mais bonita, embora nem sempre atendendo aos critérios convencionais de espaçamento.

» Diferentes letras – Alguns grupos manifestaram a preocupação quando o trabalho era escrito por vários colegas, pois as diferentes caligrafias poderiam deixar o trabalho "feio".

» Tamanho da letra – Em função das exigências de estética, muitos alunos cobravam de seus colegas letras maiores ou menores: "Quando escreve com letras pequenininhas fica mais bonitinho".

» Preocupação com a letra feia – Essa foi uma questão para alguns (sobretudo no 3º e no 5º anos) que resistiam em escrever: "Escreve você porque a minha letra é muito feia".

8) Revisão e controle da produção

» Dificuldade no controle do que apagar – O uso da borracha, nem sempre controlado, muitas vezes fugiu à intenção de o que e quanto apagar ou da correção a ser feita. Por isso, em certas situações, com a intenção de corrigir uma palavra, os alunos acabavam apagando muitas outras, tendo de se valer da memória do texto ou das marcas no papel para reconstituir a escrita original: "Eu apaguei, mas ainda dá para ver... Calma, vou escrever de novo".

» Correção de palavras – O modo de correção, qualquer que fosse ele (ortografia, letras maiúsculas, concordância, transcrição dialetal e separação de palavras), esteve quase sempre condicionado aos instrumentos e ao suporte da escrita (lápis, borracha e papel), o que obrigava o sujeito a certas decisões e cuidados: o que e quanto apagar, apagar sem rasgar o papel, reescrever parte do texto no espaço disponível entre outros segmentos já registrados etc. Em algumas situações, a correção foi feita pela sobreposição da escrita com o próprio lápis, o que comprometeu a estética ou a legibilidade do texto. Esse problema foi objeto de discussão entre as crianças: "Olha o que você fez, como ficou feio, nem dá para ler".

Entre os aspectos que apareceram nas escritas feitas no computador, é possível apontar para os seguintes pontos que, de forma direta ou indireta, afetaram o processo de redação ou a produção propriamente dita:

1) Aspectos motivacionais

» Motivação positiva – A presença do computador na proposta de escrita é, por si só, transformadora. A maioria dos alunos demonstrou muito interesse, contrariando a costumeira desmotivação para escrever. Isso se explica não só pelo "natural" interesse dos nativos digitais pelo computador como porque, tal como demonstrou Luize (2007), esse instrumento reforça a natureza social da tarefa como um modo de escrever "próximo dos adultos". Essa postura ficou evidente nas exclamações: "Oba, eu vou escrever no computador!", "Até parece que eu estou trabalhando!"

» Motivação negativa – Em alguns casos, os alunos demonstraram resistência, alegando não saber usar o computador. No 1º ano, um garoto disse que o pai o havia proibido de utilizá-lo porque ele poderia "quebrar tudo".

2) Aspectos físicos

» A escrita na tela situa "outra" possibilidade de escrever (o plano vertical diferente do plano horizontal mais frequente

A ESCOLA E A PRODUÇÃO TEXTUAL

no papel), condicionando, inclusive, uma postura corporal específica. Mais do que um aspecto físico, essa condição marca um modo próprio de se relacionar com o objeto da escrita e com a atividade de produção textual. Algumas crianças sentiam necessidade de colocar o dedo na tela para acompanhar a leitura (tal como fazem no papel). Um aluno do 5º ano explicou aos colegas que não precisavam colocar a mão porque dava para "fazer a leitura com o mouse". Esse exemplo ilustra um mecanismo de transferência de estratégias no uso de diferentes suportes.

3) Condicionantes do processo de interação com os colegas*

» Favorecimento do processo interativo – Como o monitor colocava o texto claramente à frente do grupo, o processo interativo foi, a princípio, favorecido, provocando intervenções discursivas (conversas sobre o que dizer), notacionais (como escrever) e funcionais (como lidar com o teclado ou com as operações no computador).

» Dificuldades do processo interativo – O trabalho colaborativo acabou sendo prejudicado, em muitos casos, pelas seguintes situações: a) quando o grupo estava focado em uma divisão inflexível de trabalho (cada um escrevia a sua parte); b) quando um aluno, querendo dominar o computador, não compartilhava a sua intenção de escrita; c) nos grupos com três ou quatro participantes, pela dificuldade para que todos visualizassem a tela; d) quando a dificuldade para escrever no teclado ampliava excessivamente o tempo destinado à tarefa; e) quando as discussões acaloradas sobre as muitas e diferentes dúvidas para escrever no computador (encontrar letras, reescrever o

---

* O tema da interação entre alunos será objeto de análise no Capítulo 5.

que foi apagado indevidamente, buscar estratégias para letras maiúsculas etc.) não puderam contar com uma mínima organização dos integrantes do grupo para a execução da tarefa.

» Controle do instrumento – Ao contrário da escrita no papel, cujo controle está naquele que detém o lápis e a borracha, a produção textual no computador favorece iniciativas de apagar ou de interferir para colocar letras, dar espaços e escrever palavras. Parece certo que o teclado e o mouse, formalmente, podem fazer as vezes do lápis e da borracha, embora a natureza desse instrumental altere as relações no contexto de produção. Ainda que a maioria dos grupos tenha se organizado pelo critério de "cada um escreve na sua vez", na prática algumas crianças interferiram na produção dos colegas, como foi o caso de Luisa, do 1º ano – que, com a intenção de escrever "a escola é chata porque a professora fica brigando", teve o seu texto apagado pelos parceiros do grupo, que não concordaram com essa posição.

» Domínio do instrumento – Nas situações de escrita no computador, o aluno que tivesse mais familiaridade com esse instrumento logo se destacava, funcionando como referência aos demais. Como essa competência nem sempre coincidia com o domínio da escrita, criaram-se, entre os alunos do 3º e do 5º anos, situações interessantes de troca de informações: uns orientando sobre o uso da máquina e outros orientando sobre a correção da escrita. Na confusão de informações e produções, Elaine, do 5º ano, reclamou com o colega: "Não adianta nada você saber mexer no computador se você escreve tudo errado".

4) Uso e organização do espaço gráfico

Mesmo sem lançar mão de sofisticados recursos gráficos ou estéticos do computador (como mudança do tipo ou cor das letras, centralização de linhas, deslocamento de parágrafos e recursos de

A ESCOLA E A PRODUÇÃO TEXTUAL

destaque para títulos), os alunos evidenciaram, pela comparação com os trabalhos realizados no papel, uma relação diferenciada com o espaço, tendo em vista os seguintes aspectos:

» Despreocupação com o espaço disponível – Como a tela do computador não "sugere" limites para o tamanho do texto, nem deixa "espaços em branco" (que, no papel, parecem incomodar algumas crianças), os alunos preocuparam-se mais com "o que dizer" e "como dizer" do que com "quanto dizer".

» Mudança de linha no texto – A mudança automática de linha causou certa surpresa em alguns alunos, que, com o referencial da escrita no papel, manifestavam alguma preocupação quando o espaço parecia insuficiente: "E agora? Acho que não vai caber, como faz para ir para baixo?"

» Mudança de linha voluntária – Alguns alunos do 1º ano fizeram questão de mudar de linha com o objetivo de separar suas escritas das dos colegas. Nesse caso, encontraram o desafio de operacionalizar essa mudança: "Como faz para mudar de linha? Eu não quero que o meu pedaço se misture com o dele!"

5) Legibilidade

» Valorização e aproveitamento do trabalho legível – Os alunos não ficaram indiferentes à escrita digitalizada e legível (próxima da escrita do adulto), condição que favoreceu a leitura (principalmente da escrita dos outros) e a revisão do trabalho. Gabriela, do 3º ano, comentou com o colega: "Desse jeito, até dá para ler a sua letra".

» Perda da identidade – Alguns alunos do 1º ano ficaram cismados com a letra impessoal produzida no monitor porque ela "apaga" a marca da autoria (a caligrafia personalizada no papel). Com essa preocupação, Hugo, do 1º ano, perguntou: "Como as pessoas vão saber que fui eu que escrevi esse pedaço?"

» Comparação entre palavras – Favorecidas pela nitidez dos caracteres e pela certeza de seu convencionalismo, alguns alunos começaram a comparar palavras, conferindo grafia, quantidade de letras e tamanho do registro. Foi o caso de Isabela, aluna pré-silábica do 1º ano, que, comparando o tamanho das escritas feitas pelos colegas para "pião" e "bola" (e estranhando que as duas palavras tivessem o mesmo número de caracteres), disse: "Mas as bolas são maiores que os piões". Sendo ignorada pelo grupo, ela mesma resolveu seu conflito dizendo a si mesma: "Ah, vai ver que essa bola era bem pequenininha".

6) Escrita das letras e dos sinais

» O teclado como fonte de informação e referência – Para Luize (2007, 2011) e Teberosky (2004), como o teclado disponibiliza todos os sinais e letras na forma convencional, ele representa uma possibilidade de consulta que favorece, sobretudo para as crianças menos experientes, a ampliação do conhecimento de letras e sinais, além do conhecimento das suas formas-padrão (reduzindo, inclusive, os casos de espelhamento). Isso foi observado entre as crianças pesquisadas, que, por vezes, perguntavam "Isso é letra?" ou "O que é esse negocinho?" (referindo-se, respectivamente, a "Y" e "%").

» Familiarização com o teclado – Para as crianças mais experientes na escrita, a dificuldade não era reconhecer as letras, mas localizá-las em uma disposição de teclas que não obedece à ordem alfabética. Diante do que lhe pareceu um caos, Roberto, do 3º ano, perguntou: "Por que eles colocam todas as letras misturadas?" Em muitas situações, a localização das letras no teclado acabou virando um jogo de quem encontra primeiro.

» Correspondência de letras – Como no teclado as letras são mar-

A ESCOLA E A PRODUÇÃO TEXTUAL

cadas em caixa-alta, o uso do computador pôde favorecer o reconhecimento da correspondência com os sistemas manuscrito ou de imprensa minúsculas. Antônia, do 3º ano, comentou: "Olha que legal: quando a gente digita uma letra já aparece outra!"

7) Edição e estética

» Embora esses sejam aspectos diferenciais do uso do computador, eles não foram muito explorados pelos alunos. Mesmo assim, vale destacar o estranhamento em face de escritas iguais ou diferentes – possível pela configuração visual do texto. A legibilidade da escrita feita no computador, configurada pelo padrão da fonte, acabou com as diferenças de caligrafia e permitiu uma comparação mais objetiva de letras ou palavras. Ao visualizar a estética da escrita na tela, alguns alunos percebiam inadequações em relação ao conhecido padrão convencional. Isso aconteceu sobretudo com os alunos do 1º ano, nas seguintes situações: a) crianças que, no papel, copiavam a escrita dos colegas (para garantir sua marca de concordância ou autoria) passaram a se incomodar com a duplicação das letras idênticas na tela; b) outras, que insistiam em escrever uma ideia já registrada por um colega, ficaram preocupadas com eventuais diferenças de caracteres e de grafias (diferença menos perceptível no papel), já que a intenção era a de registrar a mesma frase; c) um trio de alunos, depois de escrever, corrigir e reescrever, deparou com a repetição do termo "legal", o que os obrigou a buscar recursos para eliminar uma das palavras em duplicata.

8) Revisão e controle

» Legibilidade que favorece a leitura e a correção – Uma vez garantida a legibilidade das letras, ficou mais fácil controlar as estratégias de revisão e de domínio do que foi ou deveria ser escrito. Os alunos conseguiram ler melhor não só a própria escrita como também a dos colegas.

» Acertos de erros textuais pela sinalização do corretor automático – Reconhecendo o mecanismo do processador de texto de sublinhar a palavra que foi grafada indevidamente, os grupos do 5º ano buscaram alternativas de escrita, confirmando suas hipóteses de correção com o desaparecimento do grifo. Referindo-se aos aspectos positivos da escola, Karina e Daniel, do 5º ano, escreveram "as coisa boa são informatica, educasão fisica e aula livri". Em face dos problemas (concordância, acentuação, ortografia, transcrição dialetal e pontuação), foram muitas as tentativas para se livrar dos grifos do computador até que, na situação de impasse, pediram ajuda à pesquisadora: "Ah, professora, ajuda a gente, esse computador não gosta de nada que a gente escreve".

9) Uso do computador

» Funções do teclado – A intensa exploração do teclado feita por todos os grupos com diferentes graus de competência, curiosidade, ousadia, ensaio e erro pode ser exemplificada pelos seguintes pontos: onde mudar a linha; como dar espaço; quantidade de espaço a ser dada entre as palavras; como juntar pedaços de uma mesma palavra; como dar espaço entre duas palavras diferentes; como fazer parágrafo; qual a diferença entre mudar de linha e fazer parágrafo; como apagar; como recuperar o que foi apagado; que recurso apaga para a frente (a tecla *delete*) e qual deles apaga para trás (a tecla *backspace*); como controlar a digitação para não escrever muitas letras seguidas; como controlar as "teclas-borracha" para apagar só o necessário; como colocar acento; por que o til tem de ser colocado antes de escrever a letra; como passar de letra minúscula para letra maiúscula; como

A ESCOLA E A PRODUÇÃO TEXTUAL

descer ou subir nas linhas de um texto; como voltar até o ponto a ser corrigido sem apagar o resto; como apagar um espaço em branco (diminuir um longo espaçamento); como salvar o que foi escrito; por que "tem teclas que não acontece nada quando a gente digita" (referência ao *shift*).

» Uso de mouse externo e interno – Ao perceberem a disponibilidade dos mouses interno e externo, muitos alunos faziam questão de "testar" as duas alternativas. Nesse quesito, foram raros os casos de dificuldade, mesmo entre os alunos menos experientes.

O conjunto das produções feitas no papel e no computador mostrou a profusão de estratégias técnicas do escrever e de mecanismos cognitivos que subsidiaram a produção textual. Essa amplitude fica ainda mais evidente pelo confronto dos modos de composição porque, conforme observado por Molinari e Ferreiro (2013), o contraste das escritas realizadas com diferentes instrumentos (no caso, papel e computador) permite vislumbrar aspectos que permaneciam ocultos sem essa abordagem comparativa.

Considerações: aprender a escrever na diversidade de recursos

Na análise de dados, a pluralidade das relações entre a produção da escrita e o instrumental do escrever funciona como uma amostra de processos e procedimentos que se colocaram no curso das atividades, em diferentes frentes de aprendizagem e de processamento cognitivo. São dados que, em uma perspectiva ampla, corroboram os resultados de diversos outros estudos, permitindo-me advogar a importância de atividades diversificadas no processo de ensino.

Em que pese a convergência das pesquisas sobre os principais aspectos mobilizados pelas crianças nos diferentes suportes, importa dizer que as especificidades deles não são dadas em si, mas na sua relação com os sujeitos e com o contexto de produção – que, por sua vez, é balizado pela natureza do trabalho e pelas possíveis interações. Assim, um trabalho mais direcionado para a edição pode favorecer a consciência textual (pela seleção de títulos, subtítulos, pelo uso de diferentes tipografias e recursos de formatação e paginação etc.); a produção de uma pesquisa pode ampliar as condições de navegação na internet (pelos recursos de baixar, copiar, arrastar; pelos mecanismos de busca e da construção de ideias pelo trânsito nas redes de consulta) ou a localização de materiais em uma biblioteca. Nessas experiências, alunos com diferentes graus de competência letrada ou técnica vão se beneficiar de modos diversificados.

Em cada situação, o diferencial para aproveitar melhor as atividades oferecidas está na mediação feita pelo professor e na qualidade da interação entre os colegas (como veremos no Capítulo 4). Assim, nem o papel nem o computador, nas suas condições de recurso ou tecnologia, garantem o aprendizado, a possibilidade de trabalho colaborativo ou a relação positiva e crítica com o conhecimento. Quando os alunos decidem que a melhor forma de lidar com um trabalho em grupo é "cada um fazer o seu pedaço", independentemente da produção dos demais, o que está em jogo não é o suporte, mas a concepção dos alunos e suas estratégias para a produção em equipe. Por outro lado, quando uma criança informa ao colega como se consegue mudar de linha no processador de texto, ele tem a chance de perceber, mais diretamente, o benefício da colaboração do outro. Em ambas as situações, é preciso ajustar os modos de intervenção para que as conquistas sejam otimizadas pelas diferentes propostas e dinâmicas do trabalho.

Nessa perspectiva, o interesse no uso de diferentes suportes é trazer desafios técnicos que, na relação com o propósito da tarefa,

A ESCOLA E A PRODUÇÃO TEXTUAL

subsidiem informações, reflexões, vivência de conflitos, procedimentos cognitivos específicos, tomadas de consciência sobre o próprio objeto de conhecimento.

Nos grupos estudados, todas essas dimensões estiveram presentes em maior ou menor grau. No esforço para descrever processos e produtos, fica evidente a complexidade das situações vivenciadas. Se o trabalho no papel favoreceu mais os aspectos discursivos (como convencer alguém a ir à escola), o computador ensejou uma profusão de reflexões sobre os aspectos notacionais e técnicos (como se escreve e como se escreve no processador de texto). O primeiro, motivado pelo maior envolvimento com a situação hipotética; o segundo, alavancado pelo interesse em lidar com o computador. O mesmo suporte eletrônico que exerce fascínio sobre os jovens pode, em alguns casos, gerar resistência e medo, e enfrentar essa situação costuma ser, por si só, uma conquista.

O aproveitamento de competências heterogêneas representou, por sua vez, outra oportunidade pedagogicamente significativa. Isso porque os alunos mais experientes na prática da escrita nem sempre são os mais experientes no uso do teclado e vice-versa – o que, não raro, favorece situações ricas para a troca de informações.

A escrita no papel chamou a atenção das crianças para a necessidade de garantir a legibilidade e, ainda, sustentou oportunidades para os alunos aprenderem a grafar as letras de modo convencional. A produção no editor de texto propiciou, em várias situações, o confronto de escritas e a correspondência entre os tipos de letras (por exemplo, o r que equivale ao R). No espaço do papel, os alunos se prenderam mais à quantidade de escrita; no computador, a qualidade foi reforçada pelos grifos do corretor automático, que obrigavam as crianças a testar hipóteses, sobretudo ortográficas. Quando essas hipóteses se esgotaram (depois de tentativas como "educassão fisica" e "educação fizica"), outros aspectos, como a acentuação ("educação física"), emergiram como centro de atenção até que se pudesse chegar à escrita convencional.

A caligrafia individual fortalece a dimensão da autoria porque deixa evidente a escrita de cada um no papel. A escrita na tela favorece a construção de um todo mais estético, estimulando ainda a comparação entre letras e entre palavras. Reforça, assim, a compreensão dos padrões convencionais e socializados. Quando um aluno explica ao outro como digitar o til sobre a letra A, ele aprende um procedimento técnico, mas a aprendizagem técnica também pode se fazer presente quando um estudante aprende a posicionar a letra F em uma folha pautada.

Ao apagar escritas incorretas no papel e no computador, os alunos perceberam que a funcionalidade de operações equivalentes, na prática, pode depender de estratégias diferenciadas cuja eficiência requer, em ambos os casos, certo cuidado: não rasgar a folha, não apagar a linha de cima ou não apagar além do desejado ao pressionar a tecla *backspace*. Para recuperar o que foi apagado, alguns alunos lançaram mão de reescrever por cima da marca que ficou no papel; outros se surpreenderam quando me viram recuperar uma palavra com um simples "*ctrl* Z", recurso do computador que desfaz a operação anterior.

Do ponto de vista estético, a preocupação com o espaço no papel favoreceu estratégias como o ajustamento do tamanho da letra; no processador de texto, essa preocupação deixou de existir, mas o aluno deparou com outros problemas, como encontrar mecanismos para mudar de linha, dar espaço ou fazer um parágrafo.

Da ótica cognitiva, papel e computador criaram situações interessantes: a falta de espaço, no primeiro, levou o aluno a pensar modos de "quebrar a palavra", enquanto a escrita no teclado o fez tomar contato com letras e sinais desconhecidos, potencializando também a percepção de que a sequência alfabética não é a única forma con-

A ESCOLA E A PRODUÇÃO TEXTUAL

vencional de distribuir as letras. Os conflitos que aparecem no papel (por exemplo, quando uma criança, ao copiar a frase escrita por outra, depara com caracteres a mais ou a menos) têm seu paralelo no editor de textos (quando a tela favorece uma percepção de sequências idênticas que causam estranhamento, ou quando os alunos se veem impedidos de fazer letras grandes e pequenas para diferenciar graficamente objetos maiores de menores, prática recorrente no papel). Em ambas as situações, os estudantes foram levados a comparar palavras e número de caracteres ou a rever hipóteses de escrita.

Na profusão das situações vividas, chama a atenção a concomitância de reflexões notacionais (como se escreve), discursivas (o que se diz) e técnicas (como viabilizar a escrita e, em particular, a escrita legível e convencional). Juntos, os diferentes instrumentos favorecem decisões não só no âmbito epilinguístico (a resolução de um problema específico, como o S ou Z em determinada palavra) como no metalinguístico (a generalização de um procedimento linguístico, como a separação de palavras com letras duplas). Para além dos aspectos linguísticos e textuais, as crianças são levadas a lidar com aspectos técnicos, gráficos e estéticos, convivendo com a efetiva complexidade da escrita e do escrever: seus usos sociais e os modos como se apresentam em diferentes suportes. Assim, a prática da escrita em diferentes suportes potencializa, por diferentes caminhos, diversos tipos de aprendizagem e, além disso, a metacognição, já que o sujeito passa a tomar consciência de diferentes modos de fazer e do seu processo de desenvolvimento.

Quando uma criança diz "eu sei escrever em letra de mão", está se referindo a um verdadeiro "rito de passagem", que é a substituição das primeiras letras bastão pela escrita da letra cursiva, entendida pelos alunos como o modo mais típico de escrever no mundo adulto, a forma socializada e mais frequente daqueles que, supostamente, sabem escrever. A valoração dessa modalidade entre os alunos fica também clara no esforço que fazem para aprender esse tipo de escrita, não raro buscando, um a um, o traçado convencional das letras. Quando uma criança diz "agora eu já sei mexer no computador", está igualmente comemorando uma nova aprendizagem, ao mesmo tempo que se dá conta de um status cognitivo: o acesso a esse suporte tão valorizado socialmente; a apropriação do funcionamento da máquina, que passa a ser também recurso para a escrita; e, ainda, a possibilidade de se comunicar no contexto do mundo tecnológico.

.....

4

TRABALHOS COLABORATIVOS E MODOS DE INTERAÇÃO NAS ATIVIDADES DE ESCRITA

[...] é através de outros que o sujeito estabelece relações com objetos de conhecimento, ou seja, que a elaboração cognitiva se funda na relação com o outro. Assim, a constituição do sujeito [...] deve ser entendida [...] no espaço da intersubjetividade.

(Smolka e Góes, 1995, p. 9)

Sentidos do trabalho colaborativo e implicações pedagógicas

Historicamente, o enfrentamento dos problemas cotidianos exigiu da humanidade a superação de intelectos individuais em nome de um intelecto coletivo responsável tanto pelos rumos da cultura quanto pela emergência de campos de produção – como a tecnologia, a ciência, a arte e a literatura. Essa associação de forças não é, contudo, uma prerrogativa de adultos. Ao relembrar os estudos sobre a infância desenvolvidos no século 20, com aportes das áreas da psicologia, antropologia, sociologia e ciências linguísticas, Kramer (2006) chama a atenção para a revolução no modo de se compreender as crianças e, em decorrência disso, para o inevitável envolvimento delas na cultura, não só porque se constituem com membros de certa comunidade, mas também porque participam coletivamente de sua reconstrução, interferindo na estrutura e na dinâmica da configuração social.

Dessa ótica, a educação passa a lidar com um aluno historicamente situado, que tem a existência legitimada pelo que é e não pelo projeto de ser. A fragilidade e a dependência do bebê ao nascer, longe de se constituírem como condições de debilidade, representam, em cada momento, um estado de ser diante do qual os educadores não podem mais ficar indiferentes. Os saberes e os

A ESCOLA E A PRODUÇÃO TEXTUAL

ritmos de aprendizagem subsidiados pela plasticidade cerebral e pela natureza adaptativa das conquistas infantis ou referenciados pelo contexto de vida e pela dimensão afetiva fundante da vida relacional explicam a tendência funcional do sujeito para a cooperação e marcam a singularidade do processo de desenvolvimento.

Assim, seja no período da infância, seja na juventude, e até mesmo na condição adulta, a precariedade do ser humano – sua insuficiência e impotência para enfrentar sozinho a realidade –, mais do que justificar a vida em sociedade, também delineia as perspectivas de aprendizagem e de desenvolvimento. Para Bakhtin (1988a), o homem só se define pelo contato com o outro; ser significa comunicar-se e, nessa medida, a vida se confunde com o próprio processo interativo. Na prática, a interação, principalmente pela via da linguagem, entre os membros de um grupo fundamenta modos de envolvimento, de participação, de colaboração interpessoal, de geração de consciência e de construção cognitiva pela distribuição de uma inteligência coletiva.

É no contexto desse referencial que se pode compreender um dos principais pressupostos da ação docente: "[...] ensinar envolve estabelecer uma série de relações que devem conduzir à elaboração, por parte do aprendiz, de representações pessoais sobre o conteúdo objeto de aprendizagem" (Zabala, 2008, p. 90). Se a construção cognitiva depende de uma elaboração individual, o que põe esse processo em marcha e dá sentido a ele é o contexto da convivência humana nos seus inúmeros processos interacionais.

Em uma perspectiva inversa, é possível afirmar que, superando a compreensão estrita de "óbito", a "morte social" é, em certa medida, a condição de isolamento, o estado de não ser ouvido; é a ausência de encontros (Quintás, 1999), concretizada pelos silêncios de quem não escuta ou não tem condição de se manifestar (Bakhtin, 1988a). Na escola, a "morte do sujeito cognitivo" é representada pelos mecanismos de exclusão que, por meio do boicote aos processos interativos e da ruptura dos mecanismos de acolhimento, condenam o aluno ao fracasso, gerando baixa autoestima e falência da relação com o saber e da inserção social.

Tal concepção remete-nos à histórica dificuldade da escola de lidar com a diversidade dos alunos e, ao mesmo tempo, chama a atenção para a necessidade de encontrar alternativas para isso, tendo em vista tanto o atendimento ao aluno como a conformação de um grupo-classe produtivo. A intervenção educativa focada simultaneamente nas esferas individual e coletiva faz sentido justamente porque a natureza social do desenvolvimento humano incide, de modo dialético, nestes dois planos: o sujeito que, pela interação com os outros, aprende e se desenvolve; o agrupamento social que, na sua dinâmica de sobrevivência e perpetuação, não fica imune à ação de cada pessoa – ação, por excelência, transformadora.

Com base nesse pressuposto, Smolka (1995), Gómez (2015), Macedo (2005) e Zabala (1998) lamentam que o caráter social da escola seja tantas vezes prejudicado pela lógica individualista, na qual estratégias de aprendizagem e avaliação estejam centradas em uma dimensão isolacionista dos sujeitos e na interlocução restrita do aluno com o professor. Estar em um grupo-classe não necessariamente garante a "chave do ensino" dada pela relação entre professores, alunos e conteúdos; a aproximação entre as pessoas pode se configurar como um potencial de negociação de sentidos e posturas que não efetivamente se realiza. Nesse caso, o aluno é abandonado à própria sorte, sendo condenado à limitação do intelecto individual que não se enriquece pelo saber ou pela dinâmica do grupo que constrói e compartilha conhecimentos.

A esse respeito parece particularmente interessante a iniciativa de algumas crianças, relatada por Smolka (1995), de burlar a recomendação expressa da professora para a realização indivi-

A ESCOLA E A PRODUÇÃO TEXTUAL

dual de um trabalho (a revisão de um texto). O episódio ilustra o interesse dos alunos – por vezes configurado como real necessidade – em comentar, indagar e buscar a confirmação do outro; interesse que certamente afetou o processo e o produto da produção textual deles e poderia ter redundado em oportunidades ainda mais eficientes de aprendizagem se as interações não tivessem ocorrido no "plano do fortuito e clandestino".

Por que as práticas individualistas se fixaram ao longo da história da educação? Por que elas ainda prevalecem em pleno século 21? Sem a pretensão de esgotar a análise desse problema, vale situar pelo menos dois fatores interdependentes na reprodução dessas práticas típicas da escola: *a natureza das concepções docentes* (mentalidade que, muitas vezes, prevalece apoiada pela cultura escolar) e, em decorrência dela, *a dificuldade prática de funcionamento dos grupos interativos*.

Entre as concepções que costumam evitar as práticas interativas na escola, é possível mencionar (Colello, 2012): a) a postura empirista, que vê o professor como o único informante em sala de aula; b) a mesma postura, que entende a aprendizagem como processo controlado, partindo de um "estágio zero" de conhecimento; c) a certeza de que a centralidade do professor é a melhor forma de controlar o processo de aprendizagem, garantir o cumprimento do programa e evitar o desperdício de tempo com situações imprevisíveis; d) a ideia de que essa centralidade pode evitar a dispersão dos alunos e até mesmo as situações de indisciplina; e) a convicção de que é impossível aprender com os colegas, isto é, com quem ainda não tem o conhecimento formal; f) a desconsideração da diversidade entre os alunos e dos conhecimentos prévios (a pressuposição ou a meta de grupos homogêneos), justificando a intervenção pedagógica centralizadora, única e padronizada; g) o planejamento pedagógico feito com base em um "aluno médio" ou, no extremo oposto, o ideal de um ensino individualizado, que possa trabalhar, separadamente, as especificidades de cada aluno; h) o receio de que as parcerias homogêneas de alunos possam promover uma estagnação da aprendizagem ou de que os agrupamentos heterogêneos prejudiquem os alunos mais adiantados; i) a concepção do objeto de conhecimento como um corpo instituído e fechado de saberes, ancorado em uma base inflexível; j) a expectativa de que o aluno deve chegar, por si só, ao nível de desempenho previsto, medido por avaliações objetivas e critérios prefixados de certo e errado.

Em oposição a essas posturas, inúmeros educadores mostram a impossibilidade de controlar, passo a passo, o processo de elaboração mental na construção do conhecimento, apontando para a progressão da aprendizagem com base em conhecimentos prévios e em experiências vividas dentro ou fora da escola. Na imprevisibilidade dos percursos cognitivos, são inúmeras as possibilidades de aprender, valendo-se de diferentes práticas interativas com os objetos e com outras pessoas, inclusive pela troca de informações entre colegas em grupos de trabalho homogêneos ou heterogêneos.

No confronto entre posturas epistemológicas tão arraigadas na cultura escolar e os contra-argumentos que emergem de estudos ou de "novos" referenciais defendidos por tantos autores, fica mais uma vez evidente a necessidade de mudar os paradigmas educacionais.

Embora o referencial básico para o desenvolvimento de práticas interativas a serviço da construção do saber (como as contribuições de Piaget e Vygotsky) estivesse disponível desde meados do século 20, as pesquisas sobre a interação nas salas de aula desenvolvidas nas décadas de 1960 e 1970 (como as de Flanders e Bellack), fundadas em princípios behavioristas, centravam-se em comportamentos observáveis e mensuráveis com o objetivo de estabelecer relações causais entre procedimentos de ensino e resultados na aprendizagem. A orientação desses trabalhos era

A ESCOLA E A PRODUÇÃO TEXTUAL

compatível com um momento histórico no qual a maior preocupação dos educadores era a dimensão didático-metodológica, isto é, em "como fazer" em sala de aula para melhor transmitir o conhecimento – postura que, ainda hoje, persiste como preocupação central de muitos educadores. A crítica que a eles se faz (Macedo, 2005; Mehan, 1979) é o reducionismo da abordagem, que não considera: a natureza das relações; a multiplicidade de significados constitutivos das interações; a inter-relação entre os aspectos verbais e não verbais; os contextos específicos de trabalho; e a dimensão cultural das relações.

Em reação a esse modelo, os trabalhos de Mehan, Splinde e Spradley, publicados no final da década de 1970, são, segundo Macedo (2005), pioneiros de uma nova abordagem, denominada "etnografia constitutiva" ou "etnografia interacional", que procura transformar a sala de aula em espaço cultural de construção de significados, tal como previsto pelo paradigma sociocultural, para definir padrões interativos.

Pesquisas desenvolvidas posteriormente deixaram ainda mais claro que, além dos ganhos conceituais, as práticas colaborativas exercem considerável impacto sobre a aprendizagem procedimental e atitudinal. Entendidas não como dimensões paralelas ao processo de aprendizagem, essas esferas passam a ser vistas como inseparáveis da própria construção cognitiva, razão pela qual deveriam integrar o currículo em "pé de igualdade". Dessa forma, coloca-se em pauta a necessidade de um planejamento pedagógico voltado para a formação integral do ser humano, associando diversas metas e frentes de intervenção educativa (Coll, 1999b, 2006; Ornubia, 2006; Zabala, 2008).

No que diz respeito à incorporação de estratégias para a construção coletiva de saberes (*aprendizagens procedimentais*), vários autores concordam que, com base na experiência dialógica com seus professores ou colegas mais experientes, as crianças assimilam procedimentos de perguntar, argumentar, revisar e propor alternativas, transferindo-os para os critérios pessoais de trabalho e também para a negociação de ideias com os colegas. Por meio da linguagem, eles estabelecem mecanismos de regulação mútua que orientam, guiam e apoiam as ações no grupo de trabalho.

As *aprendizagens atitudinais*, por sua vez, emergem como uma grande força do desenvolvimento social, sobretudo para a formação em valores. Assim, se queremos que nossos alunos aprendam a conviver de acordo com princípios de respeito, solidariedade, compaixão e tolerância, comprometendo-se com a ética e a responsabilidade social, é preciso fazer da sala de aula um laboratório que favoreça o trabalho colaborativo na escola.

Como o mero ajuntamento de pessoas (como é o caso de tantas salas de aula) nem sempre garante práticas interlocutivas de efetivo intercâmbio, dialogia e reflexão, é preciso que se estabeleça uma diferenciação entre trabalhos em grupo e trabalhos colaborativos. O primeiro pode se configurar como uma associação de pessoas sem que haja, necessariamente, um compromisso dos membros ou uma articulação funcional para a organização e a execução da tarefa, razão pela qual o fazer coletivo costuma ser solapado pela lógica individualista, em que cada um faz a sua parte sem ter a dimensão do todo. O segundo, estruturado por práticas interpessoais colaborativas, é marcado por oportunidades que qualificam a experiência vivida (em particular as experiências transformadoras de ler e escrever), o que, de acordo com muitos autores, justifica o planejamento das atividades partindo de certas condições e ênfases de trabalho:

» estímulo às práticas comunicativas;
» estabelecimento de situações concretas de interlocução e de razões objetivas para fazer uso do conhecimento;

A ESCOLA E A PRODUÇÃO TEXTUAL

» propostas voltadas para o aumento da motivação e da disponibilidade de aprender;

» circulação significativa de informações, abrindo, inclusive, a possibilidade de as crianças considerarem aspectos que antes não eram percebidos (experiências transformadoras);

» possibilidade de troca de saberes e de estratégias por meio de efetiva interlocução intelectual;

» aproximação com outros campos de conhecimento e esferas de ação;

» organização e sistematização dos saberes, criando mecanismos para lidar com o conhecimento (recapitular e sintetizar informações);

» experiência de escuta, de consideração de outros pontos de vista e de exercício da tolerância;

» exposição a diferentes argumentações;

» oportunidades privilegiadas para lidar com a inclusão e a heterogeneidade do grupo – o envolvimento de todos em uma mesma atividade e a participação diferenciada conforme as possibilidades de cada um;

» ampliação das estratégias cognitivas na direção da autonomia de pensamento devido às oportunidades de tomada de consciência dos processos de aprendizagem;

» vivência de conflitos que, ao desautomatizar procedimentos e desestabilizar posturas ou hipóteses, remetem ao reconhecimento de dificuldades ou das deficiências das ideias prévias e, por essa via, provocam também modificações na estruturação cognitiva e na resolução de problemas;

» exploração de variadas frentes de reflexão sobre dado conteúdo, gerando a consciência sobre a complexidade do mundo;

» promoção de atividade mental autoestruturante, isto é, apoiada em mecanismos de delinear agrupamentos, estabelecer relações, favorecer comparações, pensar de modo contextualizado, mas usar o raciocínio lógico para generalizar conhecimentos;

» oportunidades de evocar conhecimentos prévios, expor, defender e justificar os próprios pontos de vista;

» chance de refazer procedimentos e raciocínios, testar e comprovar hipóteses;

» necessidade de posicionamento pessoal responsável e comprometido em relação ao grupo ou ao objeto em questão;

» desenvolvimento de competências na organização de trabalhos colaborativos e na sistemática de tarefas realizadas em equipe (situações de regulagem mútua, como divisão funcional de tarefas, coordenação de iniciativas; tomada conjunta de decisões, atividades de complementação etc.);

» compartilhamento de experiências estéticas, que favorecem o despertar do gosto em campos desconhecidos, como o da arte e da literatura;

» mediação para saberes técnicos e instrumentais como modos de acesso e ao trânsito no universo virtual;

» exercício de avaliar os outros e a si mesmo;

» valorização do saber pelo reconhecimento de sentidos, funcionalidades e valores que a ele se agregam;

» experiência de pedir ou prestar ajuda;

» vivência em contextos democráticos.

Sintetizando os méritos potenciais de tantos aspectos do trabalho colaborativo em uma perspectiva socioconstrutivista, vale destacar cinco implicações indissociáveis das práticas interativas: o *desenvolvimento*, a *aprendizagem*, a *constituição discursiva* do aluno, a *constituição linguística* pelo sujeito e o *posicionamento social*.

No que diz respeito ao *desenvolvimento*, Vygotsky (1988) situa na relação com o mundo externo e, sobretudo, na interação

A ESCOLA E A PRODUÇÃO TEXTUAL

com o outro a base para a constituição psíquica dos sujeitos. Ao explicar essa postura, Oliveira (1995, p. 38) chama a atenção para o papel das interações:

> [...] é através da relação interpessoal concreta com outros homens que o indivíduo vai chegar a interiorizar as formas culturalmente estabelecidas de funcionamento psicológico. Portanto, a interação social, seja diretamente com outros membros da cultura, seja através dos diversos elementos do ambiente culturalmente estruturado, fornece a matéria-prima para o desenvolvimento psicológico do indivíduo.

O desenvolvimento é, assim, alavancado pelo processo de *aprendizagem*. A esse respeito, tudo indica que a produção de sentidos pelo sujeito cognitivo é, do mesmo modo, apreendida e elaborada em situações concretas de interação, razão pela qual não pode ser explicada no âmbito de uma psicologia individual (Fontana, 1995). Davis, Silva e Espósito (1989, p. 52), apoiadas por esse mesmo referencial sócio-histórico, apontam para a relação entre as estratégias interativas e a zona de desenvolvimento proximal ao afirmar que

> [...] a interação com o outro – seja ele adulto ou uma criança mais experiente – adquire um caráter estruturante na construção do conhecimento na medida em que oferece, além da dimensão afetiva, desafios e apoio para a atividade cognitiva.
>
> A interação social atua, dessa forma, fazendo que processos maturacionais em andamento venham a se completar, fornecendo novas bases para novas aprendizagens.

Como uma dimensão específica da aprendizagem, a aquisição da língua escrita, que parte do referencial da oralidade já assimilado pela criança, depende de uma progressiva regulação dessa nova condição do dizer em contextos interativos marcados pelo modo diferenciado de representação linguística e pelo distanciamento do interlocutor.

Inseparável dos processos de desenvolvimento, de aprendizagem e de alfabetização, a *constituição discursiva do sujeito* tornou-se evidente com os trabalhos de Vygotsky e Bakhtin, como vimos no Capítulo 1: "[...] nós nos tornamos o que somos ou nos constituímos como sujeitos pelos processos de participação nos processos discursivos; nos processos interlocutivos" (Geraldi, 2009, p. 216). Trata-se, portanto, de uma longa trajetória na qual o sujeito vai se ajustando à presença do outro, o que o obriga ao constante esforço de descentração e de refinamento da situação comunicativa: falar e escrever para ser compreendido; ler e escutar para apreender e interpretar o ponto de vista do interlocutor; ler e escutar como matéria-prima ou motivação para falar e escrever.

No caso específico dos processos de ensino-aprendizagem, a vivência escolar, como situação sistemática e planejada, é um fator essencial para o descolamento da relação direta com a realidade e, consequentemente, para a promoção da aprendizagem e a geração da consciência. Pela interação, o sujeito não apenas se coloca no circuito discursivo (a sala de aula, institucionalmente reconhecida como espaço de comunicação e aprendizagem) como também marca sua posição, em função da qual age e retroage, criando modos de ser e de conviver (Bakhtin, 1988a, 1988b, 1992; Geraldi, 1993, 1996, 2009). Nas palavras de Macedo (2005, p. 15, grifos meus),

> nessa perspectiva, *a aprendizagem é definida situacionalmente por meio dos padrões e práticas discursivas* com os quais professores e alunos constroem a vida de cada sala de aula. Os padrões e práti-

A ESCOLA E A PRODUÇÃO TEXTUAL

cas são definidos pela análise das ações dos sujeitos, objetos e práticas sociais que os sujeitos constroem, *por meio de eventos, ações e interações com o outro na vida cotidiana da sala de aula.*

Quando a escrita é incorporada como uma "forma nova e complexa de linguagem" (Vygotsky, 1988, p. 133), isto é, quando a língua escrita, pela transposição do inter para o intrapessoal, deixa de ser apenas uma produção cultural e passa a ser a "minha língua" (ou uma condição pessoal para o dizer), o aprendiz se transforma pela possibilidade de construir a língua, adaptando-a aos seus propósitos, recriando-a em função da negociação de significados, revertendo-a pela construção inesperada de gêneros e tipos textuais. O sujeito é, assim, transformado pela língua ao mesmo tempo que a transforma. Em outras palavras, a constituição do sujeito discursivo tem como consequência a *constituição linguística pelo sujeito.* Como não há uma língua pronta, fixa e imutável, a própria sobrevivência linguística depende de cada sujeito (e, em consequência, também de "comunidades linguísticas" responsáveis pelo "simpósio universal") capaz de lhe dar vida por meio da interação com os outros.

Finalmente, no que toca à dimensão do *posicionamento social,* importa frisar que as práticas interativas da escola são, por si sós, mecanismos formativos porque as crianças, desde muito cedo, podem vivenciar relações que asseguram as bases da sociedade democrática (Curto, 2000; Ornubia, 2006; Freire, 1983; Zabala, 2008). A esse respeito, Gómez (2015, p. 89) afirma que

> as relações sociais dentro das quais a aprendizagem ocorre fazem parte da própria aprendizagem e são parte inseparável do que foi aprendido. Por isso é tão decisiva a forma como são construídos e constituídos os contextos e cenários escolares, espaços educacionais onde os aprendizes aprendem a viver ao interagir.

Reconhecendo o consenso sobre a potencialidade das práticas interativas na apropriação conceitual, procedimental e atitudinal (com desdobramentos para o desenvolvimento, a aprendizagem, o posicionamento social e a constituição do sujeito e da própria língua), diversos autores chamam a atenção para a necessidade de compreendermos mais profundamente como esse tipo de trabalho contribui para o processo educativo.

Em consonância com essa motivação, assistimos, hoje, à instalação de duas linhas complementares de investigação. Na primeira, encontram-se iniciativas de pesquisas etnográficas que, dando continuidade aos trabalhos iniciados na década de 1980, buscam estudar a realidade das salas de aula: o modo como os professores se apropriam dos princípios da interação e como os transferem para a prática pedagógica (por exemplo, pela proposição e condução de atividades, pelas formas de intervenção ou pelos tipos de agrupamento em sala de aula), ou o modo como alunos se comportam em contextos que favorecem a interação entre colegas.

Na outra linha de investigação, é possível situar estudos exploratórios sobre o potencial do "ensino interativo" em situações controladas da prática pedagógica. Nessa vertente, quando o que está em pauta não é conhecer a realidade em si, mas direções possíveis de aproveitamento das práticas colaborativas, parece especialmente oportuna a entrada de um professor substituto (ou de um pesquisador) – que, por não compartilhar de uma cultura instituída pelo grupo, rompe com o sistema referencial condicionante de uma lógica de funcionamento, favorecendo a emergência de manifestações interativas não cristalizadas (Macedo, 2005). Assim, estimular a participação dos alunos em condições diferenciadas (a situação estrategicamente planejada pelo pesquisador) permite apreender procedimentos conceituais, procedimentais e atitudinais nem sempre previsíveis e nem sempre observáveis nas situações cotidianas.

A ESCOLA E A PRODUÇÃO TEXTUAL

Situada na segunda perspectiva exploratória de investigação, a intenção assumida neste livro é compreender os trabalhos colaborativos e o potencial das práticas interativas. Parto da hipótese de que as atividades em grupo, quando orientadas para o fazer coletivo baseado na resolução de problemas, podem contribuir para a compreensão de uma realidade complexa (como o tema da vida escolar) e de que, no contexto dessas tarefas, os diferentes modos de interação podem favorecer mecanismos de produção textual. Para tanto, promovi situações coletivas de escrita sobre a escola, no papel e no computador (Fases 2 e 3), visando analisar a natureza das interações entre adultos e crianças e entre as próprias crianças.

Interações entre adulto e crianças

A organização do trabalho pedagógico é um campo repleto de escolhas orientadas por finalidades e princípios teórico-metodológicos mais ou menos definidos. O desejável planejamento do ensino, por si só, já pressupõe a proposição temática, a direcionalidade nas formas de intervenção, a organização de tempos e espaços e os modos de lidar com as relações em sala de aula. Esse princípio, no entanto, não está livre de polêmicas e debates; ele vem sendo assumido com diferentes ênfases e de diferentes formas conforme os pressupostos do trabalho pedagógico.

No final do século 20, com a difusão dos postulados socioconstrutivistas, a própria ideia de planejamento foi abalada. Isso porque, ao se divulgar o protagonismo do sujeito cognoscente no processo de construção do conhecimento, muitos educadores chegaram a acreditar que o planejamento da intervenção docente pudesse contrariar os rumos da aprendizagem ou os interesses pessoais que mobilizam a busca do saber. No anseio de repudiar a diretividade típica do ensino tradicional, de valorizar os conhecimentos prévios e até mesmo de respeitar os erros das crianças, insistiram na ideia de que só se pode trazer para a escola elementos da realidade do aluno, esperando dele uma dinâmica espontânea de lidar com o conhecimento. Os resultados dessa interpretação deturpada teriam sido desastrosos (e, em alguns casos, até foram) se tantos educadores não tivessem se empenhado em defender o papel do professor na sua tarefa essencial de planejar, propor, intervir, informar, orientar, corrigir, recuperar, sistematizar, promover e acompanhar as dinâmicas da sala de aula. O próprio Piaget (1971, p. 15) foi um defensor dessa postura docente:

> [...] o educador continua indispensável, a título de animador, para criar as situações e armar os dispositivos iniciais capazes de suscitar problemas úteis à criança, e para organizar, em seguida, contraexemplos que levem à reflexão e obriguem ao controle das soluções demasiado apressadas: o que se deseja é que o professor deixe de ser apenas um conferencista e que estimule a pesquisa e o esforço, em vez de se contentar com a transmissão de soluções já prontas.

Assim, a grande novidade do socioconstrutivismo não é criar atividades inéditas ou incorrer em um ativismo aleatório, muito menos abdicar da condução do ensino; seu papel é justamente o de promover atividades significativas que respeitem os saberes, valores, conflitos e ritmos de aprendizagem dos alunos ao mesmo tempo que instiguem o sujeito a avançar na construção cognitiva e na direção das metas previstas (Ferreiro, 1990, 2001b, 2001c). Trata-se, pois, de uma postura que, a despeito da necessária flexibilidade, está longe do *laissez-faire* pedagógico.

No que diz respeito especificamente ao ensino da língua escrita, não basta propor qualquer atividade para garantir o domínio do sistema; é preciso dar sentido ao ler e escrever e, ao mesmo tempo, criar situações de reflexão sobre a língua; é preciso tam-

A ESCOLA E A PRODUÇÃO TEXTUAL

bém garantir um ensino interativo para que a escrita se constitua como recurso de interação, reforçando a lógica de que o produto da aprendizagem é tributário do seu processo de aquisição.

Como o aluno aprende a ler e a escrever lendo e escrevendo em efetivas situações de uso linguístico, os meios de aprendizagem favorecem a conquista cognitiva. A intervenção docente é, por esse motivo, balizada por um duplo princípio: de um lado, a necessidade de dar voz ao aluno, criar condições para a expressão e para a circulação de ideias em situações discursivas sempre imprevisíveis; de outro, a necessidade de direcionar o processo, de garantir a aprendizagem e de cumprir o programa previsto (Leal, Guerra e Lima, 2012; Macedo, 2005).

Quanto maior a consciência do professor sobre esses princípios educativos, didáticos e relacionais, menos aleatória será sua conduta em sala de aula. Afinal, são eles que definem a postura interativa do docente nas seguintes direções: proposição de atividades significativas e bem estruturadas; intervenções focadas na aquisição do sistema da escrita; interlocuções dirigidas para a construção de significados em propostas de efetivo uso social da língua; interferências para promover a reflexão sobre a língua; intercessões para a conquista de autonomia no trabalho escolar, assim como para a valorização do conhecimento e o desenvolvimento do gosto pela escrita; e, ainda, a mediação para o trabalho colaborativo associado às práticas de convivência social responsável e democrática. É exatamente nessa perspectiva que se constitui (ou deveria constituir-se) a interação entre professores e alunos no processo de alfabetização.

A despeito da diferença entre os modos de interação que professores e pesquisadores estabelecem com alunos – aqueles mais focados no processo pedagógico (progressão e sistematização do conhecimento) e estes mais interessados na compreensão de fenômenos –, é certo que eles se alinham (ou deveriam alinhar-se) no denominador comum desse princípio de constituição interativa. Decorre disso o interesse em estudar a minha interação, como investigadora, com os alunos do Instituto André Franco Vive nas Fases 2 (Situação hipotética) e 3 (Blogue).

De modo geral, as características mais marcantes desses alunos foram a relativa dificuldade de escrever e a falta de familiaridade com a escrita coletiva. Na prática, elas justificaram os frequentes pedidos de ajuda para escrever e a divisão ineficiente de trabalho. De fato, prevaleceu o princípio de "cada aluno fazer a sua parte", podendo contar com uma colaboração instável dos colegas: em certos momentos, de modo mais prestativo (sugerindo ideias, fazendo leituras para retomar o texto ou realizando correções pontuais); em outros, sob tensão (trazendo críticas ou assumindo uma função que atravessava o fazer do colega); e, em outros ainda, com descompromisso (desvinculando-se do trabalho no momento em que o colega realizava a tarefa).

Na Fase 2, mais especificamente, devido à sensibilização com o problema do personagem fictício, o propósito da escrita prevaleceu sobre a condição material de trabalho, já que todos tinham relativa facilidade de lidar com papel, lápis e borracha. Nessa situação, a colaboração entre colegas ficava ainda mais prejudicada quando um aluno não compreendia a letra do outro ou não conseguia acompanhar a escrita do colega.

A situação se inverteu na Fase 3, quando a motivação para escrever e a dificuldade de lidar com o computador ocuparam a maior parte dos episódios interativos. Em geral, os alunos preocuparam-se mais em garantir a sua vez no computador e em resolver problemas técnicos do que propriamente com a produção do texto. Submetido a essa condição material, o propósito de elaborar um blogue, como vimos, ficou meio difuso para a maior

A ESCOLA E A PRODUÇÃO TEXTUAL

parte dos alunos. Além disso, no que diz respeito à colaboração, os trabalhos realizados em trios e quartetos foram especialmente prejudicados, tendo em vista a própria dificuldade de visualizar o texto e interferir na produção dos colegas. Essa condição de agrupamento favoreceu a dispersão dos três grupos participantes, comprometendo não só a negociação de ideias como o produto final.

Assim, as produções textuais, em ambas as atividades, foram marcadas pelo jogo de diferentes variáveis, ora favoráveis, ora desfavoráveis, que condicionaram as interações realizadas. A Tabela 3 da página 188 sintetiza essas condições de trabalho, procurando qualificar a postura predominante dos alunos.

No conjunto dos trabalhos, tendo em vista os apelos individuais, as demandas específicas do grupo, as configurações das duas tarefas e as dificuldades relativas à escrita e ao uso do computador, a minha interação com os alunos pode ser compreendida em duas grandes categorias: interações para a gestão da atividade e interações para a promoção do conhecimento no trabalho colaborativo, conforme se apresenta na Tabela 4 (p. 189).

Interações para a gestão da atividade colaborativa

Embora as interações para organizar e gerenciar o trabalho sejam, muitas vezes, consideradas periféricas ao processo de aprendizagem propriamente dito (e, por essa razão, desvalorizadas), desse esforço de gestão depende, em grande parte, a adesão dos alunos, a sua disponibilidade de trabalho e o modo como eles enfrentam as dificuldades de produção da escrita coletiva.

> [...] podemos afirmar que a complexidade da tarefa do professor não se reduz àquilo que envolve a sua função *formadora* em relação aos alunos sob sua responsabilidade; na medida em que é

TABELA 3 · Condição dos alunos nos trabalhos em grupo

ASPECTOS RELATIVOS À REALIZAÇÃO DOS TRABALHOS	FASE 2	FASE 3
Compreensão da proposta de trabalho	Sem dificuldade	Com dificuldade (1º e 3º anos) Com relativa dificuldade (5º ano)
Aceitação da proposta de trabalho	Sem dificuldade	Sem dificuldade
Motivação com o propósito da tarefa	Sem dificuldade	Com dificuldade (1º e 3º anos) Com relativa dificuldade (5º ano)
Condição para trabalhar em grupo	Com dificuldade	Com dificuldade
Condição para lidar com o sistema da escrita	Com dificuldade (1º ano) Com relativa dificuldade (3º e 5º anos)	Com dificuldade (1º ano) Com relativa dificuldade (3º e 5º anos)
Condição para lidar com o tema	Sem dificuldade	Com relativa dificuldade (1º ano) Sem dificuldade (3º e 5º anos)
Condição para lidar com o suporte	Sem dificuldade	Com dificuldade

um elemento de uma organização, o professor costuma ter responsabilidades em tarefas relacionadas com a *gestão*, que requerem habilidades específicas. Essas funções, bem como o caráter coletivo da tarefa docente, [...] criam contextos humanos específicos de *relação*, que devemos aprender a manejar de forma construtiva. (Solé e Coll, 2006, p. 14, grifos dos autores)

Calcada nesse pressuposto, as interações para a gestão da atividade aqui descritas devem ser entendidas não só como a apre-

A ESCOLA E A PRODUÇÃO TEXTUAL

TABELA 4 • Interações entre adulto e crianças

Interações para a gestão da atividade colaborativa	Interações para a promoção do conhecimento no trabalho colaborativo
1. Resolver dúvidas relacionadas à proposta de trabalho ou à situação--problema	14. Garantir a interatividade no uso do computador
2. Promover a compreensão sobre o propósito do texto ou a respeito do possível interlocutor	15. Garantir a interatividade na evocação do conteúdo
3. Definir as formas de realização do trabalho	16. Ajudar a escrever
4. Incluir os membros no grupo	17. Promover reflexões para a textualização
5. Sensibilizar os alunos sobre o tema	18. Promover reflexão sobre a construção discursiva
6. Promover a interlocução sobre o tema, canalizando a conversa para o propósito da tarefa	19. Promover reflexões sobre a coesão, clareza do texto ou referenciação
7. Propiciar a interação no grupo, visando a uma compreensão mais ampla sobre a proposta de trabalho	20. Promover revisão e correção
8. Dar informações técnicas sobre o suporte ou o processador de texto	21. Compartilhar dúvidas
9. Organizar o espaço de trabalho	22. Mediar situações de dilema ou conflito
10. Mediar a divisão de tarefas ou de turnos do trabalho	23. Recuperar propostas feitas
11. Apoiar a revisão e retomada da atividade	24. Responder a perguntas sobre dúvidas relacionadas à escrita ou confirmar respostas para apoiar a execução do trabalho
12. Finalizar o trabalho	25. Informar sobre o funcionamento do editor de texto
13. Garantir a interatividade no processo de textualização	26. Promover a revisão final do texto

sentação formal da tarefa, mas, sobretudo, como um conjunto de iniciativas da pesquisadora, constituídas já em uma dimensão dialógica, para criar condições funcionais e relacionais de realização do trabalho, do início ao fim. Na diversidade de interações com o propósito de gerenciar a atividade, destaco os casos a seguir*, ressaltando que aqueles que não foram aqui descritos podem ser encontrados em Colello (2015):

Promover a compreensão sobre o propósito do texto ou a respeito do possível interlocutor

T2 – Pesquisadora (doravante P.) [depois de contextualizar o papel do blogue e da possibilidade de falar sobre a escola]: Eu tive uma ideia. A gente poderia escrever alguma coisa para falar às pessoas sobre as coisas da escola. Poderíamos falar sobre as coisas boas e as coisas ruins... para que as pessoas pudessem conhecer como é a escola em que vocês estudam.

T3 – Gabriela: É para o Marcelo? [referência ao personagem da situação fictícia da Fase 2]

T4 – P.: Não... Dessa vez, a gente vai escrever um texto para deixar na internet para as pessoas lerem.

T5 – Júlio: Eu não quero que a minha professora veja!
(Fase 3, 3º ano)

Definir as formas de realização do trabalho

T6 – P.: Como vocês acham que a gente pode fazer esse trabalho?

T7 – Luiza: Acho que cada um pode escrevê um pouquinho porque todo mundo vai querê escrevê no computadô, né?

T8 – P.: Mas e se alguém não souber o que escrever? E se aparecer alguma dúvida?

---

* Na transcrição das situações interativas, procurei preservar a linguagem original dos alunos. A letra T no início da cada manifestação indica o número do turno de fala na situação específica da coleta. As escritas entre colchetes indicam situações, referências do contexto, sinais, movimentos ou manifestações extraverbais.

A ESCOLA E A PRODUÇÃO TEXTUAL

T9 – Amanda: Aí a gente combina que cada um pode ajudá o outro, né?
(Fase 3, 1º ano)

Incluir os membros no grupo

T14 – Hugo: Eu não quero escrevê.

T15 – P.: Por quê?

T16 – Hugo: Porque eu não sei mexê. O meu pai num dexa. Ele disse que, se eu mexê, eu vô quebrá tudo.

T17 – P.: Eu ajudo você e te ensino a mexer no computador. Os seus colegas também podem ensinar. Cada um pode ensinar o que sabe. Daí, a gente combina o seguinte: no computador do seu pai, você não mexe porque ele não deixa, mas no meu computador você pode mexer porque eu deixo, tá bom?

T18 – Hugo: Oba! E se eu quebrá tudo?

T19 – P.: Se você quebrar tudo, eu prometo que não vou ficar brava com você.
(Fase 3, 1º ano)

Sensibilizar os alunos sobre o tema

T1 – P.: Imaginem só que eu tenho um vizinho... O nome dele é Marcelo... Ele não quer ir para a escola. A mãe dele já conversou com ele, o pai já conversou, até a avó já falou com ele, mas ele continua dizendo que não quer ir para a escola...

T2 – Antônia: Mas toda criança tem que í prá iscola...

T3 – Gabriela: Senão, vai ficar na rua e num aprende nada!

T4 – P.: Pois é, vocês já tinham imaginado uma situação assim?

T5 – Antônia: Vai vê que ele tá cum medo... Um dia eu também fiquei cum medo.

T6 – P.: Por quê?

T7 – Antônia: Porque era uma iscola nova e eu num sabia como era.
(Fase 2, 3º ano)

Propiciar a interação no grupo, visando a uma compreensão mais ampla sobre a proposta de trabalho

T1 – Marcos [considerando a proposta de falar sobre os aspectos positivos e negativos da escola]: Mas eu não sô da escola dela.

T2 – P.: Ah, mas a gente tem de pensar em várias escolas. Vai ver que, se ela falar um problema ou uma vantagem da escola dela, vocês podem discutir se essas coisas acontecem na sua escola também.

T3 – Alan: Mas as escolas são diferentes...

T4 – P.: Muitas vezes as escolas são diferentes, mas têm problemas parecidos.

T5 – Alan: É... Tem tanto problema que pode ter coisa igual.

(Fase 3, 5º ano)

Dar informações técnicas sobre o suporte ou o processador de texto

T4 – Larissa: Tem que dá espaço [referência ao espaçamento entre palavras].

T5 – P.: Espaço... é aqui [indicação da barra de espaço].

T6 – Gabriel [clicando na barra de espaço]: um, dois três, quatro... [confere, na tela, o tamanho do espaço e se surpreende com o distanciamento entre a última palavra escrita e o cursor]

T7 – P.: Não precisava tanto, né?

T8 – Gabriel: É. E agora? Como faz para juntar de novo?

T9 – P.: Tente usar esse botão que é a borracha, mas tome cuidado para não apagar o que está escrito [indicação da tecla *backspace*].

T10 – Larissa: Uma borracha que apaga o nada! [risos]

(Fase 3, 1º ano)

Mediar a divisão de tarefas ou de turnos do trabalho

[Os alunos haviam combinado de cada um escrever um pedaço do texto.]

A ESCOLA E A PRODUÇÃO TEXTUAL

T50 – Larissa: Ó lá, é minha vez.

T51 – P.: Não, não. Peraí, deixe eu ver se ele acabou [voltando-se para Gabriel]. Você queria escrever "a escola é boa... [voltando-se para Larissa] Vamos ver se ele escreveu tudo que ele queria, depois você escreve.

T52 – Gabriel: Pode sê.

T53 – P.: Pode ser? É isso? Podemos passar pra ela? [Voltando-se para Larissa] Agora é você. O que você vai escrever?

T54 – Larissa: Tá na minha cabeça.

(Fase 3, 1º ano)

Em síntese, como se pode constatar pelos exemplos apresentados, as interações do adulto para gerenciar a atividade acabam por interferir na realização da tarefa não só porque alteram as condições formais de produção textual, mas também porque (re) criam modos de relação com a proposta, com o tema e até mesmo entre os participantes do grupo.

Interações para a promoção do conhecimento no trabalho colaborativo

A categoria das interações para a promoção do conhecimento no trabalho colaborativo deve ser compreendida no contexto da concepção socioconstrutivista de ensino, que é assim explicada por Ornubia (2006, p. 124-25):

[...] se o ensino deve ajudar o processo de construção de significados e sentidos efetuados pelo aluno, a característica básica que deve cumprir para realmente realizar sua função é a de estar de alguma maneira vinculada, sincronizada a esse processo de construção. [...] A condição básica para que a ajuda educacional seja eficaz e possa realmente atuar como tal é, portanto, a de que essa ajuda se ajuste à situação e às características que, a cada momento, a atividade mental construtiva do aluno apresentar.

Calcada nesse pressuposto, a interação professor-aluno para a promoção do conhecimento deve mobilizar e ativar os esquemas de conhecimento na direção desejada. Partindo do ponto de vista do aluno e das metas do ensino (o que o sujeito sabe, o que não sabe, o que precisa saber), visa incidir sobre a zona de desenvolvimento proximal, buscando formas cada vez mais elaboradas e autônomas de lidar com o tema por meio de oportunidades de reflexão e de confronto cognitivo.

Garantir a interatividade no processo de textualização

T48 – Daniel: Eu quero falar das coisas ruins da escola... também tem umas coisas que você nem acredita... A comida tem cabelo...

T49 – P.: Ah, é? Então, veja com a Karina qual é o melhor jeito de escrever isso. Como ela pode continuar o texto para falar sobre essas coisas?

T50 – Karina: Coloca um ponto-final e começa na outra linha.

T51 – P.: E agora? Como é que começa a falar das coisas ruins?

T52 – Daniel: É... [ditando para a colega] "As coisas ruins são a comida que vem com cabelo e..." [voltando a discutir o tema] Também eu já encontrei cocô de pombo, as coisas assim da escola é tudo quebrada, a maioria das coisa.

T53 – P.: Ah, então vamos ver como a gente escreve isso.

(Fase 3, 5º ano)

Garantir a interatividade no uso do computador

T17 – P.: O que você quer escrever? "Brincadeira"? [Rafael faz sinal afirmativo]

A ESCOLA E A PRODUÇÃO TEXTUAL

T18 – P.: Então vai. Escreve.

T19 – Tales [ditando para Rafael "BICANDERA"]: B-I, CA. C-A. [Rafael não encontra o C no teclado]

T20 – P.: C. Onde está o "C"? Quem ajuda ele a encontrar o C? (Fase 3, 1º ano)

Ajudar a escrever

T3 – P.: Você acha que a escola é legal? É isso?

T4 – [Luiza parece hesitar, mas faz sinal afirmativo com a cabeça] P.: Então tá [ditando para Luiza]. "Você.... acha... [a menina parece em dúvida para escrever a palavra]. Como é que escreve "acha"? A... A... [Luiza escreve "A" e a pesquisadora confirma a escrita da menina] "A"... Muito bem! E agora, como é que escreve o "CHA"?

T5 – Luiza: CHA... CHA... [Luiza escreve outro A].

T6 – Amanda: É dois "A" junto?

T7 – P. [repetindo a pergunta de Amanda]: É dois "A" juntos?

T8 – Lucas: Não.

T9 – P.: Não é dois "A" juntos? [Luiza apaga uma letra A]

T10 – P.: Você tinha colocado dois "A" e apagou. O que precisa fazer para ficar "CHA"? Alguém pode ajudar a escrever o "CHA"?

T11 – Lucas: Tem que pôr C e o H.

(Fase 3, 1º ano)

Promover reflexão sobre a construção discursiva

T4 – Geraldo [escrevendo e lendo em voz alta]: "MAR-CE-LO, VO--CÊ TEM QUE ES-TUDAR MUITO, POR-QUE SE-NÃO VO-CÊ VAI FI-CAR MUITO..."

T5 – P.: Ficar muito... Muito o quê?

T6 – Geraldo: Não posso dizer.

T7 – P.: Em que você tava pensando?

T8 – Geraldo: Burro.

T9 – P. [voltando-se para Gilberto]: Ele ia escrever: "senão você vai ficar muito burro". Mas agora ele disse que não pode dizer desse jeito. Então, o que a gente pode colocar: "Senão você vai ficar muito..."?

T10 – Geraldo: "Burro" não pode. É um bicho. Num pode falá assim pras pessoua.

T11 – P.: Então, que outra coisa você pode dizer no lugar de burro? [Gilberto fala no ouvido do colega]

T12 – P.: Ah! O que ele falou? Ele deu uma ideia? [Gilberto apaga o "MUITO"]

T13 – P.: Ah, a ideia dele foi boa, hein?

T14 – Geraldo: Foi. Vou escrever: "SE NÃO VOCÊ NÃO VAI FICAR ESPERTO".

(Fase 2, 3º ano)

Compartilhar dúvidas

T7 – Rafael [referindo-se ao texto redigido na tela: "EBINCADEPA-TINETE" (e brincar de patinete)]: É grande essa palavra...

T8 – P.: Qual o problema?

T9 – Rafael: A palavra é grande.

T10 – P.: E aí, como a gente resolve isso? Não pode ter uma palavra tão grande? [Rafael faz um sinal negativo com a cabeça] Quando a "palavra é grande", como é que faz?

T11 – Tales: Põe espaço.

T12 – P.: Põe espaço? Onde?

T13 – Rafael: Posso pôr um espaço aqui ["EBINCADE_PATINETE"]?

T14 – Tales: Tem que pôr aqui ["EBINCA_DEPATINETE"].

T15 – P.: E agora? O Rafael acha que tem de colocar aqui [indicação do lugar sugerido por Rafael] e o Tales acha que tem de colocar aqui [indicação do espaço sugerido por Tales]. Onde a gente tem de colocar o espaço?

(Fase 3, 1º ano)

A ESCOLA E A PRODUÇÃO TEXTUAL

Mediar situações de dilema ou conflito

[Com a intenção de escrever "Tem criança...", os alunos haviam escrito "TEN"]

T132 – Gabriel: Não é o "N"; é "M".

T133 – P.: Ele falou que tem de pôr o "M" aqui, ó [indicação do local para a substituição da letra].

[Gabriel substitui o N pelo M]

T134 – P.: Pronto. Ficou bom agora?

T135 – Larissa: Não. Não é o "M", é o "N".

T136 – P.: É o "M" ou é o "N"?

T137 – Larissa: "N". É o "N".

T138 – P.: Vamos resolver esse problema. Ele diz que é o "M" e você diz que é o "N"... Não, não apaga o texto, não... Ele falou que é com "M" e você... Não apaga!

T139 – Larissa: Mas tá errado.

T140 – P.: Então, como que tem de escrever "tem"? "T"e "E" vocês já tinham colocado. E agora?

T141 – Larissa [falando em voz alta a palavra na tentativa de discriminar o som]: Teeemmm, seu burro!

T142 – P.: Calma, não precisa brigar. Temos de decidir... Ah. Então, tem de colocar o "M" ou o "N"?

T143 – Larissa: "N"! Toda palavra tem "N". Só "bom" e "bom dia" que não tem. É "N". Eu tô falando.

T144 – P.: Tá bom? [Voltando-se para Gabriel] Você concorda?

[Gabriel faz um gesto afirmativo]

T145 – P.: Ele falou que tá bom. Vocês têm certeza?

[Os dois concordam]

(Fase 3, 1º ano)

Responder a perguntas sobre dúvidas relacionadas à escrita ou confirmar respostas para apoiar a execução do trabalho

[Em várias tentativas, os alunos já haviam escrito "educasão física" e "educação fízica", sempre estanhando a marca do corretor do Word]

T35 – Karina [tentando conferir a palavra letra por letra]: Educação FÍ-SICA. Tem acento, né?

T36 – P.: Tem.

[Depois de colocar o acento, a palavra "FÍZICA" continua marcada pelo corretor.]

T37 – Karina [voltando a ler a palavra para procurar o erro]: "FI, FI..." É com "S" ou é com "Z"? É com "S" ou com "Z"? "Física".

T38 – Daniel: "S" [voltando-se para a pesquisadora]. "S?"

T39 – P.: "S". Boa! "Educação física". Ficou certo.

T40 – Karina: Ufa!

(Fase 3, 5º ano)

Informar sobre o funcionamento do editor de texto

T50 – Ingrid: Eu não sei fazê assim [faz o sinal do "til" no ar].

T51 – P. [mostrando o lugar do til no teclado]: Ele tá aqui, ó...

[Fernando escreve a letra A e depois coloca o til, mas a notação esperada, "ã", não aparece na tela.]

T52 – Jean [referindo-se ao til]: Põe ele em cima do A.

T53 – Fernando [digita a palavra segurando a tecla *shift* e colocando o til antes da letra A, resultando em letras maiúsculas e um acento circunflexo)]: Esse não é o til.

T54 – Jean: Não.

T55 – P.: Ah... Ele queria ajuda para colocar o "til", mas ele colocou o acento "circunflexo".

[Os alunos discutem entre si como colocar o til e fazem algumas tentativas.]

A ESCOLA E A PRODUÇÃO TEXTUAL

T56 – Ingrid: Tem que pôr tudo em maiúscula... Aí, aí, vai ficá maiúscula.

T56 – Jean: Dexa assim mesmo, é o único jeito de colocá o til.

T57 – Ingrid: Ah, mas a palavra ficô "maiúscula".

T58 – P.: Deixa eu ajudar... Assim ó [clicando primeiro o til e depois a letra A em minúscula].

T59 – Jean: Ah... tem que pôr o acento antes da letra...

T60 – P.: Agora ficou certo... Pronto!

T61 – Ingrid: Nossa, que fácil! Mas também num dava pra adivinhá que era assim...

(Fase 2, 5º ano)

No conjunto das interações entre a pesquisadora e os alunos, chama atenção a profusão de caminhos definidos nas e pelas situações. As intervenções oscilaram de forma dinâmica, incidindo sobre a proposta de trabalho e o seu andamento; a evocação do conteúdo do texto; o envolvimento e a inclusão dos alunos; a organização do ambiente e das condições de trabalho; a mediação com relação ao uso de instrumentos e a produção da escrita propriamente dita. Se, em dado momento, foi preciso dar respostas objetivas, em outros episódios parecia mais oportuno devolver a pergunta ao próprio aluno ou ao seu grupo, ou ainda chamar a atenção das crianças para a necessidade de tomar decisões. Às vezes, acalmar conflitos tornou-se imperioso, mas, em muitas circunstâncias, o papel do adulto foi justamente questionar e chamar atenção para diferentes pontos de vista. Em algumas situações foi necessário conduzir a interação para chegar à reposta correta; em outras, foi preciso reconhecer a conveniência de conviver com erros, deixando uma dúvida (um conflito cognitivo) pairando no ar.

Os alunos, por sua vez, responderam ativamente às intervenções docentes – alguns – inclusive reivindicando o seu espaço na elaboração da tarefa. Dessa forma, enveredaram por múltiplos e imprevisíveis caminhos, fazendo perguntas ou respondendo a elas, lidando com conflitos ou buscando soluções para os impasses. Em função de situações interativas, acabaram por se corrigir e rever posições.

Mesmo assim, os alunos encontraram também mais espaço para a assunção da própria voz. De fato, por terem sido colocados em situação de desafio e questionamento, eles reagiram "ousando" apresentar suas hipóteses de escrita e suas opiniões sobre o tema. Por isso, o clima de hesitação e até a postura de resistência, eventualmente registrados no início das atividades, foi muitas vezes substituído por relatos mais ricos do que aqueles registrados no trabalho escrito. Isso ocorreu sobretudo na Fase 3, quando, em vez de terem de se pronunciar em uma perspectiva prescritiva (o dever de ir à escola implícito na demanda da Fase 2), os alunos foram convidados a contar as próprias experiências escolares.

A esse respeito, vale registrar que a exploração oral do tema funcionou, na maior parte das situações, como o principal apoio para a evocação das ideias. Falar sobre o assunto, compartilhar episódios e tentativas de explicação são, indiscutivelmente, mecanismos de fortalecimento da produção textual. Além disso, a fala é também o principal apoio para o registro das palavras em um estágio no qual as crianças não conseguem lidar com planejamentos prévios e mais formais do texto.

No intercâmbio entre professores e alunos, em que pesem as diferentes ênfases nos propósitos da interação, fica evidente a inseparabilidade do investimento nos planos funcional, cognitivo e afetivo. Acolher a solicitação de um aluno, responder às suas dúvidas, garantir seu espaço no grupo, valorizar suas ideias, recuperar uma contribuição perdida, ler a sua produção, perguntar sua opinião, mediar conflitos, ensinar a mexer no computador (esse objeto tão valorizado pelos alunos!), ajudar a escrever ou a evocar conteúdos

A ESCOLA E A PRODUÇÃO TEXTUAL

são iniciativas que incidem na possibilidade não só de avançar na escrita como de constituir um ambiente de valorização da pessoa. Na produção coletiva, importa que as crianças possam reconhecer a sua participação, ainda que seja fazendo uma pequena parte (aquilo que foi possível fazer). Nessa perspectiva, parece inevitável que o ensinar venha acompanhado de um esforço do adulto para que o aluno se sinta partícipe da produção em pauta e, assim, possa gostar de aprender, gostar da escrita e de estar na escola.

Interações entre crianças

A vida escolar explica-se por uma dinâmica de relações, construídas e constantemente retomadas no bojo dos acontecimentos diários, constituindo uma cultura própria em cada escola. No *continuum* que baliza o funcionamento dessa rede de interações, é possível situar um polo mais institucionalizado, regido pelas normas da escola, pela estrutura burocrática, pelo programa curricular e pela ação planejada dos adultos; e um polo mais subjetivo, dado pela manifestação das pessoas ou de pequenos grupos de alunos e professores ao colocar em jogo aspectos de sua identidade, valores, expectativas e disponibilidade para envolvimento ou participação nas atividades. Assim, se, de um lado, a intervenção do professor/ pesquisador tende a ser regida mais pela organização da escola, pelo posicionamento pedagógico e pelos objetivos do ensino dos quais se pode prever certa linha de conduta, a interação entre alunos, de outro lado decorre de procedimentos menos previsíveis.

Seguindo esse modo de funcionamento, as atividades realizadas no Instituto André Franco Vive tiveram lugar em dada conformação institucional, oscilando entre condições mais ou menos controladas. No polo mais previsível, as interações entre alunos – assim como as interações entre a pesquisadora e as crianças – foram igualmente afetadas pela proposta de trabalho em grupo e pelas condições de realização da atividade. De fato, os alunos tenderam a pedir ou a oferecer auxílio, a se ajudar ou a se opor mais quanto maior fosse a dificuldade das tarefas. Por vezes, quando o grau de dificuldade escapava à zona de desenvolvimento proximal (principalmente entre os alunos do 1º ano), registrou-se também o descompromisso com o outro ou com a atividade, comportamento expresso pelo silenciamento, pela dispersão ou por manifestações típicas: "Eu não sei... é melhor deixar a professora ajudar" (Lucas, 1º ano); "Faz o que você achar melhor. Eu não sei ajudar" (Tales, 1º ano).

No polo menos previsível, as interações entre alunos fizeram emergir respostas, por vezes inesperadas, nos planos conceitual, procedimental e atitudinal – o que, na prática, significou ter de lidar com os desafios das tarefas lançando mão de conhecimentos mais ou menos pertinentes, modos de trabalho mais ou menos ajustados e formas de relação mais ou menos articuladas, em alguns casos até chegando a brigas e discussões.

Como explicar essas oscilações nas formas de realização dos trabalhos? Em condições ideais, a escrita coletiva é, reconhecidamente, uma atividade bastante proveitosa:

> Na escrita compartilhada, cada frase deve resultar do acordo entre opiniões distintas. Uma vez que a estrutura [textual] tenha ficado clara, a atenção pode centrar-se na linguagem, nas diferentes formas de expressão, nas palavras e frases opcionais que se pode escolher. Na verdade, centrar-se no que é a escrita dos escritores, e não dos escreventes, ou seja, a criação.
>
> A escrita coletiva de textos [...] constitui uma excelente aprendizagem do diálogo criativo, da tolerância, da possibilidade de compreender os pontos de vista divergentes e de alcançar acordos de ordem superior. (Curto, 2000, p. 20)

A ESCOLA E A PRODUÇÃO TEXTUAL

Parece certo que essa atividade, em si, possa ser uma experiência significativa na escola. No entanto, os ganhos da interação entre as pessoas não estão garantidos *a priori*. Em pesquisa realizada com estudantes do ensino fundamental sobre a produção textual em grupo, Lima e Leal (2009) concluíram que, mesmo reconhecendo os méritos da escrita coletiva, os alunos alertaram para a dificuldade de ser respeitados no grupo, de gerenciar o tempo da atividade, de lidar com a dificuldade dos colegas e de garantir participação igualitária de todos os membros. Por isso, as autoras recomendam uma sistemática intervenção docente que possa mediar as relações entre eles e, dessa forma, garantir a eficiência da atividade.

Esse trabalho reforça, ainda mais, a convicção de muitos estudiosos sobre a necessidade de promover um ambiente de trabalho capaz de garantir condições cognoscitivas, afetivas e relacionais, tais como: acesso prévio a informações relevantes; disponibilidade de recursos de referência e de apoio; liberdade para expor e relativizar as próprias ideias; interesse e disposição dos alunos para enfrentar debates e controvérsias; mecanismos intelectuais e emocionais para lidar com a divergência de opiniões; posturas de respeito e de tolerância diante dos colegas; determinação para negociar posições mantendo o compromisso com o outro; e empenho para o enfrentamento coletivo do propósito da tarefa, encontrando sentido no que fazem.

A variação dessas condições, em diferentes níveis e em diferentes alunos ou graus de escolaridade, explica três modalidades de interação registradas entre os alunos do Instituto André Franco Vive: práticas *paralelas*, *colaborativas* ou *opositivas*. No primeiro caso, prevaleceu o trabalho independente dos alunos, ora assumido previamente como o melhor modo de trabalho ("cada um faz a sua parte"), ora de modo informal, como um pressuposto tácito para a realização da tarefa. As práticas colaborativas ou opositivas distribuíram-se em aproximadamente metade das situações, mesclando-se em um mesmo grupo, sendo marcadas por iniciativas de colaboração (voluntárias ou induzidas pela pesquisadora) ou por discussões, imposição de pontos de vista e posturas defensivas.

No contexto desses trabalhos, realizados em todos os grupos de modo mais ou menos colaborativo ou opositivo, foi possível registrar as seguintes categorias de interação: *funcional*, *temática*, *notacional*, *discursiva* e *estética*, resumidas na Tabela 5 (p. 205) e nos exemplos a seguir.

Interações funcionais

Foram aquelas relativas à organização, promoção ou viabilização do trabalho, o que envolveu tanto iniciativas formais para possibilitar a elaboração da tarefa (apontar o lápis, apagar melhor algo que havia sido corrigido, solicitar informações ou pedir ajuda com relação ao uso do computador) como ações mais diretamente ligadas ao texto (ajudar na decodificação da letra, ler para retomar o que havia sido registrado e corrigir a produção). Embora não tenham sido registradas iniciativas para um planejamento prévio do texto, as interações funcionais deixaram evidente uma preocupação com a elaboração da tarefa, como se nota nos exemplos que se seguem:

Interações para a organização funcional do trabalho
T8 – Karina: Ah... Eu não quero escrevê, não.
T9 – Daniel: Tá, eu escrevo, mas a minha letra é feia.
T10 – Karina: Então, você escreve e depois a gente dá um jeito de lê. (Fase 2, 5º ano)

Interações relacionadas ao uso do computador
T9 – Daniela [pretendendo escrever "A escola serve para estudar"]: A... A...

TABELA 5 • Interações entre crianças

INTERAÇÕES FUNCIONAIS	27. Para a organização funcional do trabalho	28. Para a retomada do trabalho ou para decifrar palavras	29. Relacionadas ao uso do computador		
INTERAÇÕES TEMÁTICAS	30. De problematização do tema	31. Para compartilhar experiências relacionadas ao tema	32. Para lembrar conteúdos	33. Para complementar ideias	
INTERAÇÕES NOTACIONAIS	34. Relativas à correspondência fonética e à transcrição dialetal	35. Relativas à ortografia	36. Para acertar a separação das palavras	37. Para a revisão e a correção textuais	38. Para a correção gramatical ou referentes à norma de pontuação
INTERAÇÕES DISCURSIVAS	39. Para a textualização	40. Para definir o ajustamento genérico-textual	41. Relacionadas à precisão terminológica	42. Para ajustamento ao interlocutor e ao propósito da escrita	
INTERAÇÕES ESTÉTICAS	43. Para preservar o espaço da autoria	44. Para a disposição do texto no papel e na legibilidade			

T10 – Geraldo: Letra maiúscula.

T11 – Daniela: Eu sei.

T12 – Geraldo: Acende o *capslock*.

T13 – Daniela: O que você tá falando?

T14 – Geraldo: Tem que ligar esse negócio [referindo-se à tecla *capslock*] para ficar com letra maiúscula.

T15 – Júlio [rindo]: Capisloco?

(Fase 3, 3º ano)

Interações temáticas

As interações temáticas foram associadas à problematização do assunto em pauta ou à evocação de ideias. Em muitas situações, esse tipo de comunicação aconteceu preliminarmente à elaboração do texto, como se os alunos estivessem pensando "em que dizer". Em outros casos, as crianças lançaram mão dessa estratégia depois de registrar as ideias mais imediatas, buscando lembrar outros pontos evocados, complementar o texto ou propor novos conteúdos com a clara intenção de ampliá-lo. Eis alguns exemplos:

Interações de problematização do tema

T1 – Marcos: Que vamos fazer?

T2 – Eduardo: Ele tem que estudá pra aprendê as coisas.

T3 – Marcos: Já pensô? Ele cresce, sem sabê de nada. Aí, uma mulhé fala pra ele assim: "Lê aqui". Aí, ele não sabe lê.

T4 – Eduardo: Que horror...

(Fase 2, 5º ano)

Interações para complementar ideias

T16 – Alan: A iscola é importante.

T17 – Fernando: Ele tinha que ir pra escola, pra ter um futuro melhor.

A ESCOLA E A PRODUÇÃO TEXTUAL

[Alan escreve juntando as duas ideias: "A escola é importante pra ter um futuro melhor".]
(Fase 2, 5º ano)

Interações notacionais

Nas interações notacionais, ficou evidente a preocupação dos alunos com a legibilidade, a correspondência fonológica, a separação das palavras, a convencionalidade da escrita (em oposição à transcrição dialetal) e a ortografia. Embora o grau de dificuldade dos diversos apelos tenha variado em diversos anos escolares, esse tipo de interação persistiu em todos os grupos, mostrando que o domínio do sistema de escrita é uma conquista em longo prazo, como se evidencia nos seguintes exemplos:

Interações relativas à ortografia

T25 – Elaine [pretendendo escrever "Precisa reformar o banheiro"]: É com "S", eu acho.
T26 – Alan: É com "C". [...]
T29 – Elaine [escreve "rego..."]: Como que escreve "reformar"?
T30 – Alan: Ah, não!!! Apaga isso! É com F... [Elaine corrige.]
T31 – Alan: Tem que pôr o "R", agora põe o "M", depois "A" e "R".
T31 – Marcos: E quando chove, imunda o parque.
T32 – Marcos [conferindo a escrita]: "Quando" é com "Q".
(Fase 3, 5º ano)

Interações para acertar a separação das palavras

[Os alunos interrompem a redação para discutir o termo "por que" em uma frase que pretende explicar a razão de determinada ocorrência.]
T33 – Jean: "Porque" é junto ou separado?
T34 – Fernando: Separado.

T35 – Eduardo: Junto.

T36 – Ingrid: Eu acho que é junto. [...]

T38 – Eduardo: É junto.

T39 – Fernando: É separado.

T40 – Jean: Três contra um. Fica junto.

(Fase 3, 5º ano)

Interações para a correção gramatical ou referentes à norma de pontuação

[Os alunos haviam escrito "... e os professores não deixa ir ao banheiro".]

T199 – Jean [conferindo a escrita]: É "dexa"! Não é "deixa". [...]

T201 – Eduardo: É "DEI-XA", seu analfabeto!

T202 – Ingrid: Ó, tem que escrevê assim: "... e os professores não DEIXAM ir ao banheiro".

T203 – Fernando: Tá certo, mas tem que pôr ponto no fim.

(Fase 3, 5º ano)

Interações discursivas

As interações discursivas dizem respeito ao esforço dos alunos de buscar um modo de dizer, visando ao ajustamento genérico e textual ou a um modo mais adequado de se dirigir ao interlocutor, como nos exemplos a seguir:

Interações relacionadas à precisão terminológica

[As crianças querem descrever a condição do banheiro da escola.]

T75 – Ingrid: É muito sujo...

T76 – Eduardo: É muito bagunçado...

T77 – Jean: O que eu vô tê que escrevê?

T78 – Ingrid: Por que "bagunçado"? A privada é em cima da pia? [Risos] "Bagunçado"... Nada a vê...

A ESCOLA E A PRODUÇÃO TEXTUAL

T79 – Jean: Ela falô que não é bagunçado... O que que é que tem que pôr?
T80 – Ingrid: É... sujo...
T84 – Jean: Ah, é, "sujo" é melhor que "bagunçado".
(Fase 3, 5º ano)

Interações estéticas

As interações estéticas demonstraram uma preocupação com a disposição do texto no papel ou no computador, não só prevendo a legibilidade da escrita e a sua adequada colocação como, em alguns casos, buscando separar os conteúdos evocados pelos membros do grupo em diferentes espaços, a fim de "assegurar a autoria" de cada um, como mostram os exemplos:

Interações estéticas para a disposição do texto no papel e sua legibilidade

T8 – Larissa: Eu ajudo ele [referindo-se ao colega]. Tipo assim: "Você pode voltar a estudá e quando crescê cê alguém..."
T9 – Larissa [quando o colega começa a escrever]: Mas começa aqui, nessa linha... Tem que pulá uma linha pra ficá bunitinho... Aqui, ó... [indicando a linha de baixo]
T10 – Gabriel: VO-CÊ...
T11 – Larissa: Não dá pra entendê esse rabisco [apaga e reescreve o "V" que o colega havia escrito].
(Fase 2, 1º ano)

A amostra das interações entre as crianças atesta a profusão de preocupações que elas enfrentaram na produção do texto, comprovando a amplitude e a complexidade das negociações que são capazes de fazer. Na operacionalização da tarefa, os alunos foram obrigados a lidar com o plano tanto interno quanto externo da produção, preocupando-se com as estratégias para a viabilização do trabalho (a divisão do trabalho no grupo ou na ordem para o uso do computador).

Ao lado das exigências pessoais, os alunos também foram obrigados a considerar o ponto de vista de outros colegas que, por vezes, atropelavam o processo do escrever. Nessa perspectiva, a organização das condições de trabalho, a evocação do conteúdo, a produção da escrita e a revisão textual apareceram como aspectos indissociáveis de um processo de elaboração relativamente complexo. Ainda que a colaboração espontânea não tenha prevalecido entre os grupos, parece certo que os alunos, quando instigados pelo desafio do trabalho colaborativo, acabaram por estabelecer interações bastante produtivas, sobretudo quando partilharam experiências e posturas. Simultaneamente ao esforço em prol da evocação temática, a própria produção textual foi afetada pelas tentativas conjuntas de escrever; de ler e decifrar o que foi escrito; de complementar ideias; ou de recuperar uma proposta de conteúdo perdida.

Nessa perspectiva, para além da aprendizagem do escrever e dos debates sobre o tema da escola, que, por si sós, funcionam como uma troca de ideias, importa reconhecer as interações entre colegas como efetivas negociações sobre modos de conviver incidindo sobre uma pluralidade de situações: dispor-se a ajudar alguém, reconhecer as próprias dificuldades, perceber a autoridade de um colega mais avançado, enfrentar diferenças, defender sua concepção ou abrir mão do próprio ponto de vista, entrar em acordo, compartilhar ideias, dividir saberes, buscar ajuda em caso de dúvida, dividir tarefas e fazer-se respeitar, assim como respeitar o outro.

A ESCOLA E A PRODUÇÃO TEXTUAL

Considerações: práticas interativas como processos de aprendizagem, socialização e letramento

No processo de aprendizagem, a presença do outro parece determinante para ressignificar as construções cognitivas e o próprio sentido do que é assimilado. Isso justifica a necessidade de mudanças tanto na natureza dos trabalhos sugeridos pela escola como nas dinâmicas para a sua produção e, particularmente, nas relações em sala de aula.

Na prática da alfabetização, assim como a dimensão dialógica da proposta de escrita (escrever para alguém com certo propósito), a condição interativa na produção textual (escrever em situações colaborativas) transforma processos e produtos. De fato, corroborando tendências já anunciadas em outros estudos (Smolka, 1995), muitas crianças que, na Fase 1 da pesquisa (Escrita individual sobre o papel da escola), contentavam-se em produzir textos aglutinados e abreviados, mais próximos do discurso interior (escritas que, muitas vezes, limitavam-se a uma única palavra como "*ESTUDA*" ou "*APRENDE*"), nas Fases 2 e 3 veem-se obrigadas a se explicar ao outro (interlocutor previsto e parceiro de escrita), aproximando-se do discurso socializado: "*MARCELO VAI PAR ESCOLA PARA APENDER A ESTUDAR PARA FICAR INTELIGENTE PARA SER UMA PESSOA NA VIDA*" (Fase 2, Juliano e Roberto, 3º ano). Essa nova postura diante do escrever põe em marcha uma nova condição do sujeito-escritor, já que o aluno que aprendeu simplesmente a juntar as letras para escrever palavras vai, progressivamente, incorporando outras exigências: querer escrever, gostar de escrever, desejar compreender e ser compreendido, compreender a razão de se corrigir ou de melhor dizer, contribuir para mudar uma situação, ansiar por respostas, expressar o seu ponto de vista e responsabilizar-se pelo que foi dito.

Estreitamente vinculada às condições de trabalho, a eficiência dos processos interativos depende, contudo, da conformação de um ambiente de relações em sala de aula regido por aspectos mais ou menos previsíveis. Entre aquilo que se pode prever está a postura do professor visando à organização e à promoção do trabalho, à inclusão dos alunos e à circulação de ideias e informações, bem como a construção coletiva de significados. Os propósitos da tarefa, os instrumentos e os suportes, por sua vez, condicionam diferentes ênfases na demanda feita aos alunos. Guardados os diferentes níveis de competência, essas demandas apareceram nos três grupos estudados. Assim, por exemplo, quando o desafio é escrever com o editor de texto, a preocupação em dominar o recurso ocupa grande parte das negociações. Da mesma forma, o entendimento da tarefa gera implicações no que diz respeito à preocupação em ajustar o texto ao interlocutor previsto.

Mesmo com esses condicionantes, as interações são marcadas pela imprevisibilidade de caminhos e pelas marcas de múltiplas vozes que se sobrepõem, complementam-se ou se confrontam, quase sempre ampliando repertórios cognitivos, procedimentais e atitudinais, sobretudo quando há clareza da postura educativa e do direcionamento da proposta pedagógica.

Por fim, os dados apresentados neste capítulo evidenciam que a aproximação do sujeito com o mundo da escrita não é uma aquisição cognitiva dada como resultado formal de determinadas tarefas escolares, mas, antes disso, parece depender de um estado relacional sustentado por diferentes interlocutores, no qual a questão linguística, com toda a sua complexidade, possa efetivamente ser colocada em pauta como objeto de aprendizagem, desejo, uso e reflexão.

.....

5

A RESOLUÇÃO DE PROBLEMAS NA PROMOÇÃO DO CONHECIMENTO

"Em muitos aspectos, a resolução de problemas é uma capacidade que envolve um modelo de processos intelectuais complexos. [...] Através do arranjo preliminar das condições do problema, o estudante formula uma estratégia geral para sua solução."

(Luria, 1990, p. 157)

A resolução de problemas como prática educativa

Referindo-se às características de nosso mundo, Gómez (2015) aponta para o perigo da desorientação de pessoas que, em meio a um cenário de mudanças aceleradas, cheio de estímulos e de informações fragmentadas, podem não encontrar uma forma autônoma de organizar comportamentos, sentimentos e conhecimentos. Por esse motivo,

> o desafio da escola contemporânea reside na dificuldade e na necessidade de transformar a enxurrada desorganizada e fragmentada de informações em conhecimento, ou seja, em corpos organizados de proposições, modelos, esquemas e mapas mentais que ajudem a entender melhor a realidade, bem como na dificuldade para transformar esse conhecimento em pensamento e sabedoria. (Gómez, 2015, p. 28)

Nessa perspectiva, cumpre transformar a cultura da comunicação em cultura do pensamento – o que, na prática, significa construir relações na escola, com as pessoas e com os objetos de conhecimento, capazes de preparar o aluno para lidar ativa, autônoma e criticamente com a diversidade de situações em contextos imprevisíveis de nosso mundo. Uma escola que prepare para a

A ESCOLA E A PRODUÇÃO TEXTUAL

vida não pode abdicar da meta de formar alunos aptos a criar e a assumir a autoria de seus atos e produções.

Com base nesse ponto de vista, é crescente o movimento de pesquisadores, educadores e gestores de projetos de formação que, apontando para a superação do ensino centralizado no professor para transmitir (ou reproduzir) conteúdos disciplinares fixos e preestabelecidos, defendem a Aprendizagem Baseada em Problemas (ABP) como mecanismo fundamental na mudança da cultura escolar.

Compatível com as metodologias ativas, a ABP é uma proposição arrojada porque, como explicam Coll, Mauri e Ornubia (2010b), o ensino, tradicionalmente disciplinar, passa a ser organizado com base em indagações e explicações, reformulação de ideias e resolução de problemas concretos. Isso porque, em função da ampliação exponencial dos conhecimentos e de sua crescente complexidade em nosso mundo, muitos pesquisadores perceberam os limites do saber fragmentado em campos distintos, o que resultou na valorização de abordagens interdisciplinares, multidisciplinares e transdisciplinares integradas às temáticas de relevância social (Arantes, 2012; Gómez, 2015). Apesar da dificuldade de estabelecer com precisão a origem do conceito de ABP, suas principais diretrizes – situadas no protagonismo dos estudantes e no enfrentamento de problemas que funcionam como base para um processo bem estruturado de investigação – são claras. Na sua forma mais típica,

> [...] cinco a oito estudantes trabalham de forma cooperativa em um grupo (de tutoria), junto com um ou mais professores facilitadores (tutores) para identificar e definir problemas decorrentes, desenvolver hipóteses para explicar o(s) problema(s) e explorar os conhecimentos preexistentes relevantes aos assuntos. Os estudantes estabelecem e exploram o que já conhecem e o

que necessitam aprender de forma a progredir no entendimento do(s) problema(s). [...] Essenciais ao processo são a discussão ativa, a análise dos problemas, das hipóteses, dos mecanismos e dos tópicos de aprendizagem [...]." (Mennin, 2003, p. 2)

A ABP parte do pressuposto de que é preciso integrar princípios e estratégias, processos e produtos, acreditando que a aprendizagem é tributária dos contextos de formação (Arantes, 2012; Araújo, 2013; Araújo e Arantes, 2009; Dahle, 2009; Deelman e Hoeberigs, 2009; Gómez, 2015; Mennin, 2003). Ensinar com base em desafios, estimulando o raciocínio, as práticas colaborativas e a investigação, é um caminho para a formação pessoal e profissional, visando a posturas críticas, autônomas; é uma forma de valorizar pessoas capazes de compreender a complexidade dos fenômenos, de se comprometer com os outros e de criar alternativas para os impasses da vida cotidiana – ou para as dificuldades relativas ao mundo do trabalho. O que explica a relação entre como se aprende (o processo do aluno) e o produto dessa aprendizagem (a condição daquele que se forma) é não apenas o significado dos conteúdos, mas também a contextualização das práticas de ensino, que garantem a continuidade do processo formativo da graduação ao exercício profissional; da condição de estudante ao *status* de cidadania.

Em síntese, pela lógica da ABP, a reinvenção da escola pressupõe a ruptura das dicotomias entre teoria e prática do ensino na medida em que articula princípios, processos e produtos em um só campo de negociação. Nas palavras de Araújo (2013, p. 27),

[...] a teoria da educação, a filosofia da educação e as ciências da educação não se resolvem apenas pelas suas dimensões intrínsecas, mas com as esferas de ação que são inerentes à pedagogia, à didática e à própria prática educativa que necessita destas.

A ESCOLA E A PRODUÇÃO TEXTUAL

Por isso, "não se trata [...] de sobrepor o conteúdo à forma, nem de esta ser privilegiada em detrimento do conteúdo. Dicotomizar conteúdo e forma é destituir a pedagogia e a didática de seus sentidos operacionais, bem como de sua significação para o campo educacional" (*ibidem*, p. 42).

Na mesma linha de argumentação, Leitinho e Carneiro (2013) afirmam que a ABP pode representar um risco se não vier acompanhada de posturas educacionais inovadoras. A resolução de problemas na escola, mais do que uma estratégia didática válida em função de objetivos imediatos, deve se configurar como mediação que, em longo prazo, incida simultaneamente na ampliação do conhecimento, na construção de novos referenciais que norteiam ações e atitudes, na conquista de postura investigativa e no modo de o aluno se colocar perante o mundo.

Com base nesses argumentos, a ABP, no contexto de uma nova cultura escolar, não merece ser vista como mais uma novidade didática. Definitivamente, não se trata de outra técnica ao lado de tantas já anunciadas no "mercado pedagógico". Em oposição às proposições inocentes, tantas vezes assumidas como práticas salvacionistas do ensino (como a frenética busca de garantir a "boa aula", a promessa de programas para ensinar mais no menor tempo possível ou as estratégias de motivação periféricas ao projeto de formação), importa compreender a resolução de problemas como um procedimento interdependente ao propósito de constituição humana. Assim, a ABP coloca em pauta uma postura educativa que articula meios e metas em nome do ideal de formação, balizado pelos seguintes eixos fundamentais:

» o aluno como protagonista do processo cognitivo;
» o ensino como prática reflexiva que integra as dimensões cognitiva e afetiva;

» a aprendizagem como percurso de elaboração mental processada pela interação com o outro e com os objetos de conhecimento;

» os objetos de conhecimento nas suas dimensões plurais, interdisciplinares e complexas;

» o saber como modo de interpretar provisoriamente a realidade;

» o professor como mediador de um percurso formativo pela constante desestabilização do sujeito aprendiz;

» a docência como prática investigativa que acompanha o processo dos alunos ao mesmo tempo que estabelece metas e prevê caminhos de aprendizagem;

» a escola como agência voltada para a edificação do homem e para a construção da sociedade democrática.

Além dos princípios de ordem pedagógica, Rué (2009) lembra que as mudanças nas formas de ensinar têm impacto sobre as mudanças sociais, razão pela qual a ABP pode trazer valores agregados para uma sociedade que passa a produzir e a organizar o conhecimento sobre novas bases. Assim, o investimento no potencial ativo do aluno, na forma de um "aprender a aprender" ou de um "aprender fazendo", traz repercussões para a construção da cultura do conhecimento na sociedade democrática.

Passando da apresentação dos princípios à consideração de algumas experiências, importa lembrar que, embora o modelo da ABP esteja mais consolidado nos cursos superiores vinculados à saúde, ele pode se aplicar em diferentes níveis de ensino e em instituições diversas, não se constituindo como um modelo a ser copiado – o que, aliás, seria incompatível com o próprio referencial que o sustenta. Isso explica a diversidade de enfoques, ênfases e projetos, podendo referir-se tanto a estratégias integradas ao ensino quanto a disciplinas específicas – e até mesmo a propostas de restruturação curriculares que redimensionam as

A ESCOLA E A PRODUÇÃO TEXTUAL

trajetórias de formação como um todo. Em qualquer situação, esse modelo de ensino representa um antídoto contra a crescente fragmentação da informação e do conhecimento e um convite para integrar ideias (Mennin, 2003) – daí o desafio dos educadores de trazer essa prática para alunos mais jovens.

Algumas escolas de educação infantil e ensino fundamental, perseguindo os ideais do socioconstrutivismo e das metodologias ativas, têm se apropriado da resolução de problemas como mecanismo para motivar os alunos e introduzir projetos de trabalho, favorecendo processos de reflexão e pesquisa. No entanto, ainda são escassos os estudos a respeito dessa modalidade de ensino na educação básica, tanto no que diz respeito às formas de implantação quanto no que tange ao modo como os alunos reagem a essas atividades e se desenvolvem no contexto delas.

Lidando com problemas

Endossando os princípios específicos da ABP, este capítulo procura compreender como os alunos do ensino fundamental (no caso específico, os alunos do Instituto André Franco Vive) lidam com situações-problema envolvendo a complexidade da vida escolar – e, além disso, como esse processo pode favorecer o entendimento dessa realidade.

Embora, no plano vivido, a escola seja uma realidade bastante familiar às crianças do ensino fundamental, parece certo que prevalece entre elas uma concepção bastante reducionista sobre a sua complexidade e o seu funcionamento. De fato, elas se manifestam com um repertório bastante limitado, em grande parte reproduzindo argumentos socialmente difundidos e aceitos *a priori*: "ir à escola para ser alguém na vida", "estudar para aprender". Às vezes, a rigidez da vida escolar é relativizada por argumentos igualmente conhecidos e aceitos: "a escola para brincar ou para fazer amigos". Da mesma forma, quando se toca nos problemas vividos no contexto escolar, os alunos, pela evocação espontânea, não chegam a superar quatro aspectos (o sucateamento da estrutura física, a má qualidade da merenda, a indisciplina dos alunos e o comportamento inadequado dos adultos), como se, de fato, eles pudessem explicar todas as dificuldades da vida estudantil.

Nesse sentido, vale perguntar: como o enfrentamento de situações-problema pode afetar a compreensão sobre o tema e, no caso do debate sobre a escola, a relação do sujeito com a sua realidade?

Na tentativa de responder a essa questão, três aspectos parecem-me fundamentais: *a configuração e o papel da situação-problema*, o *enfrentamento desses conflitos* e a *mediação do adulto para a resolução de problemas*.

A configuração e o papel da situação-problema

Para os estudiosos da ABP, os problemas devem, antes de tudo, ser autênticos, incidindo sobre conteúdos cotidianos que preocupam as pessoas. O reconhecimento da sua relevância social é imprescindível para a "provocação" que se faz aos estudantes, remetendo-os a abordagens interdisciplinares ou a diferentes formas de abstração e encaminhamento. Além disso, importa que os problemas não sejam de fácil resolução, requerendo a consideração de variáveis e a concatenação entre saberes prévios (ou experiências vividas) e o processo reflexivo (baseado em pesquisa ou na disponibilidade para ouvir e aprender com o outro). Assim, ainda que a maioria dos problemas não possa ser efetivamente resolvida nem tenha uma solução única, as situações propostas devem funcionar como uma força propulsora na busca de encaminhamentos. Como situações novas para as quais não se têm respostas prévias, os problemas devem repre-

A ESCOLA E A PRODUÇÃO TEXTUAL

sentar um verdadeiro desafio ao sujeito para que ele possa se envolver com a tarefa e se lançar na busca de novos horizontes.

No contexto da pesquisa que originou este livro, embora todas as atividades tenham sido formuladas na forma de problemas, não se pode dizer que, do ponto de vista temático, as Fases 1, 2, 3 e 5 tenham representado um efetivo desafio ao sujeito, já que as evocações dos alunos não chegaram a superar os valores sociais ou as impressões pessoais mais imediatas; o encaminhamento para as situações representadas parecia estar ao "alcance das mãos", isto é, próximo do âmbito de referência.

A condição de enfrentamento dos problemas mudou radicalmente na Fase 4, quando os alunos foram desafiados pelos problemas do game em situações inéditas e com diferentes possibilidades de encaminhamento. No game, a natureza dos dilemas aproximou-se do que Branda (2001) denominou "situação-problema": o delineamento de um cenário que retrata uma situação corrente (por isso compreensível) e, ao mesmo tempo, distante, já que aparece configurada de um ponto de vista específico, estranho ao estudante. Quando, por exemplo, um problema de relacionamento entre crianças na escola é trazido ao aluno, ele reconhece a situação, mas também é convidado a se posicionar considerando as particularidades do caso, colocando-se como personagem não envolvido.

A esse respeito, Dalben (2013) lembra que os problemas apresentados devem respeitar uma lógica de tempo e lugar, já que as situações que se pretende contextualizar e tornar significativas são histórica e socialmente situadas. Acatando esse pressuposto, as situações-problema da Fase 4 foram colhidas, planejadas e organizadas com base em uma observação prévia e sistemática de ocorrências em escolas públicas, constituindo-se nesse estreito limite entre o reconhecido e o não automatizado, o familiar e o estranho. Dessa forma, o papel das situações-problema apresentadas foi justamente o de romper com os procedimentos-padrão, com os argumentos já instituídos e até com os mecanismos de defesa, colocando em pauta aspectos não considerados *a priori*. Essa é, indiscutivelmente, a melhor forma de estudar a resolução de problemas, razão pela qual a Fase 4 será o foco de análise dos tópicos que se seguem.

O enfrentamento das situações-problema

No game, o enfrentamento das situações-problema pelos alunos do Instituto André Franco Vive foi viabilizado pela ativação de um ambiente lúdico marcado, simultaneamente, pelo envolvimento pessoal e pelo processo reflexivo. No fundo dessa proposta, prevalece a ideia de que é possível aprender com alegria. Em face do aparente paradoxo "aprender *versus* brincar", vale, mais uma vez, defender o papel do brinquedo como recurso educativo (Oliveira, 1995; Vygotsky, 1988). Na mesma linha de raciocínio, Gómez (2015) e Lalueza, Crespo e Camps (2010) condenam as consequências de um pensamento taylorista – que separou trabalho e jogo, brincadeira e educação – para defender os games como estratégias pedagógicas privilegiadas porque, trabalhando com uma linguagem própria de nosso tempo, favorecem uma nova cultura de aprendizagem na qual a experimentação e o debate promovem o desenvolvimento de inúmeras competências, além da conscientização acerca da complexidade do mundo, da diversidade de interpretações e dos modos de comportamento das pessoas.

Entre tantos mecanismos de ativação do conhecimento, como a simulação, a reparação, o pensamento estratégico, a atenção continuada, o processamento visual e a construção em rede, é preciso que o professor, ao utilizar o game, tenha clareza sobre as habilidades que podem ser potencializadas pelo uso dessa ferramenta.

A ESCOLA E A PRODUÇÃO TEXTUAL

Com base nesses princípios, o game foi estrategicamente proposto na certeza de um envolvimento entusiástico das crianças e da possibilidade de captar a atenção dos três grupos de alunos. Constituído como uma plataforma de situações-problema, ele possui o objetivo de trazer situações fictícias relativas à vida escolar, acionando, pelo debate e esforço reflexivo, formas particularmente oportunas de compreendê-la. Dessa forma, o jogo funcionou como um laboratório onde os alunos puderam lidar com diferentes dimensões da realidade (no caso, com as dimensões administrativas, relacionais e pedagógicas da escola), testando alternativas, recriando sentidos, avaliando riscos, confrontando caminhos e, sobretudo, lidando com impasses e conflitos que tendem a acionar a imaginação e a aprendizagem.

Nesse "laboratório", o enfrentamento dessas situações-problema pôde ser compreendido por meio de quatro etapas básicas, muitas vezes sobrepostas: a mobilização para a atividade; a circulação de ideias; o compartilhamento de posições e a assunção de posicionamentos; e a ampliação do conhecimento (ou do campo de referência), assimilado com diferentes graus de consciência.

Na *primeira etapa*, diante do desequilíbrio provocado pelas situações-problema, a mobilização para resolvê-las foi uma constante em todos os grupos, que, de fato, sentiram-se desafiados pela proposta do game. Tal envolvimento é fundamental justamente porque exige do sujeito a transferência de uma postura passiva para uma postura ativa de quem se abre para o debate e se disponibiliza para a atividade. As reações, contudo, não foram uniformes: algumas crianças, movidas pelo entusiasmo e pelo desejo de dar continuidade ao jogo, respondiam rapidamente; outras hesitavam e pediam tempo para pensar.

A *segunda etapa*, mais intensa entre as crianças mais novas, foi marcada pela circulação de ideias. Isso aconteceu sobretudo quando os alunos não concordavam com a resolução de um colega ou quando tinham diferentes percepções do problema. A profusão de propostas intensificou o debate acerca do tema, ampliando modos de interpretação e de encaminhamento para a situação.

Entre os alunos pesquisados, a construção de novos sentidos e a recriação dos problemas ficaram evidentes pelas diferentes formas de abstração. Quando, por exemplo, eles depararam com uma situação de conflito na qual crianças zombam de um colega por não saber jogar futebol, surgem várias interpretações e encaminhamentos:

» ao abstrair a origem do problema, alguns alunos sugerem que a criança aprenda a jogar futebol (pedindo ajuda, treinando em uma escola de esportes ou assistindo a jogos na televisão);

» ao abstrair o princípio do conflito (supondo que não saber jogar significa não querer jogar), alguns alunos defendem o direito de cada um fazer o que quiser;

» ao abstrair a causa do conflito, alguns alunos culpam a inadequação do grupo que zomba do colega e sugerem a suspensão como forma de punição;

» ao abstrair a necessidade de resolver o conflito no momento de sua ocorrência, alguns alunos sugerem uma reconciliação para que "todos possam brincar sem brigas";

» ao abstrair a reação do menino, que chora com a zombaria dos colegas, alguns alunos sugerem uma bronca de seu pai.

Com base no exemplo, parece compreensível que diferentes abstrações e interpretações do problema remetam a encaminhamentos diversos. No entanto, vale lembrar que os sentidos diferenciados podem também aparecer em uma mesma resposta que se justifica por diferentes razões. Quando, em uma situação-problema, dois alunos sugeriram que se usasse uma verba dispo-

A ESCOLA E A PRODUÇÃO TEXTUAL

nível para comprar grades de segurança para a escola, um disse que era "para os ladrões não entrarem" e o outro, que era para "os alunos não fugirem". Assim, tão rico quanto perceber a complexidade do problema é atentar para a pluralidade dos encaminhamentos possíveis e de suas respectivas justificativas. A oportunidade potencial de confrontar esses diferentes pontos de vista anuncia a próxima fase.

A circulação de ideias remete ao compartilhamento de posturas e à assunção de posicionamentos que, por meio de práticas colaborativas, sustentaram a *terceira etapa* de enfrentamento dos problemas do game. Essa possibilidade de intercâmbio é, segundo Mennin (2003), extremamente produtiva porque permite confrontar as diferenças e similitudes de posturas e encaminhamentos; permite também que a ideia do outro possa tornar-se minha. Ao tomar contato com diferentes pontos de vista, comparando-os, discutindo-os e contrastando-os, os alunos têm a possibilidade de lidar com as diversas dimensões do problema e, ainda, balizar as resoluções em princípios e critérios mais amplos e equilibrados. Quando compreendem que as verdades são provisórias, ampliam a escuta e passam a valorizar outras vozes, eventualmente até para incorporá-las à própria argumentação (Dalben, 2013).

Foi exatamente isso que aconteceu entre os alunos do Instituto André Franco Vive. Como a prática colaborativa favorece a cooperação em lugar da competição, os alunos, esquecendo-se da sua condição de adversários no jogo, passaram a ajudar os colegas, criando diversas formas de interação: a sugestão, a modificação e a complementação de ideias, sustentadas por concordâncias e discordâncias totais ou parciais.

Assim, por exemplo, ao enfrentarem o impasse de onde colocar um troféu conquistado pela escola em uma olimpíada, Tales e Larissa, do 1º ano, logo concordaram com a sugestão do primeiro para que fossem feitos mais troféus a todos os alunos, mas, enquanto isso não acontecesse, acataram também a proposta da menina de deixar o prêmio um dia em cada sala. A mesma dupla, diante de outra situação-problema, discordou quando Tales sugeriu que a professora mandasse apagar uma lição e fazer tudo de novo com o propósito de melhorar a caligrafia. Criticando a "maldade" desse procedimento, Larissa propôs que se adotasse um caderno de caligrafia como estratégia para aprimorar a letra em longo prazo, alternativa que acabou convencendo Tales. O acordo, porém, acabou não acontecendo em um terceiro momento, quando eles discordaram na resolução do dilema de onde colocar estagiários que chegaram à escola e teriam de ser distribuídos em algumas salas: enquanto Tales argumentou com base no critério de comportamento das turmas (os estagiários deveriam ser encaminhados às classes mais bagunceiras), Larissa insistiu no critério pedagógico (estagiários para ajudar as crianças que não sabem ler e escrever).

O breve relato sobre as negociações dessa dupla de alunos dá uma pequena amostra das práticas interativas que, pela exposição de diferentes posturas e argumentos, chegam a diversos modos de encaminhamento (consensuais, complementares ou divergentes).

Estreitamente vinculados à profusão de ideias, ao debate de posições e à assunção de posturas (segunda e terceira etapas), os alunos, *na quarta etapa*, acabam por ampliar seu campo de referência sobre o tema ou sobre a diversidade de posturas. Isso ocorre porque, tal como se pode comprovar em inúmeras pesquisas, "quando se aumentam as oportunidades de discussão e de argumentação, também se incrementa a habilidade dos alunos de compreender os temas ensinados e os processos de raciocínio envolvidos" (Carvalho, 1998, p. 31).

A ESCOLA E A PRODUÇÃO TEXTUAL

Com maior ou menor grau de consciência, a expansão do referencial temático ou o entendimento de que é possível resolver problemas por diferentes vias transpareceu em diversos comentários feitos espontaneamente pelos alunos em diferentes momentos do jogo, como nos exemplos que se seguem: "Eu não sabia que o conselho tutelar podia brigar com os pais"; "Eu nunca ia ter essa ideia que você deu"; "Nossa, como tem gente que resolve as coisas de um jeito egoísta!"; "Puxa! Que boa ideia! Por que será que as escolas não fazem isso?"

O processo de enfrentamento de situações-problema, tal como foi descrito, pode ter importantes consequências no modo de organizar o pensamento. Para ilustrar essa possibilidade, dois tipos de ocorrência merecem destaque. Em primeiro lugar, vale registrar como alguns alunos foram capazes de transferir dados do debate para o contexto da sua realidade, isto é, cogitar o aproveitamento das ideias discutidas nas situações fictícias do jogo para a solução de problemas reais da sua escola: estratégias para lidar com a dificuldade de aprendizagem das crianças, alternativas para usar melhor o espaço da escola, negociações com as famílias para resolver situações específicas etc.

Em segundo lugar, registrou-se a possibilidade de um pensamento mais complexo, capaz de estabelecer relações entre dois problemas. Assim, o dilema de como usar uma verba recebida pela escola foi resolvido, dando-se encaminhamento a outra situação sobre a insuficiência de livros: "Vamos usar o dinheiro daquele caso para comprar mais livros neste caso".

A mediação do adulto no enfrentamento das situações-problema

Muito se tem discutido sobre o papel do adulto responsável no modelo de ABP e, de maneira específica, sobre os modos de mediação em um trabalho centrado no aluno. Trata-se de um aspecto de particular relevância justamente porque a postura que se pretende contraria a tradição escolar na qual a aprendizagem dependia da transmissão feita pelo mestre e do modo autoritário de conduzir o processo. Entre os dois extremos que colocam o aluno ou o professor como figura responsável pelo processo de aprendizagem, importa situar a intervenção do adulto que, atuando como tutor, relativiza essa oposição. Cabe a ele orientar a aprendizagem, mediar os processos cognitivos sem, contudo, abrir mão dos objetivos pretendidos – postura, aliás, já defendida no capítulo anterior.

Considerando essa função de guia, Arantes (2012) e Dalben (2013) chamam a atenção para a importância de estar atento ao processo, interferindo em conflitos e corrigindo rumos para que se possa alcançar uma postura autônoma, consciente e eticamente comprometida. Na prática, isso significa usar estratégias que reforçam ou debilitam hipóteses e ideias sugeridas pelos alunos de acordo com os objetivos desejados.

No Instituto André Franco Vive, essa foi a postura assumida pela pesquisadora, que, mesmo criando um ambiente favorável à livre expressão, interferiu em momentos específicos, chamando os alunos à responsabilidade de suas proposições, como nas seguintes situações:

» Resolução com base no descompromisso pelo espaço público da escola: recusar uma doação de equipamentos feita à instituição de ensino, alegando completo desinteresse pela vida escolar.

» Resolução pela atribuição de punição exagerada aos alunos: expulsar alunos que têm dificuldade de aprender.

» Resolução assumida com base em atitudes violentas ou destrutivas: usar uma verba recebida para derrubar a escola, a fim de "nunca mais ter de voltar lá".

A ESCOLA E A PRODUÇÃO TEXTUAL

» Resolução com base em procedimentos inadequados: deixar um aluno sem comida até que ele aprenda o que está sendo ensinado.

» Resolução com base em procedimentos de humilhação aos alunos: para o aluno com escrita ilegível, escrever cem vezes a frase "a minha letra é muito feia".

Em casos como esses, a proposta foi devolvida com um questionamento ao grupo de alunos, que acabou, por si só e em todas as situações, condenando a proposta ou corrigindo os exageros. Em um episódio típico, quando perguntei a Luiza, do 1º ano, se ela estava de acordo com a ideia de seu parceiro Giovani de usar a verba da escola para comprar uma casa, um carro e uma moto para si, a menina ficou furiosa e argumentou, veementemente, que não se pode "usar o dinheiro dos outros para comprar as suas coisas"; disse para ele pensar bem nas "consequências" do seu ato: "Você pode até ser preso". Por fim, eles decidiram que "o melhor seria comprar comidas para a escola porque o lanche é muito ruim".

Com base nos argumentos aqui desenvolvidos, é possível, em síntese, vislumbrar o impacto da situação-problema como decorrência do amálgama de três dimensões inerentes à situação proposta. No que diz respeito à natureza do problema, o resultado será tão mais eficiente quanto mais ele puder se configurar como uma situação historicamente situada, socialmente relevante e cognitivamente desafiadora. É sobretudo nessa condição que a situação-problema pode romper com saberes preestabelecidos e comportamentos-padrão, remetendo o sujeito a processos reflexivos e questionadores. No que diz respeito ao enfrentamento dos problemas pelos alunos, importa promover práticas colaborativas que, partindo da mobilização para a tarefa, favoreçam a participação na tempestade de ideias e o compartilhamento de posturas para chegar ao posicionamento pessoal e, por meio do debate e da reflexão, à ampliação do conhecimento ou do campo de referência sobre o tema. Finalmente, no que tange ao posicionamento do adulto, é preciso valorizar a mediação equilibrada que possa estimular a construção do conhecimento necessariamente balizada pela postura responsável e eticamente comprometida. Quando o sujeito se apropria de uma realidade por meio da progressiva consciência crítica, tende a estabelecer novos vínculos com ela, com os outros e consigo mesmo.

Resolvendo problemas

Para analisar as soluções ou os encaminhamentos dados pelos alunos do Instituto André Franco Vive aos 32 problemas do game*, apresento a relação deles com a indicação da sua natureza (ênfases administrativa, relacional ou pedagógica) e as respectivas respostas (dadas oralmente ao longo do jogo e por escrito ao final dele), distribuídas por grupo (1º, 3º e 5º ano) e agrupadas pelo sentido das ideias. Apresento também a classificação dessas respostas conforme as categorias que emergiram no conjunto das manifestações: "Criteriosa" (C), "Autoritária" (A), "Diplomática" (D), "Individualista" (I) e "Generosa" (G). A identificação das respostas foi feita por números (atribuídos aleatoriamente a cada resposta ou grupo de respostas) e letras correspondentes às categorias. Dessa forma, "R1 – A", por exemplo, significa "Resolução 1 classificada na categoria "Autoritária".

---

* A numeração dos problemas corresponde ao número da casa na trilha do game, razão pela qual a sequência deles não segue rigorosamente a ordem numérica. Os problemas que se repetiram ao longo da trilha (25, 27 e 30) foram considerados em um único quadro.

A ESCOLA E A PRODUÇÃO TEXTUAL

PROBLEMA 1 - ÊNFASE ADMINISTRATIVA

Os pais e alguns professores querem tirar a mesa de pingue-pongue da escola. Dizem que, por causa do jogo, os alunos demoram a voltar para a classe depois do recreio e chegam muito agitados, o que atrapalha a aula. Como resolver esse problema?

Resoluções	1º ano	3º ano	5º ano
R1 - A: Pais e professores devem tirar a mesa.	1		1
R2 - C: Disponibilizar a mesa só durante o recreio.	3		
R3 - C: Deixar um aviso que só pode usar na hora do recreio.	1	1	

PROBLEMA 2 - ÊNFASE RELACIONAL

Alguns alunos ganharam uma olimpíada intercolegial, mas agora os estudantes estão com dificuldade de decidir onde ficará o troféu. Cada grupo quer que ele fique na sua classe. Como você resolve esse problema?

Resoluções	1º ano	3º ano	5º ano
R4 - G: Fazer mais troféu.	1		
R5 - D: Um dia em cada classe.	2		1
R6 - G: Fazer outra olimpíada para todos ganharem.	1		
R7 - A: Pôr o troféu na secretaria/diretoria.		2	1
R8 - I: Colocar na minha classe.			1

PROBLEMA 4 - ÊNFASE PEDAGÓGICA

Os pais dos alunos estão dizendo que seus filhos têm pouca lição de casa e por isso não aprendem, mas estes dizem que já têm lição demais. Como resolver esse problema?

Resoluções	1º ano	3º ano	5º ano
R9 - A: Passar muita lição e as crianças têm de obedecer.	1	1	
R10 - D: Às vezes, dar mais lição e, às vezes, dar menos, para todo mundo achar bom.	1		
R11 - C: Não exagerar na lição porque as crianças já fazem lição na escola.	1		
R12 - D: Cada um coloca no caderno o que quer fazer.	1		

CONTINUA ▶

CONTINUAÇÃO ▶

R13 – C: Menos lição na escola e mais lição em casa.		1	1
R14 – I: Dar menos lição porque a gente não gosta de fazer lição.			1

PROBLEMA 5 – ÊNFASE RELACIONAL

Os alunos do 4º ano, que viviam ofendendo os colegas, conseguiram resolver essa situação combinando que iriam respeitar os amigos. Eles estão sendo muito elogiados pelos professores, mas as outras classes não querem saber dessa conversa de respeito e continuam amolando os colegas. Como resolver esse problema?

Resoluções	1º ano	3º ano	5º ano
R15 – A: Falar com o diretor.	1	1	1
R16 – A: Falar com as mães/pais para elas/eles brigarem com os filhos.	1	2	
R17 – A: Dar suspensão./Deixar sem recreio por um ano.	1	1	
R18 – C: Melhorar a educação das crianças que não têm educação./Aprender a respeitar os outros.			2
R19 – D: Uns alunos pedem desculpa e os outros não ficam tristes.	1		
R20 – G: Falar para os alunos que só pode chamar o outro de bonitinho, loirinho, bonzinho.	1		
R21 – C: Ninguém toca mais nesse assunto porque os meninos que batem só querem chamar a atenção.			1

PROBLEMA 8 – ÊNFASE ADMINISTRATIVA

Depois de um temporal, a escola ficou alagada. Com isso, foram perdidos livros e cadernos e algumas salas ficaram cheias de barro. A diretora suspendeu as aulas para que a escola fosse arrumada, mas os pais dos alunos estão reclamando de que seus filhos estão perdendo aula. Como resolver esse problema?

Resoluções	1º ano	3º ano	5º ano
R22 – C: Esperar em casa até limpar tudo e ligar para os pais quando tudo estiver em ordem.	1	2	

CONTINUA ▶

A ESCOLA E A PRODUÇÃO TEXTUAL

CONTINUAÇÃO ▶

R23 – C: Arrumar um pano bem grande para limpar mais rápido.	1	
R24 – C: Chamar todo mundo para limpar a escola.	1	1
R25 – C: Esperar a água voltar para o rio (resposta dada com base na imagem da carta, que sugeria um alagamento com objetos boiando).	1	
R26 – C: Dar lição de casa enquanto a escola estiver suja./Passar tarefa pelo computador.	2	2
R27 – A: Mandar a diretora tirar a água bem rápido.	1	
R28 – C: Os pais pegam o rodo de casa e vão ajudar a tirar a água.	1	
R29 – C: Pedir para um limpador limpar mais rápido./Chamar a prefeitura ou o bombeiro para limpar.	1	3
R30 – C: Arrumar tudo rápido.		1
R31 – C: Os pais que reclamam devem dar aula para os filhos no meio da lama.	1	
R32 – C: Limpar o bueiro para não alagar mais.	1	

PROBLEMA 9 – ÊNFASE ADMINISTRATIVA

A escola vai oferecer um curso de teatro com 50 vagas. Como muitos alunos se inscreveram, grande parte deles vai ficar de fora, o que está gerando muita reclamação. Como resolver esse problema?

Resoluções	1º ano	3º ano	5º ano
R33 – C: Dar a vaga só para as crianças que obedecem aos professores.		1	
R34 – C: Dividir em dois grupos para que todos possam participar.	3	1	1
R35 – C: Comprar mais cadeiras./Criar mais vagas.	3		
R36 – C: As crianças que faltarem não vão poder mais ir ao curso e vão dar lugar para outros.	1		
R37 – C: Substituir as crianças que ficam cansadas.	1		
R38 – C: Organizar uma fileira no palco para que todos possam se apresentar.	1		
R39 – C: Fazer um sorteio.			2

SILVIA M. GASPARIAN COLELLO

PROBLEMA 11 - ÊNFASE RELACIONAL

A professora do 4º ano propôs que os seus alunos lessem um livro para discutir em classe. As meninas escolheram um livro do seu interesse, mas os meninos não gostaram da escolha. Essa diferença de opinião está causando uma grande confusão. Como resolver esse problema?

Resoluções	1º ano	3º ano	5º ano
R40 - D: Os meninos leem um livro de menino e as meninas leem um livro de menina./Cada um lê aquilo de que gosta./Dividir a classe em cantinhos, um para meninas e outro para meninos.	1	3	2
R41 - D: Um dia ler o livro das meninas e outro dia ler os livros dos meninos./Cada dia as crianças pegam um livro do seu gosto.	2	1	1
R42 - I: Ler primeiro o livro dos meninos e só depois o das meninas (proposta de um menino, pretendendo dar vantagem aos garotos).			1
R43 - C: Fazer uma votação.		1	1
R44 - A: Professora escolhe um livro para todos.		1	

PROBLEMA 12 - ÊNFASE ADMINISTRATIVA

Para comemorar o dia das crianças, os professores planejam fazer uma festa com muitas brincadeiras. Como estão animados, todos os alunos querem organizá-la. A diretora decidiu que a organização será feita por um grupo de apenas dez alunos. Como resolver esse problema?

Resoluções	1º ano	3º ano	5º ano
R45 - C: Fazer um sorteio.		1	1
R46 - A: Todos falam a sua ideia; a diretora escolhe a ideia só de uns e os outros concordam.		1	
R47 - C: Cada um propõe uma brincadeira e só pode brincar quem a inventou.	1	1	
R48 - C: Chamar dez alunos de cada sala.			1
R49 - D: Aproveitar a ideia de uns e, em outra festa, aproveitar as ideias de outros.	3		
R50 - I: Eu escolho pela figura (referência à ilustração) quem vai ajudar.	1		
R51 - C: Fazer uma votação para decidir quem vai organizá-la.		1	1

CONTINUA ▶

A ESCOLA E A PRODUÇÃO TEXTUAL

CONTINUAÇÃO ▶

R52 – C: Separar por tipo de brincadeira./Separar entre meninos e meninas.		1	1
R53 – G: A diretora pode deixar todos ajudarem.		1	

PROBLEMA 14 – ÊNFASE RELACIONAL

No 4º ano, todo mundo gosta de provocar um menino porque ele não gosta de jogar futebol. Quando a professora foi conversar com a classe sobre essa situação, o menino começou a chorar. Alguns alunos dizem que ele tem de parar de ser bobo e aprender a jogar bola como todo mundo; outros dizem que cada um pode escolher o que gosta de fazer. Como resolver esse problema?

Resoluções	1º ano	3º ano	5º ano
R54 – D: O menino para de chorar e os outros vão jogar futebol sem brigar.	3	1	
R55 – C: Aprender a jogar futebol./Treinar em uma escola de futebol.	1	1	1
R56 – C: Assistir ao futebol na televisão para aprender a jogar.		1	
R57 – C: Pedir para o pai do menino ensinar a ele.	1		
R58 – D: Ele que decide o que quer fazer./Ele pode brincar de outra coisa./Cada um faz o que quer.	3		2
R59 – A: Suspender a aula de educação física.			1
R60 – A: Chamar o pai do menino para brigar com ele.			1

PROBLEMA 15 – ÊNFASE ADMINISTRATIVA

A escola arrecadou dinheiro na festa junina. Alguns professores e alunos acham que este deveria ser usado para comprar computadores para a sala de informática, mas outros acham que seria melhor comprar alimentos para ajudar as famílias de alunos carentes. Como resolver essa situação?

Resoluções	1º ano	3º ano	5º ano
R61 – D: Usar metade do dinheiro para comprar computadores e metade para as famílias.	1	4	1
R62 – G: Dar para as famílias./Dividir entre todos os necessitados.	2	1	3
R63 – I: Usar o dinheiro para comprar computador porque eu queria brincar mais no computador.	1		

PROBLEMA 16 – ÊNFASE ADMINISTRATIVA

A professora do 2º ano ficou doente e não pôde ir à escola por um mês. Os pais dos alunos dessa classe estão bravos porque as crianças não podem ficar todo esse tempo sem aula. Os outros professores da escola dizem que não podem cuidar desses alunos porque já têm as suas classes. Como resolver esse problema?

Resoluções	1º ano	3º ano	5º ano
R64 – C: Contratar outra professora./Chamar uma professora de outra escola.	3	2	
R65 – I: Deixar os alunos de férias para a gente não ter de ir à escola.		1	1
R66 – C: Colocar o professor de educação física, da sala de leitura ou de inglês.	4		

PROBLEMA 18 – ÊNFASE ADMINISTRATIVA

Uma das melhores professoras que a escola já teve acaba de voltar depois de um longo afastamento. Todos os alunos querem que ela seja a sua professora de classe. Em que sala ela deve ficar? Por quê?

Resoluções	1º ano	3º ano	5º ano
R67 – D: A professora deveria ficar um pouco em cada sala.		1	1
R68 – I: Ficar na minha classe.	1	1	1
R69 – C: Ficar no 1º ano porque, nas outras, os alunos só ficam brigando./Ficar na sala que tem menos bagunça.	1		1
R70 – C: Ficar na classe que tem mais bagunça.		1	

PROBLEMA 21 – ÊNFASE PEDAGÓGICA

As professoras da escola reclamam que os alunos conversam muito durante as aulas e, por isso, muitos deles não estão aprendendo. Os alunos dizem que conversam porque as aulas são chatas e eles têm coisas muito mais legais para conversar com os amigos. Como resolver esse problema?

Resoluções	1º ano	3º ano	5º ano
R71 – D: Primeiro fazer a lição e depois conversar no recreio./Metade conversar e metade estudar.		2	2

CONTINUA ▶

A ESCOLA E A PRODUÇÃO TEXTUAL

CONTINUAÇÃO ▶

	1º ano	3º ano	5º ano
R72 – C: Colocar os alunos que conversam mais na frente.	1		
R73 – A: Mandar para a secretaria de castigo.	1		
R74 – A: Reclamar com o diretor./Mandar para a diretoria.	2		
R75 – A: Mandar ficar quieto para aprender./ Mandar parar de conversar e prestar atenção.	3		1
R76 – C: Conversar baixinho.	1		
R77 – A: Expulsar da escola.			1
R78 – A: Colocar na sala de uma professora mais brava.		1	
R79 – A: Colocar na classe do 1º ano como castigo.		1	
R80 – A: Falar para ficar quieto ou senão vai perder as aulas mais legais.			1
R81 – I: A escola tem de dar menos lição porque eu acho chato.		1	
R82 – A: Os pais devem conversar com os filhos.		1	

PROBLEMA 22 – ÊNFASE ADMINISTRATIVA

Uma grande loja vai oferecer uma doação à escola. Considerando que eles podem doar livros para a biblioteca, bolas e materiais esportivos para as aulas de educação física, ventiladores e cortinas para as salas ou um brinquedo para ficar no pátio, o que você escolhe? Por quê?

Resoluções	1º ano	3º ano	5º ano
R83 – C: Livros para aprender a ler e escrever.	1	1	1
R84 – C: Brinquedo, porque na minha escola não tem.	1		2
R85 – I: Nada, porque nada me interessa.			1
R86 – I: Bolas para a aula de educação física, que é a de que eu gosto mais.	2		1
R87 – C: Brinquedos e livros./Não pegar nada para a educação física porque muitos alunos não dão valor para essa aula.		1	
R88 – C: Ventilador e cortinas.		1	1
R89 – I: Pedir computador porque eu gosto.		1	
R90 – D: Pedir livros, cortinas, brinquedos e ventiladores.		1	

PROBLEMA 24 - ÊNFASE PEDAGÓGICA

Os professores perceberam que, em todas as classes, há alunos com muita facilidade de aprender e outros com dificuldade. Por causa disso, fica difícil dar uma mesma lição a todos os alunos da classe: tem sempre gente que não consegue fazer. Como resolver esse problema?

Resoluções	1º ano	3º ano	5º ano
R91 - C: Os alunos que não conseguem devem pedir ajuda.			1
R92 - G: A professora deve ajudar.		1	
R93 - A: Mandar os alunos ruins embora.			1
R94 - D: Dar lição mais fácil para os que não sabem até que eles possam aprender e dar lição mais difícil para quem já sabe./Dividir a classe em dois grupos (os que sabem e os de reforço).	2	2	
R95 - C: As crianças têm de se esforçar para entender./Estudar mais.	1	1	1
R96 - C: As crianças têm de fazer a lição mais rápido para terminar com os outros.	1		
R97 - A: Colocar câmera para ver quem não está prestando atenção e mandar a diretora brigar com eles.	1		
R98 - C: Dar outro tipo de lição.		1	
R99 - C: Dar reforço.			1
R100 - C: Os pais devem ensinar os filhos.		1	

PROBLEMAS 25, 27, 30 - ÊNFASE ADMINISTRATIVA

A escola recebeu uma doação muito grande em dinheiro, que pode ser usada como você achar melhor. Em que você usaria esse dinheiro?

Resoluções	1º ano	3º ano	5º ano
R101 - I: Gastar com as minhas coisas./ Comprar uma casa e um carro e uma moto.	2	1	
R102 - I: Comprar bolas, cordas para pular, brinquedos, tintas e coisas para a sala de artes (critério das coisas de que gosta).	1	3	
R103 - C: Comprar comida/Melhorar a cantina da escola.	4	3	2
R104 - G: Dividir com o mundo inteiro.	1		

CONTINUA ▶

A ESCOLA E A PRODUÇÃO TEXTUAL

CONTINUAÇÃO ▶

R105 – C: Comprar cadernos, livros e papéis.	5		
R106 – C: Mandar construir uma piscina e chamar uns professores que saibam nadar para ensinar as crianças.	1		
R107 – I: Comprar chocolates e bombons (atendimento ao gosto pessoal).	1	1	
R108 – C: Comprar papel higiênico, uma coisa que sempre falta na escola./Comprar carteiras.			3
R109 – C: Fazer passeios.			1
R110 – C: Arrumar a escola.		2	2
R111 – I: Derrubar tudo para não ter de ir à escola.			1
R112 – D: Dividir o dinheiro entre alimentos, livros e computadores para todo mundo ficar contente.	1		1
R113 – D: Comprar mais livros (referência ao problema 29, pretendendo contemplar alunos mais novos e alunos mais velhos).		1	

PROBLEMA 29 – ÊNFASE ADMINISTRATIVA

A escola recebeu uma doação de 50 livros de uma livraria. Considerando que tem livros melhores para os alunos mais velhos e outros mais legais para os mais novos, como você faria a divisão dos livros a ser escolhidos?

Resoluções	1º ano	3º ano	5º ano
R114 – D: Um livro para cada aluno. O que sobrar fica na escola e a professora lê para todos.		1	
R115 – I: Só livros legais para os grandes e historinhas para os pequenos (pretensão de levar vantagem sobre alunos menores).		1	
R116 – D: Pegar gibi, porque todo mundo gosta.			1
R117 – D: Propor uma divisão de livros para agradar a grandes e pequenos.	2	2	2
R118 – I: Livros para os mais velhos.			1
R119 – C: Livros para os mais novos porque eles têm de aprender mais.			1
R120 – C: Construir um muro para separar livros para os grandes e os pequenos./Colocar os livros dos grandes e os dos pequenos em diferentes prateleiras.		2	

PROBLEMA 31 - ÊNFASE ADMINISTRATIVA

A escola só tem uma quadra. O professor de educação física do 1º e do 2º anos quer usá-la, pois seus alunos são menores e precisam de atenção. O professor dos 3º, 4º e 5º anos diz que ele deve ficar com a quadra, pois seus alunos precisam de mais espaço. As aulas que não acontecerem na quadra serão em um pátio bem pequeno, por isso todo mundo quer aula lá. Como resolver esse problema? .

Resoluções	1º ano	3º ano	5º ano
R121 - C: Fazer mais duas quadras para acabar com a briga e também comprar mais bolas.	1	1	
R122 - D: Dividir a quadra.		2	1
R123 - A: Queimar a quadra, assim não fica para ninguém.			1
R124 - A: Mandar os professores resolverem na diretoria.	1		
R125 - C: Para os maiores (concordando que os alunos maiores "precisam de mais espaço").	2		
R126 - D: Fazer um rodízio para dividir os dias de usar a quadra.	2		1
R127 - C: Para os pequenos (concordando que os "menores precisam de mais atenção").		1	

PROBLEMA 33 - ÊNFASE PEDAGÓGICA

Chegaram à escola três estagiários, que podem ficar nas classes como ajudantes de professores. Em que salas eles devem ficar: 1º, 2º, 3º, 4º ou 5º ano? Por quê?

Resoluções	1º ano	3º ano	5º ano
R128 - C: Mandar as estagiárias aos anos iniciais, para ajudar os alunos que não sabem ler nem escrever.	1	1	
R129 - C: Colocar no 4º ou 5º ano porque eles fazem muita bagunça./Colocar nas classes que têm mais bagunça.	4		
R130 - C: Colocar no 2º ano (referência ao problema 16).	3		
R131 - I: Colocar no 2º ano, que é a minha próxima classe.	1		

CONTINUA ▶

A ESCOLA E A PRODUÇÃO TEXTUAL

CONTINUAÇÃO ▶

R132 – C: Colocar no 5º ano porque é a classe que tem de ensinar mais coisas.	1	
R133 – C: Colocar no 1º e 2º anos (para ajudar os menores) e no 4º ano (porque a professora deles não aguenta mais; são os que fazem mais bagunça).	1	1
R134 – C: Colocar no 1º ano porque são os mais agitados; no 2º para levar mais à biblioteca e no 3º para poder dar mais lição (porque no 4º e no 5º eles já sabem mais coisas).	1	

PROBLEMA 35 – ÊNFASE ADMINISTRATIVA

A escola tem feito várias reuniões de pais, mas a maioria deles não vai. Como as famílias não acompanham os acontecimentos da escola, elas perdem a chance de ajudar seus filhos. Como resolver esse problema?

Resoluções	1º ano	3º ano	5º ano
R135 – A: Os pais que não vão devem tirar os filhos da escola.			1
R136 – C: Avisar os pais que a reunião é para falar sobre os filhos.	1		
R137 – A: Mandar uma ocorrência pelos filhos dizendo que, se eles não forem, vão para o conselho tutelar.			1
R138 – A: Chamar o conselho tutelar.			1
R139 – A: Obrigar a ir à reunião.		1	
R140 – C: Os pais que não forem devem perguntar para os que foram como foi a reunião.		1	

PROBLEMA 36 – ÊNFASE ADMINISTRATIVA

A escola recebeu uma verba inesperada do governo. Alguns professores e alunos acham que o dinheiro deve ser usado para colocar grades nos muros e janelas para aumentar a segurança, enquanto outros acham que é preciso comprar novos livros para a biblioteca. Como você resolveria essa situação?

Resoluções	1º ano	3º ano	5º ano
R141 – D: Usar o dinheiro para as duas coisas./ Juntar mais dinheiro para fazer os dois.		1	1
R142 – C: Comprar livros.	2		2

CONTINUA ▶

CONTINUAÇÃO ▶

R143 – C: Colocar grades nas janelas para os alunos não fugirem.	1	
R144 – C: Colocar grades de segurança para não entrar ladrão.		1

PROBLEMA 37 – ÊNFASE PEDAGÓGICA

A professora do 4º ano está reclamando que os alunos estão escrevendo com letra muito feia e diz que isso atrapalha a leitura. Os alunos não conseguem melhorar nem acham que isso é muito importante. Como resolver esse problema?

Resoluções	1º ano	3º ano	5º ano
R145 – C: Parar de escrever muito forte e não escrever muito grande.		1	
R146 – A: A professora manda apagar a lição e fazer de novo.	2		
R147 – C: Usar caderno de caligrafia.	2	1	2
R148 – A: Mandar escrever cem vezes "a minha letra é muito feia".	1		
R149 – A: Colocar carimbo no caderno dizendo que a letra está feia para a mãe bater na criança.	1		
R150 – C: Usar um lápis mais mole.		1	

PROBLEMA 38 – ÊNFASE PEDAGÓGICA

Para resolver as dificuldades de matemática na escola, vários alunos que gostam muito dessa matéria estão querendo ajudar seus colegas. Alguns pais são contra essa ideia, pois acham que só os professores devem ensinar. Como você resolveria esse problema?

Resoluções	1º ano	3º ano	5º ano
R151 – C: O professor ensina um de cada vez.	1		
R152 – C: O professor coloca várias contas na lousa para ver quem não sabe e ajudá-los./ O professor que tem de ajudar.	2	1	
R153 – C: Passar mais lição de matemática para os pais ajudarem em casa.		1	
R154 – C: Os alunos têm de ter mais vontade de aprender.	1		

CONTINUA ▶

A ESCOLA E A PRODUÇÃO TEXTUAL

CONTINUAÇÃO ▶

R155 – C: Os colegas sabem ajudar./Deixar as crianças ajudarem./Eles podem ajudar um pouco, mas não na prova.	3	1
R156 – C: Os pais que não querem ajuda que ensinem os filhos.		1

PROBLEMA 40 – ÊNFASE RELACIONAL

Na hora do recreio, as crianças trocaram jogos e brincadeiras por provocações aos colegas. Algumas estão ficando irritadas e até com medo da situação. Por causa disso, dizem que não querem mais ir à escola. Os outros alunos dão risada e dizem que estão só brincando. Como resolver esse problema?

Resoluções	1º ano	3º ano	5º ano
R157 – C: Falar com os alunos que brigam.		1	
R158 – A: Dar suspensão./Deixar sem recreio./Dar castigo.	2	2	2
R159 – A: Colocar mais inspetores no pátio.		1	1
R160 – A: Mandar alguém segurar quem está brigando./Separar a briga.	2		
R161 – C: Mudar de sala o aluno com medo.		1	
R162 – C: Fazer mais brincadeiras.			1
R163 – C: Ter educação.			1
R164 – C: Parar de brigar e voltar a estudar.		1	
R165 – A: Chamar a mãe deles para resolver a situação.			1
R166 – C: Ser amigo de quem não briga.		1	
R167 – A: Levar os que brigam para a diretoria.	1		
R168 – I: "Os meninos se acham e depois apanham e depois não sabem por que ficam brigando." [Referência aos alunos que apanham porque ficam provocando os colegas.]			1
R169 – A: Mandar pedir desculpa nem que eles não queiram.	2		
R170 – C: Dividir o recreio.		1	

PROBLEMA 42 - ÊNFASE ADMINISTRATIVA

A escola construiu duas novas salas. Alguns professores querem que as classes superlotadas de alunos sejam divididas. Outros sugerem que uma delas seja usada como brinquedoteca e outra como sala de computadores. Como resolver esse problema?

Resoluções	1º ano	3º ano	5º ano
R171 - C: Esperar até o outro ano para dividir as classes.		1	1
R172 - C: Construir mais salas.		1	
R173 - D: Uma para brinquedoteca e outra para aula.		1	
R174 - I: Usar para os computadores porque eu gosto.	1		1
R175 - D: Informática e sala de aula.	1	1	
R176 - D: Brinquedoteca e sala para computadores.	1		
R177 - C: Usar para dividir as salas e para computadores, porque os brinquedos podem ser levados para a classe e os outros [referência a outras opções] vão ajudar a aprender./Porque com computador também dá para brincar.	3		
R178 - C: Usar para brinquedo porque isso não tem na escola.			1

PROBLEMA 44 - ÊNFASE ADMINISTRATIVA

A escola tem muitos livros. Alunos e professores gostariam de poder usá--los para os estudos e para a diversão, mas, como não há um espaço adequado para organizar uma biblioteca, eles ficam guardados em caixas, que já estão até empoeiradas. Por isso, as pessoas da escola acabam lendo muito pouco. Como resolver esse problema?

Resoluções	1º ano	3º ano	5º ano
R179 - C: Arranjar uma sala e organizar os livros.		1	
R180 - C: Limpar os livros.			1
R181 - C: Colocá-los nas estantes da sala.			1
R182 - C: Colocá-los em uma sala que não é usada			1
R183 - C: Colocar os grandes em uma prateleira de cima e os pequenos na prateleira de baixo.	1		

CONTINUA ▶

A ESCOLA E A PRODUÇÃO TEXTUAL

CONTINUAÇÃO ▶

R184 – I: Levar os livros para casa.	1		
R185 – C: Já que os livros estão empoeirados, é melhor jogá-los no lixo.	1		
R186 – C: A professora manda buscar os livros de fileira em fileira para ler na classe.			1
R187 – C: Gastar o dinheiro para fazer a biblioteca (referência à situação 30).			1

PROBLEMA 46 – ÊNFASE RELACIONAL

Dois alunos da escola, um menino e uma menina, ganharam a olimpíada estadual de matemática. Os pais e os professores ficaram muito orgulhosos, mas alguns alunos, com inveja, passaram a discriminá-los e chamá-los de "nerds", implicando com tudo que eles fazem. Por causa disso, os dois já disseram que não querem mais participar da próxima olimpíada. Como resolver esse problema?

Resoluções	1º ano	3º ano	5º ano
R188 – A: Não deixar os alunos que zoam participar da próxima olimpíada.		1	
R189 – A: Reclamar com as mães dos que estão zoando.	1		
R190 – A: A diretora manda embora os que zoam e os bons alunos voltam a disputar a olimpíada.	1		
R191 – A: Suspender alunos./Dar castigo.	1		1
R192 – G: Deixar os vencedores levarem o troféu para casa por um dia. Depois, emprestar por um dia para os que estão zoando. Aí eles não vão mais zoar.		1	
R193 – G: Fazer um monte de troféus.	1		
R194 – G: Fazer outra olimpíada para dar mais oportunidades para outros ganharem e colocar até os alunos que zoam para participar.			2
R195 – C: Falar para os alunos não ficarem mais com inveja.		1	
R196 – C: Falar para os vencedores não ligarem para a amolação.		1	
R197 – D: Fazer um concurso de português porque aí os que gostam mais dessa matéria podem participar e entender a situação.		1	

PROBLEMA 48 - ÊNFASE PEDAGÓGICA

A professora do 2º ano disse que já explicou uma lição mil vezes, mas os alunos não estão conseguindo aprender o que ela ensina. Como resolver esse problema?

Resoluções	1º ano	3º ano	5º ano
R198 – C: Dar uma lição mais fácil e depois as mais difíceis.		1	
R199 – A: Os alunos devem prestar mais atenção quando a professora explica./Escutar e ouvir a lição para não ficar burro.	1	1	
R200 – A: Fazer os alunos com dificuldade repetirem de ano.		1	
R201 – A: Parar de conversar na classe e obedecer à professora.		1	
R202 – C: A professora pode ir soletrando./ A professora que tem de ajudar.	2	1	
R203 – A: Conversar com as mães para elas brigarem como os filhos.	1		
R204 – A: Mandar para o diretor.	1		
R205 – A: Deixar a criança que não aprende sem tomar café.	1		
R206 – C: Dar reforço.			1

PROBLEMA 49 - ÊNFASE RELACIONAL

Os alunos do 4º ano organizaram uma exposição de desenhos. No dia seguinte, alguns desenhos apareceram rasgados. Mesmo sem saber de quem é a culpa, certos alunos querem destruir os trabalhos dos outros para se vingar. O diretor decidiu que não haverá mais exposição de trabalhos, mas, se isso acontecer, muitas crianças vão ficar tristes. Como resolver esse problema?

Resoluções	1º ano	3º ano	5º ano
R207 – C: Colocar um vidro/uma grade por cima dos desenhos.	1	2	
R208 – A: Colocar uma câmera para ver quem rasga os desenhos.		2	1
R209 – I: Cada um que fique cuidando do seu desenho.		1	
R210 – A: O diretor deve ficar olhando.	1		

CONTINUA ▶

A ESCOLA E A PRODUÇÃO TEXTUAL

CONTINUAÇÃO ▶

R211 – C: Jogar o desenho rasgado no lixo, fazer outro desenho e colocá-lo na parede.	2		
R212 – A: Colocar quem está rasgando desenhos de castigo./Dar suspensão.	1	1	
R213 – G: A diretora dá a última chance e as crianças não fazem mais isso.	1		
R214 – A: A mãe busca o filho na escola e ele fica suspenso.	1		
R215 – C: Conversar com os alunos.			1
R216 – A: Chamar os pais para eles brigarem com os filhos.			1
R217 – C: Fazer uma exposição só na sala.			1
R218 – C: Levar os desenhos para casa.		1	

PROBLEMA 52 – ÊNFASE RELACIONAL

No pátio da escola só tem uma mesa de pingue-pongue. Os alunos brigam porque todos querem jogar e os alunos maiores acabam levando vantagem, ocupando a mesa durante o recreio e os horários livres. Como resolver esse problema?

Resoluções	1º ano	3º ano	5º ano
R219 – C: Fazer uma fila dos grandes e uma fila de pequenos; os grandes jogam contra os pequenos.	1	1	
R220 – D: Comprar mais uma mesa para todo mundo jogar.	1	1	1
R221 – A: Reclamar na secretaria.	1		
R222 – D: Um dia para os grandes e um dia para os pequenos.			1
R223– D: Todo mundo tem de brincar.		1	

Dimensão quantitativa da resolução de problemas

O conjunto dos dados apresentados põe em evidência a pluralidade de respostas, compondo um total de 404 resoluções ou encaminhamentos que, agrupados por convergência de ideias, resultaram em 223 respostas. Se levarmos em conta o número médio de resoluções por criança (16,6 no 1º ano, 12,6 no 3º ano e 11,2 no 5º ano) e, ainda, que o jogo, realizado em pares, duplica as formas de acesso ao tema, fica patente a grande pulverização de ideias no curto espaço de tempo de cada partida do game.

A diversidade de encaminhamentos mostra como os alunos, mesmo em contextos sociais, escolares e discursivos semelhantes, são capazes de recriar a realidade, interpretando-a por diferentes vias – dado que se contrapõe à tendência de reprodução de discursos e argumentos nas fases anteriores. Essa diversidade pode ser comprovada na Tabela 6 (p. 249).

Considerando o total das respostas em cada grupo, observa-se, do 1º ao 5º ano, uma curva decrescente do número de respostas evocadas. Ainda que essa diferença quantitativa entre os grupos não possa ser tomada como dado absoluto*, ela sugere uma tendência de progressivo "menos dizer" que merece ser registrada.

Na tentativa de explicar por que as crianças (ao longo da sucessão dos anos escolares e da faixa etária) evocam menos ideias para resolver os problemas, é possível apontar diferentes hipóteses não necessariamente excludentes. Pela perspectiva das crianças menores, vale lembrar o maior entusiasmo delas com o jogo, razão pela qual não hesitavam em dar várias respostas para cada situação-problema independentemente do turno do jogador. Pela perspectiva dos alunos maiores, a evocação espontânea de resoluções pode ter sido refreada porque eles, acostumados com práticas mais competitivas e menos colaborativas em jogos, acharam que não lhes cabia intervir fora de seu turno ou em função do crescente espírito crítico e da autocensura esperados na progressão da faixa etária. Além disso, não se pode esquecer do efeito do

---

* Como se trata de um jogo de sorte (movido pelo dado), o número de jogadas por jogador e em cada partida variou.

A ESCOLA E A PRODUÇÃO TEXTUAL

gradativo processo de silenciamento que a escola costuma exercer sobre as crianças. O dado que aqui se apresenta pode ser mais uma evidência de que "a mesma escola que supostamente ensina a ler e escrever contribui para o esfacelamento do potencial criativo, para a restrição ou o esvaziamento das manifestações expressivas e para o atentado ao direito do dizer e transformar" (Colello, 2012, p. 240).

TABELA 6 • Distribuição da resolução de problemas no game

ÊNFASE	CATEGORIA	1º ANO	3º ANO	5º ANO	TOTAL
Administrativa	Autoritária	3	2	5	10
	Criteriosa	51	33	38	122
	Diplomática	11	15	9	35
	Generosa	3	2	3	8
	Individualista	11	9	7	27
Pedagógica	Autoritária	16	7	4	27
	Criteriosa	25	14	10	49
	Diplomática	4	4	2	10
	Generosa	0	1	0	1
	Individualista	1	1	1	3
Relacional	Autoritária	17	14	11	42
	Criteriosa	6	14	9	29
	Diplomática	13	8	8	29
	Generosa	5	1	2	8
	Individualista	0	1	3	4
Total		**166**	**126**	**112**	**404**

No plano quantitativo, temos, portanto, uma situação paradoxal. De um lado, comprova-se o potencial das crianças de, em face de uma atividade lúdica, prazerosa e provocativa como o game, reagir fazendo circular um montante considerável de ideias (e de novas ideias); de outro, há indícios de um processo de silenciamerıto, em grande parte processado pela própria escola.

Dimensão qualitativa das resoluções de problemas

Afinal, como os alunos do Instituto André Franco Vive resolveram os problemas a eles apresentados?

Avançando nas considerações, não parece exagero supor que, para além dos dados quantitativos indicativos da tendência do "menos dizer", as resoluções evocadas podem, pela análise qualitativa, caracterizar-se por dois aspectos: os parâmetros que sustentam as respostas e os padrões de pensamento fincados em determinados critérios de abordagem.

Parâmetros que sustentam a resolução de problemas

De modo geral, são quatro os parâmetros que apoiam a resolução de situações-problema: *referências sociais*, *vivências escolares*, *experiências pessoais* e *construções estabelecidas com base em uma lógica própria*.

No primeiro caso, comprovando a assimilação de *referências tipicamente sociais*, as crianças resolveram muitos problemas, ora lançando mão de critérios mais democráticos – como "fazer uma votação" ou "um sorteio" –, ora valendo-se de princípios moralistas e de meritocracia, como "dar as vagas do curso de teatro só para as crianças que obedecem".

Ao se apoiar nas *vivências da escola*, elas sugeriram que a professora, no seu típico papel de controle e tomada de decisão, "escolhesse um livro de leitura para todos os alunos lerem", ou que os "alunos com dificuldades repetissem de ano". Algumas vezes, recorreram a estratégias já vistas na escola para resolver um problema semelhante ao do game. Esse foi, provavelmente, o caso

A ESCOLA E A PRODUÇÃO TEXTUAL

de quatro alunos do 1º ano que sugeriram o "deslocamento de professores especialistas para cobrir a falta de um professor de sala".

Quando se basearam em *experiências pessoais*, ficou patente que as crianças são capazes de se transferir do plano vivido para o plano refletido acionado por situações inéditas. Assim, para remediar o caso de pais que não vão à reunião na escola, uma aluna sugeriu que "eles perguntassem para os pais que estiveram presentes", supostamente informando-se sobre os assuntos discutidos. Um aluno, valendo-se da própria estratégia, propõe que, para melhorar a caligrafia, as pessoas devem "parar de escrever forte e não escrever muito grande".

Quando, em vez de se basearem em experiências já testadas na prática, as crianças lançaram mão de *lógicas pessoais*, observou-se o aparecimento de "estranhas sugestões", como: "Aprender a jogar futebol pela televisão"; "Usar um pano muito grande para limpar a escola mais rápido"; "Cada criança ficar cuidando de seu próprio desenho exposto no mural" para que ele não seja rasgado.

Quando as situações foram mal compreendidas pelos sujeitos ou quando os parâmetros para a resolução de problemas não estavam claros, surgiram *mecanismos de mudança da estrutura do problema* e *estratégias de escape*. Embora estas tenham sido ocorrências raras, elas merecem destaque porque explicam a imprecisão de critérios dos encaminhamentos, assim como modos distorcidos de resolução de problemas.

No que diz respeito ao primeiro – *mudança na estrutura do problema* –, vale registrar a resposta incoerente de um aluno que, diante da inexistência de um espaço adequado para organizar uma biblioteca, sugere "arranjar uma sala para organizar os livros". Para esse tipo de ocorrência, Luria (1990), em seus estudos sobre a resolução de problemas, registrou casos correspondentes, que se explicam pela dificuldade básica de abstrair as condições do problema e raciocinar dentro de seus limites.

No que diz respeito aos *escapes*, Colello (2012), entre os vários motivos relacionados a essa estratégia na escrita infantil, toca em duas razões particularmente significativas para explicar as ocorrências aqui registradas. Em primeiro lugar, a compreensão insuficiente da situação, que pode levar um aluno a uma "resposta por aproximação", consolidada por uma proposição mal enfocada. Esse parece ter sido o caso de R120, que, diante da dificuldade de estabelecer critérios para escolher livros às crianças mais velhas e às mais novas (Problema 29), recomenda que se "construa um muro para separar livros para os grandes e para os pequenos". Ocorrência semelhante também foi observada na R183, quando, na falta de um espaço para a biblioteca (Problema 44), uma menina propôs que "fossem colocados os livros grandes nas prateleiras de cima e os livros pequenos nas prateleiras de baixo". Nesses casos, as respostas desconexas foram, sem dúvida, encaminhamentos aproximados para situações mal compreendidas, mas que, mesmo assim, denotam a disposição para enfrentar os desafios na medida do possível.

Em segundo lugar, Colello (2012) menciona tentativas de expressão das ideias, que se perdem ou se desviam de seu propósito original, transparecendo na forma de proposições incongruentes e desconectadas do problema em si. Representando essa possibilidade, a R168 merece destaque como exemplo típico de alguém que, sentindo-se implicado na situação, faz questão de se pronunciar sobre o problema, perdendo de vista o objetivo de dar um encaminhamento a ele. Marcos, do 5º ano, conhecido na escola por agredir as crianças menores, viu no Problema 40 a oportunidade de justificar a razão pela qual os meninos maiores relativizam o caso quando são repreendidos por provocar os alunos menores. Ao responder

A ESCOLA E A PRODUÇÃO TEXTUAL

"os meninos se acham e depois apanham e depois não sabem por que ficam brigando", seu objetivo foi explicar que as agressões fazem parte de um jogo "de mão dupla", que tem origem no comportamento de quem é agredido. Com essa preocupação em foco, deixou de resolver o problema objetivamente.

Padrões de pensamento na resolução de problemas

Tendo explicitado os principais parâmetros para a resolução de problemas, analisemos os padrões de pensamento que nortearam os encaminhamentos. Nesse sentido, a relação e a distribuição das categorias de resolução podem contribuir para a compreensão de como as crianças estudadas lidaram com dada realidade pela via do jogo.

A categoria *Criteriosa*, predominante no conjunto dos alunos estudados, ficou patente pelo esforço deles em buscar critérios de solução minimamente convincentes, que foram assumidos de diferentes perspectivas e interpretações, dando origem às seguintes subcategorias:

» Suprimir lacunas: critério adotado pela preocupação dos alunos em tomar iniciativas para atender às necessidades materiais ou pedagógicas da escola: "Pedir brinquedos porque na minha escola não tem"; "Comprar papel higiênico, uma coisa que sempre falta". Em abordagens mais complexas, os critérios contemplaram, ao mesmo tempo, diferentes frentes de necessidade: "Colocar os estagiários recém-chegados no 1º ano porque eles são os mais agitados, no 2º para levar mais na biblioteca e no 3º para dar mais lição (porque no 4º e no 5º os alunos já sabem das coisas)".

» Adotar medidas objetivas: critério mais usado quando os alunos acharam que a resolução dependia de providências rápidas e pontuais, como "Chamar os pais para ajudar a tirar a água da escola alagada".

» Adotar alternativas estratégicas: critério assumido quando os alunos acreditavam que o acerto dependia do modo de conduzir a situação. No impasse para conseguir mais vagas no curso de teatro, os alunos aconselharam "dividir os alunos em dois grupos para todos os alunos participarem" e "organizar uma fileira no palco para todo mundo se apresentar".

» Tomar medidas neutras: com a preocupação de tomar iniciativas partindo de um critério independente, os alunos sugeriram "fazer uma votação" ou um "sorteio".

» Estabelecer regras: critério adotado quando o problema foi visto como falta de ordem, havendo necessidade de normatizar a situação ("Só pode usar a mesa de pingue-pongue no horário do recreio").

» Eliminar a causa do problema: soluções que tiveram como critério enfrentar a situação eliminando as suas causas, fosse por meio de ajustamentos na estrutura da escola, fosse corrigindo comportamentos ou sentimentos inadequados. Eis alguns exemplos: "Construir mais duas quadras na escola para acabar com a briga" pela disputa de espaços; "Melhorar a educação de quem não tem educação".

» Adotar critérios de merecimento: estratégia assumida para propor uma solução supostamente justa ("A boa professora que está voltando à escola deve ficar na classe que tem menos bagunça") ou descartar uma alternativa ("Não comprar nada para educação física porque muitos alunos não dão valor para essa aula").

» Restruturar a situação: critério adotado sobretudo quando o problema parecia insolúvel, como foi o caso da sugestão para "deixar os alunos em férias" pelo período em que a professora, por motivos de saúde, não pudesse dar aulas.

A ESCOLA E A PRODUÇÃO TEXTUAL

» Prevenir o problema: encaminhamentos assumidos quando as crianças entendiam que a melhor forma de resolução era a adoção de medidas para que o problema não se repetisse. Nesse caso, a informação objetivamente dada aos pais pode parecer o melhor caminho para garantir a presença deles nas reuniões da escola ("Avisar os pais que a reunião é para falar sobre os filhos").

» Contornar o problema: critério particularmente curioso porque parte da convicção dos alunos de que a melhor forma de resolver certas questões é não enfrentá-las diretamente ("Ninguém tocar mais no assunto porque os meninos que batem só querem chamar a atenção").

» Envolver os queixosos na solução: critério acionado sobretudo quando os alunos não concordavam com a posição de uma das partes, lançando a ela o ônus do seu desacordo. Assim, aquelas famílias que estão reclamando da falta de aulas na situação da escola alagada "devem dar aula para os filhos no meio da lama".

» Adiamento da resolução: encaminhamentos acionados em impasses particularmente difíceis. Isso ocorreu, por exemplo, quando os alunos, diante da dificuldade de atribuir um uso às novas salas da escola, acharam que a melhor conduta seria "Esperar até o outro ano para dividir as classes".

A categoria *Autoritária* foi assim denominada por se configurar como um padrão de pensamento baseado em princípios coercitivos ou em figuras representativas de autoridade. Segundo critério mais adotado entre os alunos, ela foi distribuída nas seguintes subcategorias, não necessariamente excludentes entre si:

» Impor submissão: encaminhamentos baseados no princípio da necessidade de sujeição dos alunos à autoridade: "Passar muita lição e as crianças têm de obedecer" e "Mandar pedir desculpa nem que os alunos não queiram".

» Apelar para instâncias de poder: soluções que lançaram mão das figuras de autoridade como instâncias máximas para resolver conflitos: "Chamar o Conselho Tutelar"; "A diretora manda embora os que zoam com os outros".

» Adotar mecanismos de controle: encaminhamentos pautados nas medidas de supervisão para o maior comedimento dos alunos: "Colocar câmera para ver quem não está prestando atenção e mandar a diretora brigar com eles"; "Colocar mais inspetores no pátio".

» Adotar mecanismos de ameaça: encaminhamentos nos quais a intimidação foi a estratégia escolhida para resolver os conflitos: "Falar para ficar quieto senão vai perder as aulas mais legais"; "Mandar [aos pais] uma ocorrência pelos filhos dizendo que, se eles não forem à reunião, vão para o conselho tutelar".

» Adotar mecanismos de punição: soluções que pretenderam lidar com os conflitos pela atribuição de castigos: "Deixar sem recreio por um ano"; "Expulsar da escola".

» Adotar mecanismos de rebaixamento ou de vexação: como variável da subcategoria anterior, a punição, nesses casos, é atribuída pela imposição de situações humilhantes: "Colocar os alunos mais velhos na classe do 1º ano como castigo"; "Mandar escrever 100 vezes 'A minha letra é muito feia'".

A categoria *Diplomática* foi marcada pela preocupação dos alunos em contemplar as diferentes partes envolvidas na situação-problema. Como terceiro padrão de pensamento mais utilizado (praticamente empatado com os encaminhamentos autoritários), ela aparece distribuída nas seguintes subcategorias:

A ESCOLA E A PRODUÇÃO TEXTUAL

» Contemplar a todos pela alternância de condutas: com a preocupação de atender às diferentes partes envolvidas, os encaminhamentos procuraram equilibrar procedimentos: "Às vezes dar mais lição e às vezes dar menos para todo mundo achar bom".
» Contemplar a todos pela diversidade de condutas: soluções adotadas pelo princípio da livre escolha: "Cada um coloca no caderno o que quer fazer".
» Contemplar a todos por meio de uma conduta intermediária: encaminhamentos que procuraram, com uma única medida, atender a diferentes interesses: "Usar metade do dinheiro para comprar computadores e metade para ajudar as famílias".
» Contemplar a todos por meio de uma conduta comum: encaminhamentos que procuram medidas conciliatórias. Assim, no caso de ter de escolher material de leitura para a escola, abrindo mão do critério de livros para os grandes e para os pequenos, "pegar gibi, porque todo mundo gosta".
» Contemplar a todos por meio de negociação entre as partes envolvidas: buscar no entendimento entre as partes a solução para o problema: "Uns pedem desculpa e outros não ficam mais tristes".

A categoria *Individualista* congregou soluções pensadas do ponto de vista do sujeito, visando a benefícios (vantagens ou poder de decisão). Nesse sentido, é curioso perceber como as respostas dessa categoria tendem a confundir a situação fictícia apresentada pelo game com a própria realidade. Aparecendo em apenas 8% dos casos, mas como linha crescente, do 1º ao 5º ano, as resoluções individualistas subdividiram-se em três tipos de abordagem:

» Propor soluções em causa própria: encaminhamentos visando ao benefício pessoal: "Usar o dinheiro disponível para comprar computador porque eu queria brincar mais no computador".

» Propor soluções em benefício de seu grupo: nesse caso, próximo da subcategoria anterior, o benefício foi pensado como estratégia de favorecimento de determinado grupo. Assim, no impasse de onde colocar o troféu conquistado pela escola, uma aluna sugere: "Colocar na minha classe".

» Atribuir a si o poder de decisão: no enfrentamento do impasse, o poder de decisão é assumido pelo próprio sujeito: "Eu escolho quem vai ajudar".

A categoria *Generosa*, como padrão de pensamento minoritário entre os alunos, caracterizou-se como iniciativa para beneficiar alguém ou um grupo de pessoas. Suas subcategorias são:

» Assumir uma postura pessoal em benefício de outro(s): ao perceber interesses, sentimentos ou necessidades dos outros e se solidarizar com eles, os encaminhamentos dessa subcategoria procuraram contemplá-los: "Fazer uma olimpíada para dar mais oportunidade e colocar até os que zoam para participar"; "Dividir o dinheiro com o mundo inteiro".

» Esperar de outra pessoa uma conduta generosa: encaminhamentos forjados pela suposição da generosidade de quem, de fato, pode ajudar os outros: "A professora deve ajudar"; "A diretora pode deixar todos ajudarem".

» Sugerir um procedimento generoso: soluções baseadas em benevolência e altruísmo: "Falar para os alunos que só pode chamar o outro de bonitinho, loirinho, bonzinho".

O Gráfico 3 sintetiza a distribuição geral das categorias de resolução de problemas do game.

GRÁFICO 3 • Categorias de resolução de problemas do game

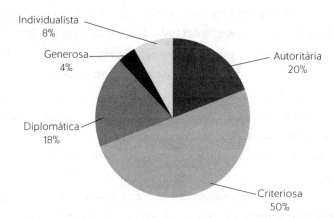

De forma resumida (considerando-se a distribuição das categorias geral e por grupos de alunos), pode-se dizer que a categoria *Criteriosa* prevaleceu no plano geral e em todos os grupos, com aproximadamente metade das respostas dadas pelos alunos, seguida pela categoria *Autoritária* nos 1º e no 3º anos. A predominância delas sugere que os alunos procuram resolver as situações-problema com base em critérios supostamente justificados por razões convincentes ou por princípios hierárquicos. Em contraposição, a categoria *Diplomática*, apontando para a possibilidade de negociação e para o desejo de contemplar a todos, aparece como uma terceira força na organização do pensamento. *Individualista* e *Generosa* são categorias minoritárias, a primeira aparecendo em dobro com relação à segunda, indicando que os princípios autocentrados estão sobrepostos aos altruístas.

A despeito da pequena variação entre os três grupos estudados, a diferença entre eles é insignificante. Essa comprovação da existência de um mesmo padrão de pensamento para a resolução de problemas significa que os meninos e meninas estudados, independentemente da faixa etária ou do grau de escolaridade, tendem a lidar com as situações de modo semelhante e estável. Um modo provavelmente constituído pelas forças da sociedade, pelos valores culturais e, sobretudo, pelas vivências escolares, já que o tema tratado versava sobre a própria escola.

A estabilidade dos padrões de pensamento não é, contudo, imune aos diferentes apelos feitos pelos problemas, cujas ênfases – administrativa, pedagógica e relacional – deram origem a consideráveis variações.

Quando o apelo da situação-problema incide sobre aspectos administrativos, a categoria *Criteriosa* predomina, sendo seguida, em menor escala, pelas iniciativas *Diplomáticas*. Esse quadro sugere que, na organização do funcionamento da escola, os alunos procuram eleger como prioridade critérios convincentes, seguidos pelo desejo de atender a todos. A categoria *Individualista*, como terceira força, revela uma pequena tendência de buscar benefícios em causa própria (ou de seu grupo). As iniciativas *Autoritárias* e as *Generosas* por sua vez, aparecem diluídas nessa esfera.

Nas situações com ênfase pedagógica, a busca de critérios continua a predominar em mais da metade das resoluções, ao mesmo tempo que a categoria *Autoritária* sobe significativamente para regular as situações em sala de aula. Assim, o uso de critérios seguido pelos valores de hierarquia e força divide os principais encaminhamentos relacionados à aprendizagem, deixando a iniciativa *Diplomática* como possibilidade relativamente remota. Nesse plano, quase não sobra espaço para alternativas individualistas ou generosas.

Ao lidar com os problemas relacionais, os alunos valorizam prioritariamente encaminhamentos autoritários, diplomáticos e por critérios, evidenciando um significativo equilíbrio de forças

A ESCOLA E A PRODUÇÃO TEXTUAL

como base para as formas de convivência entre as pessoas. Equilíbrio que, mesmo contemplando a possibilidade de negociação e de estabelecimento de critérios, é regido sobretudo pelas relações de poder. Como contraponto à autoridade, que predomina só nas situações relacionais, a categoria *Generosa*, ainda que diminuta, amplia-se na comparação com as outras modalidades de problema, acenando para uma discreta tendência nessa esfera. A iniciativa *Individualista* como caminho para o tratamento das relações humanas aparece de modo insignificante, apenas para marcar uma posição de que, também aí, permanece o germe de posturas autocentradas.

Considerações: a resolução de problemas como caminho para a formação e para a aprendizagem

Mais do que comprovar os méritos das metodologias ativas e, em particular, da ABP, a investigação aqui realizada procurou mostrar como a resolução de problemas pode transformar os paradigmas educativos no ensino fundamental. Incidindo diretamente sobre as relações com o objeto de conhecimento, as situações-problema, lançadas com os propósitos de ampliar referências e estimular reflexões, mostraram-se profícuas como recurso não apenas para a aprendizagem como para a transformação de parâmetros e modos de organização do pensamento.

Como recurso desestabilizador dos sujeitos, a resolução de problemas põe em marcha três vias complementares no processamento mental: a difusão de ideias, que favorece a ampliação do conhecimento; o processo reflexivo, que convida o sujeito a comunicar pontos de vista, defendê-los, lidar com impasses, considerar outras posturas, rever posições e criar alternativas; e, por fim, a construção de um posicionamento pessoal que, nas práticas interativas, tende a ser mais responsável e comprometido.

Isso se deve a certas condições de trabalho relacionadas à natureza dos problemas (construídos como provocações singulares e, ao mesmo tempo, passíveis de assimilação), à dinâmica do trabalho colaborativo (com potencial de efetivo intercâmbio e confronto de ideias) e à intervenção docente capaz de balizar os encaminhamentos a partir de uma postura ética.

Em consequência desse processo, temos a perspectiva de transposição do plano vivido para a tomada de consciência, possibilidade que remete a novas formas de compreender o mundo e a novas perspectivas de se relacionar com ele. Assim, se, de um lado, os alunos do Instituto André Franco Vive mostraram-se fixados em determinados padrões de pensamento ou em modos reducionistas de interpretação do seu contexto de vida, de outro eles reagiram às diversas provocações e aos diferentes apelos que os desafiaram, não hesitando em construir novos caminhos e buscar alternativas.

O jogo é uma forma privilegiada de conseguir isso na escola. Ter ciência de tal possibilidade é, sem dúvida, um importante aval para que o educador possa intervir de modo lúdico e significativo no processo de formação. Por essa via, a escola pode deixar de ser um espaço de transmissão de conteúdo e de reprodução do saber para se tornar um campo de investigação e transformação da realidade.

Além disso, supomos que, ao conhecer mais profundamente o perfil de seus alunos, os professores teriam mais condição de investir nos aspectos cognitivos, procedimentais e comportamentais. Em cada caso, a despeito das especificidades do grupo, parece sempre oportuno considerar se seria possível: ampliar o campo de referência dos alunos sobre dado tema; vislumbrar diferentes pontos de vista no enfrentamento de situações cotidianas; fazer que os caminhos de aprendizagem sejam balizados por pers-

A ESCOLA E A PRODUÇÃO TEXTUAL

pectivas mais criteriosas e menos coercitivas; fortalecer os critérios de conduta pela melhor sustentação na interpretação da realidade; vislumbrar alternativas de solução de problemas por critérios menos individualistas; compreender a diversidade com base em princípios de empatia e solidariedade; analisar as relações na escola por lentes menos autoritárias; ampliar o grau de generosidade e o teor de diplomacia para lidar com conflitos inerentes à convivência humana.

Por se configurar como um investimento educativo, a resolução de problemas é também um caminho para a formação do sujeito letrado, já que não há como usufruir da condição de cidadão e participar das práticas de leitura e escrita de nosso mundo sem ter o que, por que e para que dizer (Geraldi, 1993).

Na dialética entre conhecer, ler e escrever, importa que se constate a indissociabilidade desses processos. Em suas investigações com alunos de ensino fundamental, Carvalho (1998) comprovou que, depois das experiências de resolução de problemas, as crianças passaram a escrever mais e melhor. Na vertente complementar, Dalben (2013) chama a atenção para a leitura e a escrita como mecanismos inseparáveis da construção da consciência. Essas duas dimensões – conhecer o mundo e lidar com a língua escrita – foram também percebidas na pesquisa que originou esta obra, cujo rol de atividades favoreceu tanto a ampliação de conteúdo e a qualificação das formas do dizer quanto o alargamento dos parâmetros de compreensão da realidade e a desestabilização das modalidades de pensamento.

Por isso escrever não é só um desabafo, é uma vivência que muda. Escrever não é apenas, nem principalmente, uma questão de usar com competência as regras da gramática ou a lógica da boa sintaxe, como tentamos aprender na escola. É mais: é, para o autor, ter de se encontrar com seu mundo, muitas vezes um confuso mundo, e expressar o que precisa ser transformado. É questão de transformar, transmutar matérias íntimas, e não de transcrever pensamentos. É como transformar um sentimento num gesto, um sofrimento num mundo aberto. (Baron, 2004, p. 57)

Tão importante quanto constatar a relação entre escrever e aprender, escrever e recriar é avaliar a força que isso pode ter sobre os indivíduos – já que, de fato, aprender a ler e a escrever não se desvincula da leitura de mundo e da participação na esfera social (Freire, 1983; Soares, 1998). Nesse sentido, não seria exagero afirmar que, uma vez atreladas, resolução de problemas e alfabetização podem constituir um precioso recurso para reverter o processo de silenciamento que vitimiza muitos daqueles que, supostamente, aprenderam a ler e a escrever.

·····

CONSIDERAÇÕES FINAIS

MOVIDA PELA CONVICÇÃO DE que é preciso repensar a educação e construir uma escola inclusiva, democrática e sintonizada com as demandas de nosso tempo, e de que o ensino da língua escrita é um caminho privilegiado para a conquista do conhecimento, para a reconstrução das relações na escola e para a conquista da cidadania, busquei neste livro captar a complexidade dos processos indissociáveis de alfabetização e produção textual.

Procurando *compreender as concepções das crianças sobre o papel da escola e sobre as vicissitudes da vida estudantil*, fica evidente a prioridade atribuída ao ensino e à aprendizagem, sobretudo à alfabetização – objetivos socialmente legítimos, mas que, para elas, não estão necessariamente atrelados à consciência sobre seus méritos intrínsecos, isto é, ao valor do conhecimento. Tudo indica que, desde cedo, muitas crianças vivem a realidade paradoxal de um mundo que pede competências em leitura e escrita em oposição a uma escola que acumula concepções distorcidas, diretrizes reducionistas e práticas fragmentadas. Não raro, o precário entendimento dos educadores sobre a língua e sobre a aprendizagem sustenta ativismos didáticos, mecânicos e repetitivos que afastam os alunos das efetivas razões de ler e escrever.

Enquanto, no debate acadêmico, denuncia-se a escola distante do mundo infantil, incapaz de considerar as experiências dos estudantes e de dar sentido ao conhecimento, a obrigação de ir à escola é assumida por eles como imposição dos adultos nem sempre bem compreendida, nem sempre desejada. A nódoa do analfabetismo justifica projeções políticas e metas educativas sistematicamente proclamadas ao longo da historia, mas quase nunca cumpridas (Catelli Junior, 2014); os alunos, por sua vez, concebem a leitura e a escrita com base em razões formais da escola ou do mundo do trabalho, mas apartadas dos convites tão sedutores do universo literário; por isso, escrevem pouco, conformando-se com as posturas hegemônicas do discurso centrífugo e monológico – aprendem a escrever, mas sem se engajar nas práticas letradas. Nas proposições demagógicas frequentemente alardeadas, a alfabetização aparece como a certeza de emancipação social; entre os alunos, essa aprendizagem é incorporada apenas como submissão aos valores sociais, assumindo que, de alguma forma, ela pode "garantir um futuro melhor".

Os pesquisadores falam de uma escola sucateada; as crianças queixam-se de salas pichadas, banheiros sujos, privadas entupidas, lixo pelo chão e equipamentos destruídos. Os educadores discutem os problemas de indisciplina; os alunos discorrem sobre as relações muitas vezes selvagens entre as pessoas, em alguns casos até denunciando maus-tratos dos adultos. Os balanços oficiais demonstram a falta de verbas ou a má aplicação delas; as crianças referem-se à comida intragável. Os teóricos valem-se da análise de complexos aspectos políticos, sociais e

A ESCOLA E A PRODUÇÃO TEXTUAL

pedagógicos; os estudantes fixam-se no ponto a ponto dos aspectos negativos, como se fossem situações desconectadas, mas cumulativas no conjunto de fatores que constituem o ambiente de mal-estar. Ao mencionar a escola, os alunos, não raro, referem-se a um "mal necessário", um espaço hostil e pouco acolhedor, sem ter clareza de que a vida estudantil poderia ter outra configuração.

Ruindo as expectativas mais otimistas dos alunos do 1º ano, o progressivo desencanto pela escola reflete-se na relação de descompromisso com o espaço escolar e com aquilo que é ali ensinado; relação que, por naturalizar a precariedade dessa instituição, prejudica a aprendizagem e, indiscutivelmente, prenuncia o fracasso.

Se é verdade que a reconstrução da escola depende de forte investimento nas relações dos alunos com a aprendizagem e com a língua escrita como objeto de conhecimento e desejo, é igualmente verdadeiro que as posturas educativas e as práticas pedagógicas constituem caminhos privilegiados para a reversão das dificuldades enfrentadas por tantas crianças. Por mais óbvio que pareça, vale lembrar que a superação dos problemas da escola depende, em grande parte, de novas formas de "fazer a escola" e de "fazer na escola". É no contexto de atividades significativas, contextualizadas e desafiadoras que os estudantes podem se envolver e encontrar as razões para aprender.

A compreensão das dimensões da escrita em uma perspectiva dialógica desestabiliza o modo como o ensino da língua costuma aparecer na escola. Como se sabe, na tradição de uma prática pedagógica fragmentada, as muitas dicotomias – entre ler e escrever; entre alfabetizar-se e tornar-se usuário da escrita; entre a escrita da escola e a escrita na vida; entre apreender a natureza do sistema e construir um texto ajustado a determinado fim;

entre a escrita para o trabalho e a escrita para a constituição da identidade e da cidadania; entre escrever no papel e no computador; entre alfabetização e alfabetização digital; entre escrever como ato motor e como manifestação cognitiva; entre a escrita do dizer e a escrita do transformar; entre a leitura como obrigação e a leitura como gozo ou prática significativa – tão frequentemente endossadas pela sociedade e pela escola diluem o entendimento da língua escrita como objeto de comunicação, conhecimento e instrumento do pensar. Em consequência disso, fragilizam-se as práticas de ensino, que acabam por se distanciar dos usos sociais da escrita. Quando ação e intenção, trabalho e conhecimento, processo e produto são tomados como aspectos estanques, perde-se a oportunidade de lidar com a natureza e a complexidade da língua escrita.

Por outro lado, quando a alfabetização se coloca no contexto das práticas discursivas, a aprendizagem da escrita ganha em sentido e motivação: alguém que escreve para outro alguém, movido por determinado propósito, valendo-se de certo referencial e também de uma "filtragem" de conteúdo para certo interlocutor, o que se concretiza por determinada conformação do escrito (gênero e tipo textual) na condição de uma proposta de compreensão que, por sua vez, atende (e, ao mesmo tempo, remete) a uma expectativa responsiva.

Tomar a alfabetização como exercício simultâneo de sistematização, prática social e reflexão linguística implica trazer para a escola a pluralidade de usos, gêneros, tipos e propósitos, em uma multiplicidade de propostas e diversidade formal de atividades.

A esse respeito, é curioso perceber que as mesmas crianças que não gostam de escrever, que sentem dificuldade na intrincada construção discursiva e notacional de um texto podem mudar sua postura em face de propostas provocativas ou desa-

A ESCOLA E A PRODUÇÃO TEXTUAL

fiadoras. Responder por escrito a uma pergunta da professora pode não render mais do que uma resposta curta, telegráfica e descompromissada. Em contrapartida, a chance de contribuir para a resolução de um problema concreto gerou envolvimento e disponibilidade para a argumentação; o desafio de escrever em um blogue foi motivado pelo interesse em desvendar a escrita no computador e as possibilidades do teclado; o desafio foi também o mote para outras possibilidades relacionadas à produção escrita, como no caso do game, que remeteu à consideração de pontos de vista e a decisões – uma escrita alimentada pelos processos de reflexão e ampliação de horizontes.

As condições de produção dadas pela diversidade dos apelos da escrita aparecem também vinculadas ao *aproveitamento de recursos e suportes do escrever*, o que justifica os desafios da alfabetização no contexto da sociedade tecnológica: mais do que instrumentalizar o aluno para o uso inteligente das TIC, importa colocar esses recursos a serviço do projeto educativo e fazer da escrita, no papel ou no computador, um instrumento auxiliar da aprendizagem e do pensamento. Quando se demonstram os dilemas (muitas vezes imprevisíveis) enfrentados pelas crianças no uso de diferentes instrumentos da escrita, sobressaem os múltiplos caminhos cognitivos e, consequentemente, no plano educativo, o interesse em acompanhar os processos do escrever nessas inúmeras possibilidades – a certeza de que a pluralidade de experiências pode garantir ganhos para além dos fins tipicamente escolares.

De fato, os dados apresentados comprovaram que as crianças reagem às diferentes condições de produção escrita e, com maior ou menor intensidade, enfrentam as provocações linguísticas, cognitivas e instrumentais, embrenhando-se por diversas vias de elaboração mental. Assim, ora elas se preocupam com o que dizer, ora pensam em como escrever, lidando simultaneamente com desafios discursivos, notacionais e tecnológicos. Por essa via, escrever deixa de ser um mero cumprimento de tarefas para alçar outras razões: escrever para interagir; para recriar e mudar dada realidade; para "dominar a tecnologia"; para participar de certo contexto, fazendo-se presente no mundo; para autorar.

A comprovação de que a produção textual é afetada de modo complexo pelas diferentes práticas e condições de escrita acaba por relativizar a didática tantas vezes projetada passo a passo, dividida em blocos ou núcleos de conteúdo supostamente válidos em si, mas quase sempre alheios ao sujeito e a seus processos cognitivos. Assim, caem por terra o conteúdo fixo e predeterminado, o ensino projetado para mera transmissão de dados e a aprendizagem rigidamente controlada; entra em cena o desafio de uma didática suficientemente flexível para incorporar a riqueza e a pluralidade da própria vida, um ensino que possa envolver o sujeito na magia da linguagem e nas práticas comunicativas de seu tempo.

Justamente porque a escrita se justifica pelos propósitos de comunicação ela não fica imune aos *efeitos dos processos interativos* já no processo de produção textual. A esse respeito, mais importante do que comprovar que as relações interpessoais podem dinamizar os caminhos de aprendizagem foi demonstrar como isso pode ocorrer entre as crianças do ensino fundamental. Os dados evidenciam, mais uma vez, a pluralidade de caminhos cognitivos, procedimentais e atitudinais que são colocados em marcha quando o sujeito é convidado a pensar e a negociar suas ideias com os outros, sejam eles adultos ou os próprios colegas. Nos processos interativos, os sujeitos são provocados a buscar mecanismos funcionais para o trabalho coletivo e, ainda, lidar com problemas de ordem temática, notacional, discursiva, técnica e estética. Além disso, a dinâmica mais ou menos comprometida da produção co-

A ESCOLA E A PRODUÇÃO TEXTUAL

letiva viabiliza oportunidades ímpares para compartilhar saberes e dúvidas, para ensinar e aprender, para se posicionar e defender pontos de vista, para propor alternativas e perceber dificuldades.

Tão importante quanto a interação com o outro é a interação com o próprio objeto ou com o tema em pauta, ampliando o referencial para o dizer. *Na resolução de problemas*, isso ocorre sobretudo pelo alargamento do campo de visão e pela transformação dos padrões de pensamento. Quando os alunos são desafiados por dilemas para os quais não há uma resposta pronta, são afetados, de um lado, pela disposição pessoal de buscar alternativas, vasculhando seus saberes e experiências; de outro, pelo enfrentamento das ideias dos colegas que, não raro, remetem a propostas complementares ou divergentes.

Diante de tantos encaminhamentos, é preciso assumir posturas e responsabilidades. A tomada de consciência sobre um encaminhamento mais autoritário ou individualista pode abrir espaço para soluções mais diplomáticas e generosas; a percepção da inadequação de determinados critérios pode remeter a outras interpretações do problema ou à proposição de alternativas. A compreensão da complexidade dos problemas e da diversidade de encaminhamentos, por sua vez, promove a descentração de si e de seu ângulo de visão, abrindo perspectivas para novas interpretações do mundo. Trata-se de um processo de reflexão que alimenta o sujeito e, em consequência, a condição para a autoria.

Na resolução de problemas, o sentido do trabalho intelectual e o modo de se lançar sobre ele são, portanto, transformadores do sujeito em curto e, possivelmente, longo prazos. No momento imediato, as inúmeras situações vividas revelaram significativas ocorrências de abalo intelectual, de reelaboração mental e de revisão de posturas ou de procedimentos – ou seja, a transposição do plano vivido para o plano refletido e até mesmo a conscientização sobre o processo cognitivo. Seguindo a direção dessas pequenas conquistas, podemos supor a continuidade desses efeitos na constituição de um sujeito investigativo – condição dada por sua disponibilidade para o enfrentamento de conflitos e por sua disposição para recriar a realidade. É nesse sentido que se pode vislumbrar o longo alcance do que se faz na sala de aula; é por essa ótica que se pode entrever grandes trunfos para além das pequenas aprendizagens em um dia na sala de aula; é por essa via que se pode valorizar o trabalho docente e ressignificar a vida escolar.

A comprovação da hipótese de que a concepção dos alunos sobre o papel da escola e as condições de trabalho pedagógico afetam a possibilidade de aprender e, particularmente de escrever faz-me lamentar, uma vez mais, a situação de tantas escolas cujas práticas de ensino limitam as formas de participação, de valorização do conhecimento, do exercício reflexivo e de geração da consciência. Como exemplos típicos de tantos alunos brasileiros, as crianças do Instituto André Franco Vive, pela própria origem social, parecem vítimas do distanciamento entre o seu contexto de vida e o mundo letrado; vítimas de um ensino incapaz de superar as desigualdades; vítimas de uma escola que, por se distanciar do mundo infantil, perde a chance de envolver o aluno nos encantos da língua.

No entanto, se a proposta é a de levar em conta a inteligência do sujeito aprendiz (e não sua suposta ignorância), sua condição de ser pensante e seu potencial para reagir diante dos desafios que lhe são apresentados, o mais belo resultado desta obra é a constatação da capacidade de reação desses alunos – reação que se esboça por diferentes caminhos e de diferentes formas. Assim, é possível afirmar que os estudantes em diversas fases de alfabetização, sobretudo aqueles que produzem textos aquém do esperado para o seu nível de escolaridade, não são

A ESCOLA E A PRODUÇÃO TEXTUAL

imunes às provocações para o dizer, aos apelos sociais para o uso da escrita, às especificidades dos suportes da escrita e às práticas interativas na produção textual.

No conjunto dos trabalhos realizados, é possível vislumbrar como o mérito de uma atividade é capaz de complementar o benefício de outra, como motivações e desafios enfrentados em cada situação podem se integrar na formação do sujeito escritor. As conquistas alcançadas em cada experiência de escrita mostram que, definitivamente, não se trata de defender determinadas atividades em detrimento de outras, mas de lidar com a pluralidade de recursos, instrumentos e propósitos.

No enfrentamento desses desafios, o caso das crianças do Instituto André Franco Vive é representativo de como os alunos podem lançar mão de suas concepções prévias, mergulhando mais profundamente no simpósio universal para concatenar modos responsivos de lidar com a autoria. Nas suas tentativas de transformar a palavra alheia em um discurso próprio e ajustado ao outro, não foram poucos os tateios de experimentação de gêneros e tipos textuais. Trata-se de um esforço que, marcado originalmente pela experiência da oralidade, sugeriu a progressiva aproximação com as modalidades mais típicas da língua escrita.

A certeza de que se aprende a escrever escrevendo não é, contudo, um postulado incondicional; ele depende das condições de trabalho que se imprimem no contexto de formação. Ninguém aprende a escrever copiando a produção alheia, reproduzindo traçados ou registrando as respostas já esperadas, vistas como verdade única. Da mesma forma, o mero agrupamento de crianças não garante a escrita coletiva; tampouco se pode assegurar a prática reflexiva de produção textual com base em um questionário descontextualizado (como na Fase 1). A alfabetização é, antes de tudo, um resgate à voz que, por outras vias (para além da oralidade ou dos saberes tipicamente escolares), faz parte da constituição do ser social. Por isso, depende de um clima de trabalho efetivamente dialógico, que fortaleça as possibilidades de autoria.

Nessa perspectiva, o papel do professor é dizer e deixar dizer; é propor e coordenar atividades ou projetos de trabalho, tendo, necessariamente, de lidar com o imponderável; é incentivar as diferentes formas de interação e colaboração, sabendo que delas depende a individuação cognitiva, social e afetiva; é ensinar – mas, acima disso, permitir que o aluno assuma o protagonismo da sua aprendizagem.

Na esperança de que essas considerações possam contribuir para desestabilizar algumas das crenças mais arraigadas sobre as práticas de ensino e, assim, fortalecer os debates educacionais, mais do que admitir a complexidade dos processos de ensino e aprendizagem, importa promover a sutura entre tantos aspectos aqui mencionados: a disponibilidade para aprender; o vínculo com a escola; a valorização do conhecimento; o aprender pela efetiva consciência do papel da aprendizagem; o saber com o propósito de inserção social; o reconhecimento do papel da escrita; as relações interativas como recursos de aprendizagem; a dialogia como mecanismo de convivência democrática; a constituição do sujeito investigativo; a postura ética na relação com os alunos; e a possibilidade de dizer no enfrentamento dos problemas de nosso mundo. É só por essa via que se pode falar na reinvenção da escola. É só nessa perspectiva que se pode conceber a alfabetização como uma efetiva aventura intelectual e como um direito de todos os nossos alunos.

•••••

REFERÊNCIAS

ARANTES, V. A. "Aprendizagem baseada em problemas e por projetos: interlocução com professores coordenadores sobre a constituição de competências profissionais". In: SEMEGHINI-SIQUEIRA, I.; CASTELLAR, S. M. V. (orgs.). *Atuação profissional de professores coordenadores: aprendizagem baseada em problemas e por projetos*. São Paulo: Xamã, 2012, p. 13-28.

ARAÚJO, J. C. S. "O que significa revisitar técnicas de ensino à luz da pedagogia histórico-crítica?" In: VEIGA, I. P. A. (org.). *Novas tramas para as técnicas de ensino e estudo*. Campinas: Papirus, 2013, p. 15-45.

ARAÚJO, U. F. "A quarta revolução educacional: a mudança de tempos, espaços e relações na escola a partir do uso de tecnologia e da inclusão social". *Educação Temática Digital*, v. 12, n. esp., Campinas, mar. 2011. Disponível em: <http://periodicos.sbu.unicamp.br/ojs/index.php/etd/article/view/1202>. Acesso em: 4 set. 2015.

ARAÚJO, U. F.; ARANTES, V. A. "Comunidade, conhecimento e resolução de problemas: o projeto acadêmico da USP Leste". In: ARAÚJO, U. F.; SASTRE, G. (orgs.). *Aprendizagem baseada em problemas no ensino superior*. São Paulo: Summus, 2009.

BAKHTIN, M. *Marxismo e filosofia da linguagem*. São Paulo: Hucitec, 1988a.

____. *Questões de literatura e estética – A teoria do romance*. São Paulo: Unesp/Hucitec, 1988b.

____. *Estética da criação verbal*. São Paulo: Martins Fontes, 1992.

BARON, S. S. C. "Subjetividade, criação e a questão dos miolinhos de pão". In: GARCIA, R. L. (org.). *Novos olhares sobre a alfabetização*. São Paulo: Cortez, 2004, p. 55-72.

BEZERRA, P. "Polifonia". In: BRAIT, B. (org.). *Bakhtin: conceitos-chave*. 2. ed. São Paulo: Contexto, 2005.

BRANDA, L. *Aportes para un cambio curricular en Argentina*. Buenos Aires: Facultad de Medicina/Universidad de Buenos Aires, 2001.

BRASIL. Secretaria de Educação Fundamental. *Parâmetros curriculares nacionais: introdução aos parâmetros curriculares nacionais*. Brasília: MEC/SEF, 1997.

BRITTO, L. P. "Alfabetismo e educação escolar". In: SILVA, E. T. (org.). *Alfabetização no Brasil – Questões e provocações da atualidade*. Campinas: Autores Associados, 2007, p. 19-34.

CAGLIARI, L. C. *Alfabetização e linguística*. São Paulo: Scipione, 1989.

CAPELLO, "Para além do espelho d'água – Língua e leitura na escola". In: COELHO, L. M. (org.). *Língua materna nas séries iniciais*. Petrópolis: Vozes, 2009, p. 173-92.

CASTALDO, M. M. *Redação no vestibular: a língua cindida*. Tese (doutorado em Educação), Universidade de São Paulo, São Paulo (SP), 2009.

____. "Redação no vestibular: o 'eu' proscrito, comedido ou transfigurado?" In: COLELLO, S. M. G. (org.). *Textos em contextos – Reflexões sobre o ensino da língua escrita*. São Paulo: Summus, 2011, p. 143-59.

CASTALDO, M. M.; COLELLO, S. M. G. "Redação no vestibular, perspectivas de reorientação da prática escolar". *Estudos Sobre Avaliação Educacional*, São Paulo, v. 25, n. 57, jan.-abr. 2014, p. 84-113.

CATELLI JUNIOR, C. "Alfabetização de jovens e adultos no Brasil: de programa em programa". In: MORTATTI, M. R. L.; FRADE, I. C. S. (orgs.). *Alfa-*

A ESCOLA E A PRODUÇÃO TEXTUAL

betização e seus sentidos – O que sabemos, queremos e fazemos? Marília: Oficina Universitária; São Paulo: Ed. da Unesp, 2014, p. 91-107.

CARVALHO, A. M. P. *et al. Ciências no ensino fundamental – O conhecimento físico.* São Paulo: Scipione, 1998.

CEREJA, W. "Significado e tema". In: BRAIT, B. (org.). *Bakhtin: conceitos--chave.* São Paulo: Contexto, 2005, p. 201-20.

CHACRA, G. "EUA abandonam ensino de letra de mão". *O Estado de S. Paulo,* São Paulo, Geral, 18 jul. 2011. Disponível em: <http://www.estadao.com.br/noticias/geral,eua-abandonam-ensino-da-letra-de-mao--imp-,746256>. Acesso em: 4 jul. 2015.

CHARLOT, B. *Relação com o saber: formação dos professores e globalização.* Porto Alegre: Artmed, 2005.

____. "A construção da escola", In: OLIVA, L. (org.). *Encontros com educadores.* São Paulo: Exclusiva, 2010, p. 99-99.

COLELLO, S. M. G. *Redação infantil: tendências e possibilidades.* Tese (doutorado em Educação), Universidade de São Paulo, São Paulo, 1997.

____. "Reforma curricular brasileira: para onde vai a formação do professor?" *International Studies on Law and Education,* São Paulo, v. 1, 1999, p. 39-40. Disponível em: <http://www.hottopos.com/harvard1/reforma_curricular_brasileira.htm>. Acesso em: 20 jul. 2015.

____. "Educação e intervenção escolar". *Revista Internacional d'Humanitats,* v. 4, Barcelona/São Paulo, 2001. Disponível em: <http://www.hottopos.com/rih4/silvia.htm>. Acesso em: 5 fev. 2016.

____. "Alfabetização e letramento: o que será que será?" In: ARANTES, V. A. (org.). *Alfabetização e letramento: pontos e contrapontos.* São Paulo: Summus, 2010a, p. 75-127.

____. "Para onde vai a profissão docente?" *Revista Iberoamericana de Educación,* n. 52, Madri, 2010d, p. 241-46.

____. "A escola que não ensina a escrever". In: BOZZA *et al. Alfabetização, letramento, leitura de produção de textos em sala de aula.* Belo Horizonte: Conexa, 2011a, p. 72-87.

____. *A escola que (não) ensina a escrever*. São Paulo: Summus, 2012.

____. "Quando se inicia o processo de alfabetização?" In: *International Studies on Law and Education*, São Paulo, v. 15, 2013a. Disponível em: ‹http://www.hottopos.com/isle15/31-46Silvia.pdf›. Acesso em: 20 jul. 2015.

____. "Aprendizagem da língua escrita e a constituição do sujeito interlocutivo". *International Studies on Law and Education*, São Paulo, n. 18, set.-dez. 2014a. Disponível em: ‹www.hottopos.com/isle18/index.htm›. Acesso em: 1º set. 2015.

____. "Sentidos da alfabetização nas práticas educativas". In: MORTATTI, M. R. L.; FRADE, I. C. S. (orgs.). *Alfabetização e seus sentidos – O que sabemos, queremos e fazemos?* Marília: Oficina Universitária; São Paulo: Ed. da Unesp, 2014b, p. 169-86.

____. *A escola e as condições de produção textual: conteúdos, formas e relações*. Tese de livre-docência apresentada à Faculdade de Educação da Universidade de São Paulo, São Paulo (SP), 2015.

COLELLO, S. G. *et al.* "Da educação infantil ao ensino fundamental: desafios e perspectivas da língua escrita". In: FERREIRA, V.; GESSER, V. (orgs.). *Ensino fundamental de nove anos: princípios, pesquisa e reflexões*. Florianópolis: CRV, 2013, p. 13-32.

COLL, C. "Entrevista: César Coll – A reforma curricular brasileira". *International Studies on Law and Education*, São Paulo, v. 1, 1999a, p. 41-48. Disponível em: ‹http://www.hottopos.com/harvard1/coll.htm›. Acesso em: 6 mar. 2015.

____. *Psicologia e currículo – Uma aproximação psicopedagógica à elaboração do currículo escolar*. São Paulo: Ática, 1999b.

COLL, C.; ILLERA, J. R. L. "Alfabetização, novas alfabetizações e alfabetização digital". In: COLL, C.; MONEREO, C. (orgs.). *Psicologia da educação virtual – Aprender e ensinar com as tecnologias da informação e da comunicação*. Porto Alegre: Artmed, 2010, p. 289-310.

COLL, C.; MAURI, T.; ORNUBIA, J. "A incorporação das tecnologias da informação e da comunicação na educação: do princípio técnico às práticas de uso". In: COLL, C.; MONEREO, C. (orgs.). *Psicologia da educação virtual – Aprender e ensinar com as tecnologias da informação e da comunicação*. Porto Alegre: Artmed, 2010a, p. 66-93.

____. "Os ambientes virtuais de aprendizagem baseados na análise de casos e na resolução de problemas". In: COLL, C.; MONEREO, C. (orgs.). *Psicologia da educação virtual – Aprender e ensinar com as tecnologias da informação e da comunicação*. Porto Alegre: Artmed, 2010b, p. 189-207.

COLL, C.; MONEREO, C. "Educação e aprendizagem no século XXI". In: COLL, C.; MONEREO, C. (orgs.). *Psicologia da educação virtual – Aprender e ensinar com as tecnologias da informação e da comunicação*. Porto Alegre: Artmed, 2010, p. 15-46.

COLOMER, T. *Andar entre livros – A leitura literária na escola*. São Paulo: Global, 2007.

CURTO, L. M. "Alfabetização, pensamento e diversidade". *Pátio – Revista Pedagógica*, Porto Alegre, ano 4, n. 14, ago.-out. 2000, p. 18-20.

CYSNEIROS, P. G. "Novas tecnologias na sala de aula: melhoria do ensino ou inovação conservadora?" *Informática Educativa*, v. 12, n. 1., 1999, p. 11-24.

DALBEN, A. I. L. F. "O ensino por meio de resolução de problemas". In: VEIGA, I. P. A. (org.). *Novas tramas para as técnicas de ensino e estudo*. Campinas: Papirus, 2013, p. 69-98.

DATAFOLHA SALÁRIOS. 2013. Disponível em <http://datafolha.folha.uol.com.br/salarios/indice-1.shtml>. Acesso em: 19 mar. 2014.

DAHLE, L. O. *et al*. "ABP e medicina – Desenvolvimento de alicerces teóricos sólidos e de uma postura profissional de base científica". In: ARAÚJO, U. F.; SASTRE, G. (orgs.). *Aprendizagem baseada em problemas no ensino superior*. São Paulo: Summus, 2009, p. 123-140.

DAVIS, C.; SILVA, M. A.; ESPÓSITO, Y. "Papel e valor das interações sociais na sala de aula". *Cadernos de pesquisa*, v. 71, 1989, p. 49-54.

DEELMAN, A.; HOEBERIGS, B. "A ABP no contexto da Universidade de Maastricht". In: ARAÚJO, U. F.; SASTRE, G. (orgs.). *Aprendizagem ba-*

seada em problemas no ensino superior. São Paulo: Summus, 2009, p. 79-100.

DEMARTINI, Z. B. "Infância, pesquisa e relatos orais". In: FARIA, A. L.; DEMARTINI, Z. B.; PRADO, P. D. *Por uma cultura da infância: metodologia de pesquisa com crianças.* Campinas: Autores Associados, 2001.

FARACO, C. A. "Autor e autoria". In: BRAIT, B. (org.) *Bakhtin: conceitos-chave.* São Paulo: Contexto, 2005, p. 37-60.

___. *Linguagem & diálogo – As ideias do círculo de Bakhtin.* São Paulo: Parábola, 2009.

FERREIRO, E. (org.). *Os filhos do analfabetismo – Propostas para alfabetização escolar na América Latina.* Porto Alegre: Artmed, 1990.

___. "A revolução informática e os processos de leitura e de escrita". In: PÉREZ, F. C.; GARCÍA, J. R. (orgs.). *Ensinar ou aprender a ler e escrever?* Porto Alegre: Artmed, 2001a, p. 157-64.

___. *Atualidade de Jean Piaget.* Porto Alegre: Artmed, 2001b.

___. *Cultura escrita e educação.* Porto Alegre: Artmed, 2001c.

___. "Alfabetização digital. Do que estamos falando?" In: FERREIRO, E. *O ingresso na escrita nas culturas do escrito – Seleção de textos de pesquisa.* São Paulo: Cortez, 2013.

___. *Passado e presente dos verbos ler e escrever.* São Paulo: Cortez, 2002.

FERREIRO, E.; TEBEROSKY, A. *Los sistemas de escritura en el desarrollo del niño.* Cidade do México: Siglo Veintiuno, 1986.

FONTANA, R. A. C. "A elaboração conceitual: a dinâmica das interlocuções na sala de aula". In: SMOLKA, A. L. B; GÓES, M. C. R. (orgs.). *A linguagem e o outro no espaço escolar – Vygotsky e a construção do conhecimento.* Campinas: Papirus, 1995.

FRADE, I. C. A. S. "Alfabetização na escola de nove anos: desafios e rumos" In: SILVA, E. T. (org.). *Alfabetização no Brasil – Questões e provocações da atualidade.* Campinas: Autores Associados, 2007. p. 73-112.

FREIRE, P. *A importância do ato de ler – Em três artigos que se completam.* São Paulo: Autores Associados/Cortez, 1983.

A ESCOLA E A PRODUÇÃO TEXTUAL

GERALDI, W. (org.). *O texto na sala de aula – Leitura e produção*. Cascavel: Assoeste, 1984.

____. *Portos de passagem*. São Paulo: Martins Fontes, 1993.

____. *Linguagem e ensino: exercícios de militância e divulgação*. Campinas: Mercado das Letras/ALB, 1996.

____. "A diferença identifica. A desigualdade deforma. Percursos bakhtinianos de construção ética e estética". In: FREITAS, M. T.; SOUZA, S. J.; KRAMER, S. *Ciências humanas e pesquisa – Leituras de Mikhail Bakhtin*. São Paulo: Cortez, 2003, p. 39-56.

____. "Labuta da fala, labuta da leitura, labuta da escrita". In: COELHO, L. M. (org.). *Língua materna nas séries iniciais*. Petrópolis: Vozes, 2009, p. 213-28.

____. "Por que práticas de produção de textos, de leitura e de análise linguística?" In: SILVA, L. M. N.; FERREIRA, N. S. A.; MORTATTI, M. R. L. (orgs.). *O texto na sala de aula – Um clássico sobre ensino de língua portuguesa*. Campinas: Autores Associados, 2014.

GERALDI, W.; FICHTNER, B.; BENITES, M. *Transgressões convergentes*. Campinas: Mercado das Letras, 2006.

GÓES, M. C. R. "A criança e a escrita: explorando a dimensão reflexiva do ato de escrever". In: GÓES, M. C. R.; SMOLKA, A. L. B. (orgs.). *A linguagem e o outro no espaço escolar*. Campinas: Papirus, 1995, p. 101-19.

GÓES, M. C. R.; SMOLKA, A. L. B. "A criança e a linguagem escrita: considerações sobre a produção de textos". In: ALENCAR, E. S. *Novas contribuições da psicologia aos processos de ensino e aprendizagem*. São Paulo: Cortez, 1995, p. 51-60.

GÓMEZ, A. I. P. *Educação na era digital – A escola educativa*. Porto Alegre: Penso, 2015.

GUIMARÃES, S. R. K.; BOSSE, V. R. P. "O conhecimento metacognitivo de crianças em processo de alfabetização e suas implicações para o aprendizado da linguagem escrita". In: GUIMARÃES, S. R. K; STOLTZ, T. (orgs.). *Tomada de consciência e conhecimento metacognitivo*. Curitiba: UFPR, 2008, p. 29-55.

GUSDORF, G. *Professores para quê?* Lisboa: Moraes: 1970.

HERNÁNDEZ, F. "Algumas questões sobre alfabetização entre a compreensão do local e do global". *Pátio – Revista pedagógica*, Porto Alegre, ano 4, n. 14, ago.-out. 2000, p. 14-17.

IBGE. INSTITUTO BRASILEIRO DE GEOGRAFIA E ESTATÍSTICA. *Pesquisa nacional por amostra de domicílios 2011.* Rio de Janeiro: IBGE, 2012. Disponível em <http://www.ibge.gov.br/home/estatistica/populacao/trabalhoerendimento/pnad2011/>. Acesso em: 7 fev. 2015.

KATO, M. *No mundo da escrita – Uma perspectiva psicolinguística.* São Paulo: Ática, 1987.

KOCH, I. V.; ELIAS, V. M. *Ler e escrever: estratégias de produção textual.* São Paulo: Contexto, 2010.

KRAMER, S. "A criança de 0 a 6 anos nas políticas educacionais no Brasil: educação infantil e/é fundamental". *Educação & Sociedade*, v. 27, n. 296, Campinas, out. 2006, p. 797-818.

LALUEZA, J. L.; CRESPO, I.; CAMPS, S. "As tecnologias da informação e da comunicação e os processos de desenvolvimento e socialização". In: COLL, C.; MONEREO, C. (orgs.). *Psicologia da educação virtual – Aprender e ensinar com as tecnologias da informação e da comunicação.* Porto Alegre: Artmed, 2010, p. 47-65.

LEAL, L. F. "A formação do produtor de texto escrito na escola: uma análise das relações entre os processos interlocutivos e os processos de ensino". In: ROCHA, G.; VAL, M. G. (orgs.). *Reflexões sobre práticas escolares de produção de texto – O sujeito-autor.* Belo Horizonte: Autêntica/Ceale/FaE/UFMG, 2003, p. 53-67.

LEAL, T. F.; GUERRA, S. M. S.; LIMA, J. M. "Atividades em grupo: que benefícios podem trazer ao processo de aprendizagem?" In: FERREIRA, A. T. B.; ROSA, E. C. S. (orgs.). *O fazer cotidiano na sala de aula – A organização do trabalho pedagógico no ensino da língua materna.* Belo Horizonte: Autêntica, 2012, p. 85-103.

LEITINHO, M. C.; CARNEIRO, C. C. B. S. "Aprendizagem baseada em problemas: uma abordagem pedagógica e curricular". In: VEIGA, I. P. A.

A ESCOLA E A PRODUÇÃO TEXTUAL

(org.). *Novas tramas para as técnicas de ensino e estudo*. Campinas: Papirus, 2013, p. 99-113.

LEMOS, C. T. "Sobre a aquisição da linguagem e seu dilema (pecado) original". *Boletim da Abralin*, Belém, v. 3, 1982.

LEONTIEV, A. N. *Actividad, consciencia y personalidad*. Buenos Aires: Ciencias del Hombre, 1978.

LIMA, J. M.; LEAL, T. F. "O olhar de crianças sobre uma sequência didática". *Anais do 19º Encontro de Pesquisa Educacional do Norte e Nordeste*. v. 1. João Pessoa: Ed. da UFPB, 2009, p. 1-14.

LOBÃO, F. L. "Autoria, infância e escola: na contracorrente". In: COELHO, L. M. (org.). *Língua materna nas séries iniciais*. Petrópolis: Vozes, 2009, p. 65-94.

LOPES, R. J. "Mãos à obra". *Folha de S. Paulo*, São Paulo, Equilíbrio, 8 jul. 2014, p. C7.

LUIZE, A. *O processo de apropriação da escrita na infância: situações interativas na produção textual*. Dissertação (mestrado em Educação), Universidade de São Paulo, São Paulo (SP), 2007.

_____. "O uso do computador e parcerias entre crianças na alfabetização inicial". In: COLELLO, S. M. G. (org.). *Textos em contextos – Reflexões sobre o ensino da língua escrita*. São Paulo: Summus, 2011, p. 119-42.

LURIA, A. R. *Desenvolvimento cognitivo da criança*. São Paulo: Ícone, 1990.

MACEDO, M. S. *Interações nas práticas de letramento – O uso do livro didático e da metodologia de projetos*. São Paulo: Martins Fontes, 2005.

MACHADO, I. "Gêneros discursivos". In: BRAIT, B. (org.). *Bakhtin: conceitos--chave*. São Paulo: Contexto, 2005, p. 151-66.

MARCUSCHI, L. A. "Gêneros textuais: definição e funcionalidade". In: DIONÍSIO, A. P.; MACHADO, A. R.; BEZERRA, N. A. (orgs.). *Gêneros textuais & ensino*. Rio de Janeiro: Lucerna, 2002.

MEHAN, H. *Learning lessons: the social organization of the classroom*. Cambridge: Harvard University Press, 1979.

MENNIN, S. *et al.* "Position paper on problem-based learning". *Education for Health*, Abingdon, v. 16, n. 1, mar. 2003, p. 98-113.

MOLINARI, C.; FERREIRO, E. "Identidades e diferenças na escrita em papel e em computador nas primeiras etapas do processo de alfabetização". In: FERREIRO, E. (org.). *O ingresso na escrita nas culturas do escrito – Seleção de textos de pesquisa*. São Paulo: Cortez, 2013, p. 77-100.

MONEREO, C., POZO, J. I. "O aluno em ambientes virtuais". In: COLL, C.; MONEREO, C. (orgs.). *Psicologia da educação virtual – Aprender e ensinar com as tecnologias da informação e da comunicação*. Porto Alegre: Artmed, 2010, p. 97-117.

MORAES, M. B. "O texto como objeto de estudo – Escrevendo na escola". In: COELHO, L. M. (org.). *Língua materna nas séries iniciais*. Petrópolis: Vozes, 2009, p. 11-42.

NEVES, I. C. (org.). *Ler e escrever: compromisso de todas as áreas*. Porto Alegre: Ed. da UFRGS, 2003.

OLIVEIRA, M. K. *Vygotsky – Aprendizado e desenvolvimento: um processo sócio-histórico*. São Paulo: Scipione, 1995.

ORNUBIA, J. "Ensinar: criar zonas de desenvolvimento proximal e nelas intervir". In: COLL, C. *et al. O construtivismo na sala de aula*. São Paulo: Ática, 2006, p. 123-51.

PALFREY, J.; GASSER, U. *Nascidos na era digital – Entendendo a primeira geração de nativos digitais*. Porto Alegre: Artmed, 2011.

PERRENOUD, P. *Ensinar: agir na urgência, decidir na certeza*. Porto Alegre: Artmed, 2001.

PIAGET, J. *Para onde vai a educação?* Rio de Janeiro: José Olympio, 1971.

____. "Prefácio". In: INHELDER, B. *et al. Aprendizagem e estruturas do conhecimento*. São Paulo: Saraiva, 1996.

QUINTÁS, A. L. "Cómo lograr una formación integral – El modo óptimo de realizar la LOGSE (PCNs)". *International Studies on Law and Education*, São Paulo, v. 1, 1999, p. 49-56. Disponível em: <http://www.hottopos.com/harvard1/como_lograr_una_formacion_integr.htm>. Acesso em: 2 maio 2016.

A ESCOLA E A PRODUÇÃO TEXTUAL

RETTENMAIER, M. "A fogueira de livros e a era do computador". In: ZILBERMAN, R.; RÖSING, T. (orgs.). *Escola e leitura – Velha crise, novas alternativas*. São Paulo: Global/ALB, 2009, p. 163-86.

ROCCO, M. T. F. *Crise na linguagem – A redação no vestibular*. São Paulo: Mestre Jou, 1981.

ROJO, R. *Letramentos múltiplos – Escola e inclusão social*. São Paulo: Parábola, 2009.

RUÉ, J. "Aprender com autonomia no ensino superior". In: ARAÚJO, U. F.; SASTRE, G. (orgs.). *Aprendizagem baseada em problemas no ensino superior*. São Paulo: Summus, 2009, p. 157-76.

SCRIBNER, S.; COLE, M. *The psychology of literacy*. Cambridge: Harvard University Press, 1981.

SILVA, I. M. M. "TIC e organização do trabalho pedagógico: conexões ilimitadas". In: FERREIRA, A. T. B.; ROSA, E. C. S. (orgs.). *O fazer cotidiano na sala de aula – A organização do trabalho pedagógico no ensino da língua materna*. Belo Horizonte: Autêntica, 2012, p. 31-49.

SMOLKA, A. L. "A dinâmica discursiva no ato de escrever: relações oralidade-escritura". In: SMOLKA, A. L. B.; GÓES, M. C. R. (orgs.). *A linguagem e o outro no espaço escolar – Vygotsky e a construção do conhecimento*. Campinas: Papirus, 1995.

SMOLKA, A. L. B; GÓES, M. C. R. (orgs.). *A linguagem e o outro no espaço escolar – Vygotsky e a construção do conhecimento*. Campinas: Papirus, 1995.

SOARES, M. *Linguagem e escola*. São Paulo: Ática, 1991.

_____. *Letramento – Um tema em três gêneros*. Belo Horizonte: Autêntica, 1998.

_____. "Letramento e escolarização". In: RIBEIRO, V. M. (org.). *Letramento no Brasil*. São Paulo: Global, 2003a, p. 89-113.

_____. *Alfabetização e letramento*. São Paulo: Contexto, 2003b.

_____. "Alfabetização: o saber, o fazer e o querer". In: MORTATTI, M. R. L.; FRADE, I. C. S. (orgs.). *Alfabetização e seus sentidos – O que sabemos, queremos e fazemos?* Marília: Oficina Universitária; São Paulo: Ed. da Unesp, 2014, p. 27-35.

SOBRAL, A. "Ato/atividade e evento". In: BRAIT, B. (org.). *Bakhtin: conceitos-chave.* São Paulo: Contexto, 2005, p. 123-50.

SOLÉ, I.; COLL, C. "Os professores e a concepção construtivista". In: COLL, C. *et al. O construtivismo na sala de aula.* São Paulo: Ática, 2006, p. 9-29.

TEBEROSKY, A. "Alfabetização e tecnologia da informação e da comunicação (TIC)". In: TEBEROSKY, A; GALLART, M. S. (orgs.). *Contextos de alfabetização inicial.* Porto Alegre: Artmed, 2004, p. 153-64.

TRINDADE, A. *Mapas do corpo – Educação postural de crianças e adolescentes.* São Paulo: Summus, 2016.

UNESCO. Organização das Nações Unidas para a Educação, a Ciência e a Cultura. *12º Relatório de monitoramento global de educação para todos.* 2015. Disponível em: <http://unesdoc.unesco.org/images/0023/002325/232565por.pdf>. Acesso em: 17 fev. 2015.

VAL, M. G. C.; BARROS, L. F. P. "Receitas e regras de jogo: a construção de textos injuntivos por crianças em fase de alfabetização". In: ROCHA, G.; VAL, M. G. C. (orgs.). *Reflexões sobre práticas escolares de produção de texto – O sujeito-autor.* Belo Horizonte: Autêntica/Ceale/FaE/UFMG, 2003, p. 135-165.

VARIS, T. "Nuevas formas de alfabetización y nuevas competencias en el e-learning". *Open Education Europa,* 2003. Disponível em: <https://www.openeducationeuropa.eu/es/article/Nuevas-formas-de-alfabetizacización-y-nuevas-competencias-en-el-e-learning>. Acesso em: 18 jan. 2017.

VIDAL, E. *Projetos didáticos em salas de alfabetização.* Curitiba: Appris, 2014.

VYGOTSKY, L. S. *Pensamento e linguagem.* São Paulo: Martins Fontes, 1987.

_____. *A formação social da mente.* São Paulo: Martins Fontes, 1988.

VYGOTSKY, L. S; LURIA, A. R.; LEONTIEV, A. N. *Linguagem, desenvolvimento e aprendizagem.* São Paulo: Ícone/Edusp, 1988.

WEISZ, T.; SANCHEZ, A. *O diálogo entre o ensino e a aprendizagem.* São Paulo: Ática, 2002.

A ESCOLA E A PRODUÇÃO TEXTUAL

ZABALA, A. *A prática educativa – Como ensinar*. Porto Alegre: Artmed, 1998.

ZACCUR, E. (org.). *A magia da linguagem*. Rio de Janeiro: DP&A/Sepe, 1999.

ZILBERMAN, R. "A escola e a leitura da literatura". In: ZILBERMAN, R; RÖSING, T. (orgs.). *Escola e leitura – Velha crise, novas alternativas*. São Paulo: Global/ALB, 2009, p. 17-39.

www.gruposummus.com.br

IMPRESSO NA
sumago gráfica editorial ltda
rua itauna, 789 vila maria
02111-031 são paulo sp
tel e fax 11 **2955 5636**
sumago@sumago.com.br